アキ♡ハラダの

北斗占星術

歴史編

刊行に寄せて

人はなぜ占いに引き付けられるのでしょうか。そこには人知を超えた何かがあると感じている自分がいて、その何かが、何であるのかを知りたいという好奇心に駆られ、ついつい占いにのめり込んでしまうのです。

運気のよい時は何気なく気分もよくて、よいことも起きたりするものですから「やっぱり!?」となるわけです。反対に運気の悪い時はどことなく心の落ち着きが不安定で、よくないことも起きたりするものですから「やっぱり!?」となります。どちらに転んでも「やっぱり!?」となり、なんとなく当たっているという不思議な感覚に捕まってしまうのです。

アキ♡ハラダの北斗占星術は密教占星法（宿曜占星術）を現代版に編纂して使いやすくなっています。生まれた時の生年月日をもとにして、運気を占うわけですが、これがまたよく言い当てているので、一度理解すると面白くて多くの人々の生活の一部となっているのです。

この占いは人に占ってもらうというよりも自分で占うことができるので、ぜひご一読いただいて、占いの神髄を感じ取っていただけたらと思います。

占いといいますと、霊能者にズバリ言い当てられたりするイメージがありますが、それは特殊な能力なので霊能者に任せるとして、私達は運気を知り、天運を得ることによって、少しでもストレスから解放され、過ごしやすい生活を築いて、魂の旅路を実りあるものにしたいのです。そのためには、空海によってもたらされた密教占星法は、私達の人生に、大いなる示唆を与えてくれる、人生の羅針盤とも言うべきものなのです。

アキ・ハラダ先生は歴史に大変興味をもたれ、感心するほど拘りをもって、歴史と占星術の関係を研究されていました。あまりに熱心なので、近くで見ていた私も気が付けば、アキパワーに引きずり込まれていました。「佑星」の〝ひらめき〟と〝創造する才能〟を遺憾なく発揮されて、今回の歴史編を出版に向けて整備することができました。きっと皆さまの人生に於ける道標を見出すことができるものと思います。

占星術研究家　齋藤廣一

はじめに

西暦八〇四年、弘法大師空海が三十一才のときに遣唐使として唐の長安に渡り、青龍寺の恵果和尚から密教の奥義を伝授されました。密教の奥義は当時数千人と言われた恵果和尚の弟子の中からただ一人の中国人、義明にしか伝授しなかった大日経、金剛頂経を正当な後継者として運命的な出会いをした空海を選んで授けたのでした。

恵果は皇帝をも動かす門外不出の密教を、やがてやって来るうら若き空海を待ち受けて、大日経と金剛頂経の密教両部を、命の限り空海に授けたのでした。その心は人種や民族を越えて真理だけで通じ合える崇高な世界の中で、まさしく大陸の大きな心と天才による超人的な密教拝受により、二ヶ月という短期間で実現されたのでした。日本と中国の交流の原点はこの恵果と空海による出会いの中にその神髄があります。

現代における両国の指導者たちは、この二人の出会いが教えてくれる人としての在り方を、襟を正して、自身に移し換えてみることが肝要ではないでしょうか。それはとりもなおさず、現代の企業経営者や指導層、私たち自身にとっても失われた大事なものを、思い出す教示を与えてくれています。現代の統治機構においては、なかなか難しい現実がありますが、少なくとも本書を手に取っていただいた方々には改めて恵果と空海による真理の絆で結ばれた世界を、今一度見つめ直していただけたら幸です。

実は、人間世界はその占星術の法則に従って動いており歴史はそのとおりになっています。本書は宿曜占星術を使いやすいように「アキ♡ハラダの北斗占星術」として再編しています。宿と星の変換表を巻末に掲載したのでご活用下さい。

これら密教と密教占星法である宿曜経がなぜ門外不出の秘伝となったのか、そして皇帝をも支えた裏には何があったのか、それらが本書にて、一つ一つ解き明かされるのを、歴史を例にとって感じていただけると思います。

その昔、密教占星法は兵法として使われ、諸葛孔明はその兵法を用いて、百戦百勝したともいわれています。

現代に置き換えてみれば、企業戦士たちにとって役に立つ内容がいっぱいあります。人心掌握術、適材適所の配置術、組織的な戦力を発揮する運気掌握術など、その片鱗を垣間見ることができる占術の法則を知ることができます。邪悪な心理のもとにこれを使うと因果応報がくるので、自身を客観視できる寛容な心と利他の精神の醸成も一緒に求められます。皆さんの豊かな人生と魂の旅路を支える一助になれば幸いです。

【目次】

◆起源は密教とともに宿曜経として伝来

　宿曜経がもたらした密教占星法は原典を『文殊師利菩薩及諸仙所説吉凶時日《もんじゅしりぼさつきゅうしょせんしょせつきっきょうじじつ》善悪宿曜経《ぜんあくすくようきょう》』といい上下二巻の経典に編纂されています。空海が遣唐使とともに大陸へ渡り密教の伝授を受けて日本へ持ち帰ったのが始まりでした。

　当時はすでに二十七星占星術として完成されていました。占術のルーツは古く古代バビロニア（チグリス川、ユーフラテス川流域で栄えた文明）までさかのぼります。紀元前二千年頃から七曜占星術、十二星占星術が形成されたと言われています。

　古代バビロニアを発祥とする西洋占星術は、やがてギリシャからインドへと伝わり、太陽と月、五惑星と羅睺《ラーフ》、計都《ケートゥ》を加えた九曜、十二宮を取り入れて二十七宿（月の白道に基づく）とともに、二十七星占星術になったと言われています。そしてその星を守護する神々が結びつけられるようになり、個人の吉凶を占うようになりました。その昔、天の兆候がやがて地上の出来事の前兆を示す、という使い方がなされるようになり、時の権力者が国の盛衰を占ったりしたのです。

◆インドの不空三蔵から中国の恵果和尚へ伝承

おおよそ二千年程前に、現在の二十七星占星術は古代のインド・バラモンで、インド占星術として形成されたといわれています。仏教に取り入れられサンスクリット語で宿曜経として編纂されました。人の性格や運勢などの吉凶を占うようになり、やがて密教の中核に存在して秘法として伝わるようになりました。

天体の運行や曜日の巡りによって、運気の吉凶や方位の吉凶、さらには性格・相性の吉凶まで読み解けるようになっています。あまりにも的を射ているため、時の権力者たちが兵法にも取り入れて秘法として伝えたのでした。

中国は七五九年唐の時代に、不空三蔵（不空金剛、七〇五―七七四年）が長安にて、密教の経典とともに宿曜経をサンスクリット語から中国語に翻訳しました。不空三蔵の父はインド・バラモン系、母はイラン系ソグド人。その後、弟子の恵果（七四六年―八〇六年）へ、「金剛頂経」「大日経」を完全な形で授けました。

◆空海・最澄・円仁・円珍らにより中国から日本へ伝来

六三〇年に始まった遣唐使により唐の文化が盛んに入ってくるようになりました。八〇四年の第十六次遣唐使では最澄(請益僧、しょうやくそう)が天台山へ、空海(留学僧)が長安を訪れました。本来留学僧は二十年滞在することになっていたのですが、空海は二年で『大日経』『金剛頂経』という密教奥義を授かり日本へ帰国しています。

これら密教とともに宿曜経として日本へ伝えたのは空海でした。空海は長安を訪れて青龍寺の恵果和尚に師事して、八万四千品（多数）の密教の奥義を伝法されます。そして遍照金剛《へんじょうこんごう》の名を受け、八〇六年、密教の奥義をたずさえ日本に帰国しました。

一方、最澄（伝教大師）は天台山で『金剛界灌頂《こんごうかいがんちょう》・胎蔵界灌頂《たいぞうかいがんちょう》』を密教の奥義として授かります。しかし最澄は帰国後に空海が持ち帰った密教の奥義と比べて、自身が持ち帰った奥義は一部完全なものではないと悟ります。後に最澄は自分の弟子とともに空海から『金剛界灌頂』と『胎蔵界灌頂』をそれぞれ受けなおしますが、『理趣経』の借用を求めたところで空海に拒否されます。最澄は晩年までその負い目を抱いていたといわれています。

最澄の死後、弟子の円仁が八三八年に第十七次遣唐使最終便で請益僧（疑問解決のためさらに教えを乞うための短期留学僧）として大陸へ渡ります。円仁は天台山国清寺を目指すも、州庁からなかなか訪問許可が出ず九年二ヶ月もの長期滞在となってしまいました。結局、天台山国清寺には行かれなかったものの、五台山、長安と行く先を変えて、空海や最澄が持ち帰らなかった経典を数多く持ち帰ります。

長安では空海が学んだ青龍寺の義真からも胎蔵界灌頂を授かります。そして台密（天台密教）に無かった金剛界曼荼羅を新たにつくらせて持ち帰ります。

その後、八五三年に天台僧の円珍が新羅商人《しらぎしょうにん》の船で入唐を果たします。円仁が行かれなかった天台山国清寺に滞在しながら、八五五年に長安へ行き真言密教を伝授されます。こうして先人たちが密教とともに持ち帰った密教占星術は、真言宗高野山で東密として布教され、天台宗比叡山では妙見信仰北斗法として台密で布教され、今日にいたっています。

◆ 密教伝来の秘話

空海と最澄は、船は異なれども同じ遣唐使の一行として日本を出発しました。空海は長安青龍寺で修行を積み、最澄は天台山国清寺で修行しました。両者は当時の密教経典をそれぞれ持ち帰るのですが、最澄が持ち帰った経典では一部不足することがわかり、後に最澄は空海に教えを乞うことになりました。

最初は空海も惜しみなく密教の奥義を伝授するのですが、最澄が『理趣経』の経典を借りようとしたところで、空海に断られることになり、二人の関係は断絶となります。

空海はなぜ断ったのでしょうか。ここら辺は占いで分析するとよく分かります。

空海（七七四―八三五年）は『玲星』の星と言われており、最澄（七六六―八二二年）は『泰星』の星と言われています。最澄の方が八歳年上になります。

二人は同時期に遣唐使の一行として大陸に渡ります。空海は留学僧として二十年滞在予定を二年で修行を終えてきた天才です。一方の最澄はもともとエリート僧である請益僧として短期滞在予定で修行してきました。

帰国後、それぞれが持ち帰った経典をもとにして最澄は比叡山延暦寺で天台宗の開祖となります。空海は高野山金剛峯寺で真言宗の開祖となります。

それまでの奈良仏教の時代は大陸より伝来した仏教を学ぶときは、都で位の高い僧侶から学ぶことが一般的でしたが、最澄と空海が持ち帰った密教は自然の中で自らの欲望を律して肉体の限界まで苦しい修行を修験道として積みあげ、大日如来の根本本尊と一体化することを悟りの境地としています。そこに至る道のりは厳しく命をかけた修行を超えなければなりません。そのため修験道に適した地として比叡山や高野山が選ばれています。

最澄の『泰星』は庶民派といわれる星ですが、素朴で飾りけがなくまじめな人が多い星です。心のなかに自分の理想とする王国を抱いているといわれ、人の意見は聞かない頑固なところがあります。根は善良で争いは好まず、器用に世渡りをするタイプではありません。気取りがなく、臨機応変に対応することは苦手です。

空海の『玲星』は親しき仲にも礼儀ありという思考回路で、軽い乗りは好まず、根はまじめで直球勝負、人には優しい面をもっていますが、権力意識も強い一面があります。大局的に物事を見る目と実力がそなわっており、人にも自分にも冷徹な厳しさをもっています。法律やルールに従う律儀なところがあります。

さてこの二人の間で起きた出来事はそれぞれの性格そのままがでているといえます。最澄は礼を尽くして空海に教えを乞いました、空海は気持ちよく教えを説きました。最澄は弟子の泰範を通じて密教の解説書を借りていたのですが、『理趣経』の解説書を借りようとしたところで、空海にきっぱりと断られます。空海は安易なテキストでの修行では密教の本質を理解することは難しく対面による教えを説かなければ理解は難しいと考えたのです。ましてや『理趣経』という性の交わりを肯定する難解な経典を理解するには対面による説法でなければ、理解は困難であると修行のルールに拘ったのでした。

庶民的な感覚で軽い気持ちで解説本を借りようとした最澄。親しき仲にも礼儀ありと、冷徹に対応した空海。二人は『業胎』の関係で深い因縁で結ばれている相性になっており切っても切れない関係になります。『業胎』はよい時には異常なほどよい関係でくっつきあい、悪い時には異常なほど悪くなるという相性です。従って悪くしてはいけない相性なのです。

「業」の側に立つ最澄が「胎」の側に立つ空海を、何かと助ける側に回ってしまう運命がこの相性にはあります。最澄が空海の引き立て役になってしまいました。密教の極意を伝授されて、密教占星法を持ち帰った二人でしたが、占星術が示すところの性格の吉凶、相性の吉凶をそのまま体現してしまいました。

　こうして密教占星術は真言密教では宿曜経として、天台密教では妙見信仰北斗法として現代にも綿々と継承されているのですが、この二人の衝突はどのように避けることができるのでしょうか、みなさんも一度深くお考えください。

　今回は歴史編を取り扱うので、歴史上いかに占いが使われてきたかもう少しまとめてお話いたします。占いは暦とともに研究が盛んになり、九六〇年代平安中期には、陰陽道《おんみょうどう》と宿曜道《すくようどう》の二大勢力が確立したといわれています。この頃から朝廷を中心に貴族の間では、暦と占いが生活の一部となって広がりました。

　平安時代末期には貴族の間で盛んに使われるようになり、北条時政は占術を使って、頼朝とともに平家を滅ぼして鎌倉幕府を擁立したともいわれています。

　またその時代の後白河法皇は、毎日の行動を占いに頼っていたというエピソードも残っているくらい貴族の日常は占いでまわっていました。こうして源氏が平家を滅ぼした陰に、空海によってもたらされた密教占星術の影響が少なからず影響していたのです。

　鎌倉時代に分派しながら貴族の間で発展した宿曜道も、足利時代になると貴族の衰退とともに、世の中の表舞台からその姿を消していきます。

◆現代によみがえった密教占星術

その後、時の権力者たちは世の中の裏舞台で、宿曜道を戦術に使ってきました。敵を倒すための秘法として、密かに受け継がれてきたのです。こうして世の中の表舞台に再び現れたのは、昭和の時代に入ってからになり、多くの占星術師が使うようになりました。

高野山専修学院の三代目院長、森田龍僊師による密教占星法上下巻が出版されてから、それを手本として多くの人々が書籍を出版し、現代に復活したと言えます。いまでは多くの宿曜占星術、密教占星術、その他多種多用な流派で活用されるに至っています

二十七星を基本とした密教占星術のルーツはインドに由来します。サンスクリット語で中国に伝わり、その時代の中国人が使いやすくするために中国語に翻訳されました。現在、日本で使われているものは中国から入ってきたそのままの宿（星）を使用しているため、現代の日本人にはとてもなじみにくい仕様になっています。例えば「鬼宿」などは「鬼」の星と勘違いされます。「尾宿」はシッポ、「壁宿」はカベ、「虚宿」はウソ

ツキのように誤解され、なかなか一般に普及しません。

『アキ♡ハラダの北斗占星術』では一般の人に使っていただきやすいように、使いやすい星に変換し再編してあります。インドではインド人に合ったように、中国では中国人に合ったように、日本では日本人に合った占術であるべきと考えています。

（参照：宿と星の変換表は巻末に掲載）

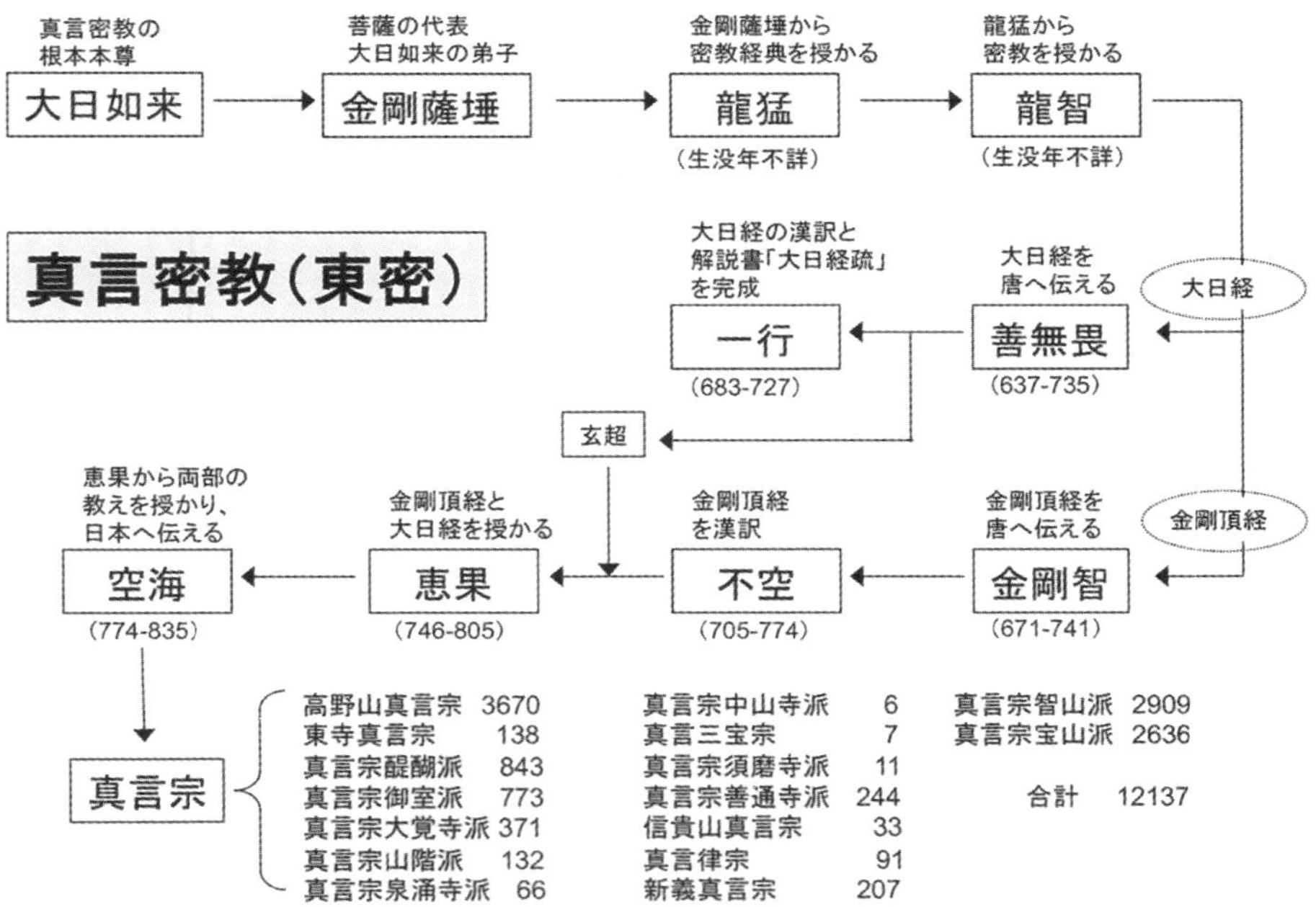
真言密教（東密）
真言密教の
根本本尊
大日如来
菩薩の代表
大日如来の弟子
金剛薩埵
金剛薩埵から
密教経典を授かる
龍猛
（生没年不詳）
龍猛から
密教を授かる
龍智
（生没年不詳）
大日経
大日経を
唐へ伝える
善無畏
（637-735）
大日経の漢訳と
解説書「大日経疏」
を完成
一行
（683-727）
玄超
金剛頂経
金剛頂経を
唐へ伝える
金剛智
（671-741）
金剛頂経
を漢訳
不空
（705-774）
金剛頂経と
大日経を授かる
恵果
（746-805）
恵果から両部の
教えを授かり、
日本へ伝える
空海
（774-835）
真言宗
高野山真言宗 3670
東寺真言宗 138
真言宗醍醐派 843
真言宗御室派 773
真言宗大覚寺派 371
真言宗山階派 132
真言宗泉涌寺派 66
真言宗中山寺派 6
真言三宝宗 7
真言宗須磨寺派 11
真言宗善通寺派 244
信貴山真言宗 33
真言律宗 91
新義真言宗 207
真言宗智山派 2909
真言宗宝山派 2636
合計 12137

◆三・九の法則

命星盤には「命」から左廻りに「栄」「衰」「安」「危」「成」「壊」「友」「親」の文字が続きます。これを「一・九の法」と言い現世で出逢った人々を意味しています。次に「業」から同じ文字が続きます。これを「二・九の法」と言い前世からの因縁、業があって出会っている人々を表します。同様に「胎」からも同じ文字が続き、これを「三・九の法」と言い来世を導く人々を表します。「命」「業」「胎」の三つのグループが九つの文字で構成されています。これを「三・九の法則」「三・九の輪」と言います。

これらは「三・九の秘法」と言われ、命星盤上には過去、現在、未来が「三世の因果」として輪廻転生の世界が組み込まれています。永いこと一子相伝、口伝による伝承が行われてきました。

一・九の法（現世）「命」「栄」「衰」「安」「危」「成」「壊」「友」「親」

二・九の法（前世）「業」「栄」「衰」「安」「危」「成」「壊」「友」「親」

三・九の法（来世）「胎」「栄」「衰」「安」「危」「成」「壊」「友」「親」

◆相性占い

あなたと出会う人々は全て必然性があって出会っています。相性とは単純な好き嫌いの感情ではなく、対人関係における吉凶を意味します。私たちの人生は輪廻転生を繰り返しながら出会いと別れを繰り返していますが、巡り合う人々は前世からの縁に導かれて出会っています。

今生の魂の課題を抱えながら泣いたり笑ったり、人生の学びをとおして魂の旅路を歩んでいます。相性は生涯にわたって二人の間に影響しあう運命的な関係性ということになります。天は関係する二人に、課題を克服できるようにと、相性という形で運命を采配しているのです。

つまり、巡り合う二人の関係性は、前世からの縁という形で結び付けられており、二人の間に生じる出来事は、良いことも悪いことも必然ということになります。従って相性と向き合い、全ては必然と受け入れ、そのような出来事を引き起こす因果は前世から続く自分の魂にあると考えることがとても大切になります。そこに気付くことによって、運命を劇的に変えることができるようになり、豊かな人生への道が開かれるのです。

◆六つの相性による吉凶

栄・親の相性　◎：一生を通じて支え合い助け合い、繁栄をもたらす関係
友・衰の相性　〇：お互いに友人感覚で理解しあえるとても仲の良い関係
危・成の相性　△：切磋琢磨するライバル関係、なあなあの甘えが無い関係
安・壊の相性　×：破壊運を抱える関係、お互いに気遣う関係、利害は禁物
業・胎の相性　◎：前世から縁の深い関係、縁が深く良い相性、切っても切れない関係
命の相性　　　◎：ソウルメイト、縁が深く出会うべくして出会っている運命的関係

命の相性は同じ星同士の関係で、星の種類により次の三つに分かれます。
とても良い相性　◎：洋星、明星、博星、法星、範星、旺星、将星、賢星、玲星、雅星、妙星
まずまずの相性　〇：総星、泰星、理星、康星
摩擦のある相性　△：彩星、智星、英星、華星、恵星、和星、陽星、紀星、寛星、清星、佑星、央星

◆相性の見方

例えば、命星盤の「佑星」に「命」を合わせると左隣の「央星」のところには「栄」が現れます。逆に「央星」のところに「命」を合わせると「佑星」のところには「親」が現れます。「佑星」と「央星」のどちらに合わせても「栄」「親」が裏表となり、合わせてこの関係を「栄・親」の相性と言います。お互いに車の両輪のように助け合い支え合って進んでいく最高に良い相性ということがわかります。

また「佑星」から右隣を見ると「妙星」がありそこには「親」が表れています。このようにして「佑星」から見て「妙星」「央星」は栄親の関係であると言います。

同様にして「佑星」から見てさらに離れた「英星」「陽星」にも「栄・親」の相性があることが分ります。さらに「華星」と「和星」にも「栄・親」の相性があることがわかります。「佑星」に近いところから近距離、中距離、一番離れているところが遠距離になります。「栄・親」も「友・衰」も「業・胎」も、このように「命」の位置から近い星か遠い星かでそれぞれ距離が違ってきます。その距離は縁の濃淡（深さ）を表わしており、同様に近い星は近距離、中間を中距離、遠い星は遠距離ということになります。

◆「安・壊」がもたらす凶運を回避するには

「安・壊」の相性と聞くと「いやだなあ」と反応する人が多いのは仕方ないと思います。文字を見た瞬間にネガティブな印象は避けられません。相性がもつ運命は必然的なので、自身の受け止め方を変えるということが重要になります。悩まない、くさらない、怒らない、不安にならない、自分を見つめなおすという行動が、後の影響（因果応報）を最小化してくれます。さらには「災い転じて福となす」ということにもつながります。

「安・壊」の運命は利害が絡んだ時に起きやすく、お互いに私利私欲が強くはたらくと、突然破壊の運命が訪れたりします。即ち「利他の精神」を教えてくれているともいえる関係なのです。「安・壊」は二人の前世からの課題を抱えた相性なのです。

人生では多くの人との出会いがあり関わりが生じます。当然、「安・壊」の人とも出会うわけで、避けては通れない相手になります。運命を受け入れ心を開くことが大切で、そうすることによって自分を栄えさせてくれる「栄・親」の相性の人が、「安・壊」の向こう側から現れるようになります。どんな時にも感情的にならず、自分には持っていないものを持っている魅力的な相手として捉えることがたいせつになります。

◆相性の距離（縁の深さ）

相性の組合せには「近距離」「中距離」「遠距離」の三通りの組み合わせがあります。

【近距離の場合】

星との距離が近いので引き合う力が強く縁も生じやすくなります。反発も強くなりますが、一緒に過ごす時間もまた長くなります。第三者に割り込まれにくい関係です。

【中距離の場合】

中間の距離があるので、お互い認め合い尊敬しあって、衝突も起こりにくくなります。適度な距離感がよい関係に作用します。少し隠し事を持って付き合う関係です。

【遠距離の場合】

距離が離れているため、縁が薄くなります。さらっとした付き合いになり、一緒にいる時間も少なくなります。第三者に割り込まれたりすることもあります。お互いに隠し事も多い関係になります。

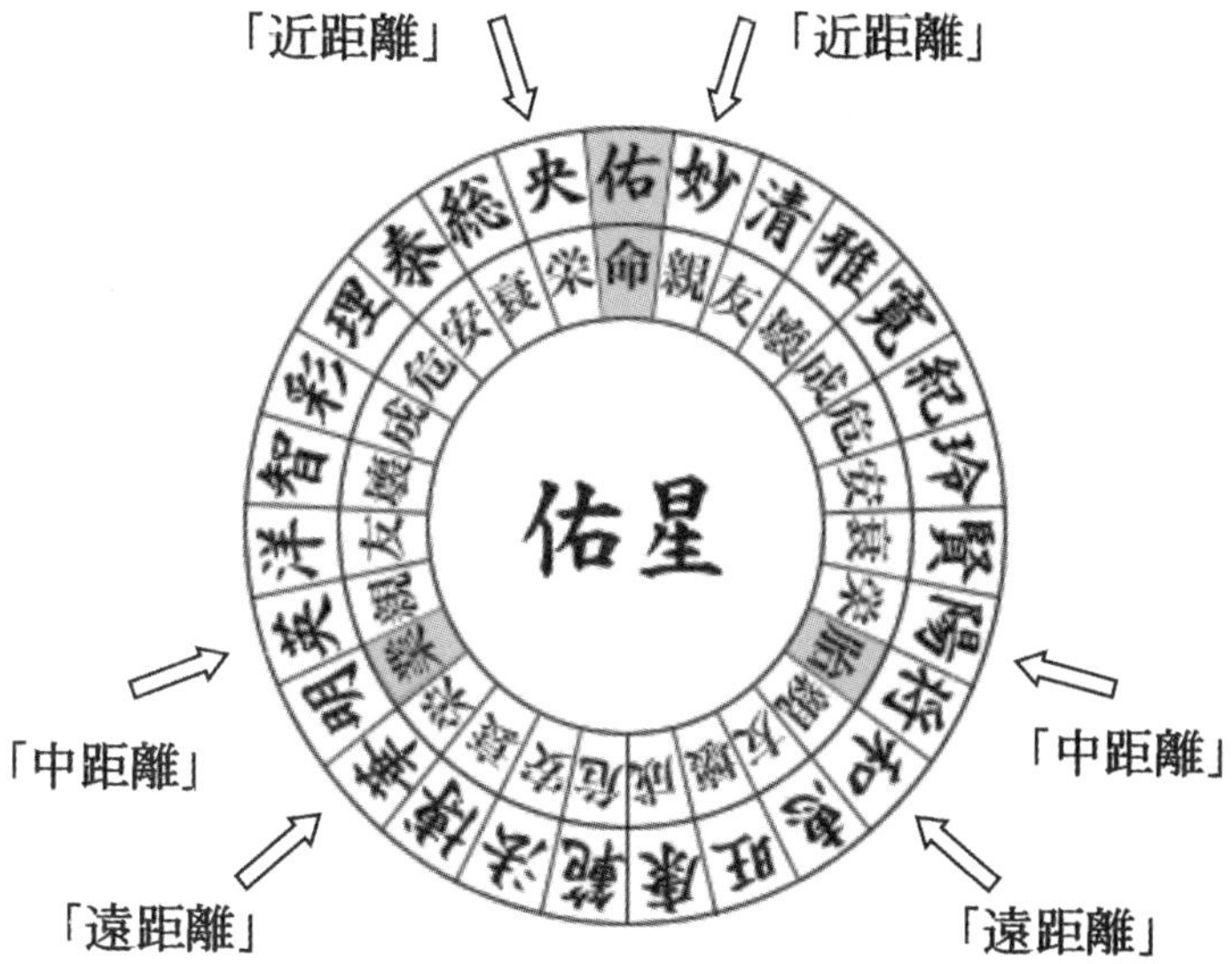

「佑星」命星盤

「栄・親」「友・衰」「危・成」「安・壊」の四つの相性には、それぞれ三組ずつ同じ名前の相性が存在します。「命」に一番近いものが「近距離」、遠いものが「遠距離」、中間が「中距離」となります。

それぞれ縁の深さを占うときに用いられ、相性と一緒に使います。

特に、恋愛関係などを占う時には、縁の深さを読むことによって、三角関係のどちらが残っていくか、などもよくわかります。例えばある人との関わりが強い場合、近距離になっている事が多くあります。

◆日の吉凶

日の吉凶は全部で十一種類あります。星によって今日という日の吉凶はそれぞれ異なり、好調日の人もいれば不調日の人もいます。命星盤を使って簡単に日の吉凶を知ることができます。

例えばあなたの命星が『佑星』だとしましょう。二〇二四年十一月三十日があなたにとって何の日かを調べるには、巻末の命星早見表で二〇二四年十一月三十日を探すと『陽』の日であることが分かります。あなたの『佑星』に内側の盤の『命』を合わせます。『陽』の位置には『栄』が表示されます。『栄える日、好運の運気が宿る日、大吉日。』となります。このようにあらかじめ日の吉凶を知ることができます。

また巻末の命星表は旧暦に基づいて作られています。宿曜には宿曜暦という固有の暦があって、特定のパターンで二十七星が配置されています。その宿曜暦が旧暦の上に乗る形で命星表が出来上がります。それらを太陽暦のカレンダーに落とし込んで命星表が見やすく作られています。同じ日が続いたり、一日無くなっている日などありますが、間違いではありません。

◆暗黒の一週間

栄の日（大吉日）：幸運の運気が宿り繁栄の暗示、積極的に行動しましょう。
成の日（大吉日）：物事が成就する強い運気の暗示。よい事が巡ります。
親の日（吉日）：身近な縁が深まる日。身近な人との人間関係が深まります。
友の日（吉日）：新しい交友が広がる日です。新しい人脈づくりに最適です。
業の日（特異日）：全てに積極的に行動して良い日。前世の因縁が宿る日。
安の日（吉日）：心身ともに安定した日です。旅行、移転、整理整頓に吉。
壊の日（大凶日）：災難、不運に見舞われやすい日です。スタートには向かない日。
衰の日（凶日）：心身ともに衰える日です。出張、旅行には凶。運命衰退の暗示。
危の日（吉凶日）：吉凶混合の日です。事故、災難には注意。人の集まりには吉。
命の日（吉凶日）：将来に影響を与える日で言動には注意。全てに慎重に過す日。
胎の日（凶日）：来世への因縁が宿る日。過去を反省し将来への計画を図る日。

暗黒の期間

暗黒の期間

自身の星に『命』を合わせると『業』から『胎』に向かう『業』『栄』『衰』『安』『危』『成』『壊』の七日間を暗黒の一週間といいます。この一週間は前世から現世に至るまでに重ねた業《ごう》や因縁が宿る一週間といわれています。例えば命星盤上では『壊』の日は三日ありますが、特に『暗黒』期間の『壊』の日は『暗黒の壊』の日と呼んで、『壊』の凶運のうえに『暗黒』の凶運がさらに加わり、最も強い『大凶日』になります。この期間は試練の期間とも言われ慎重な行動が求められます。とりわけ心を善にして人々を癒し、愛と感謝の誠実な態度で物事に臨まないと、暗黒の凶運を和らげることはできません。とても注意が必要です。

年の吉凶占い

佑星
ゆうせい

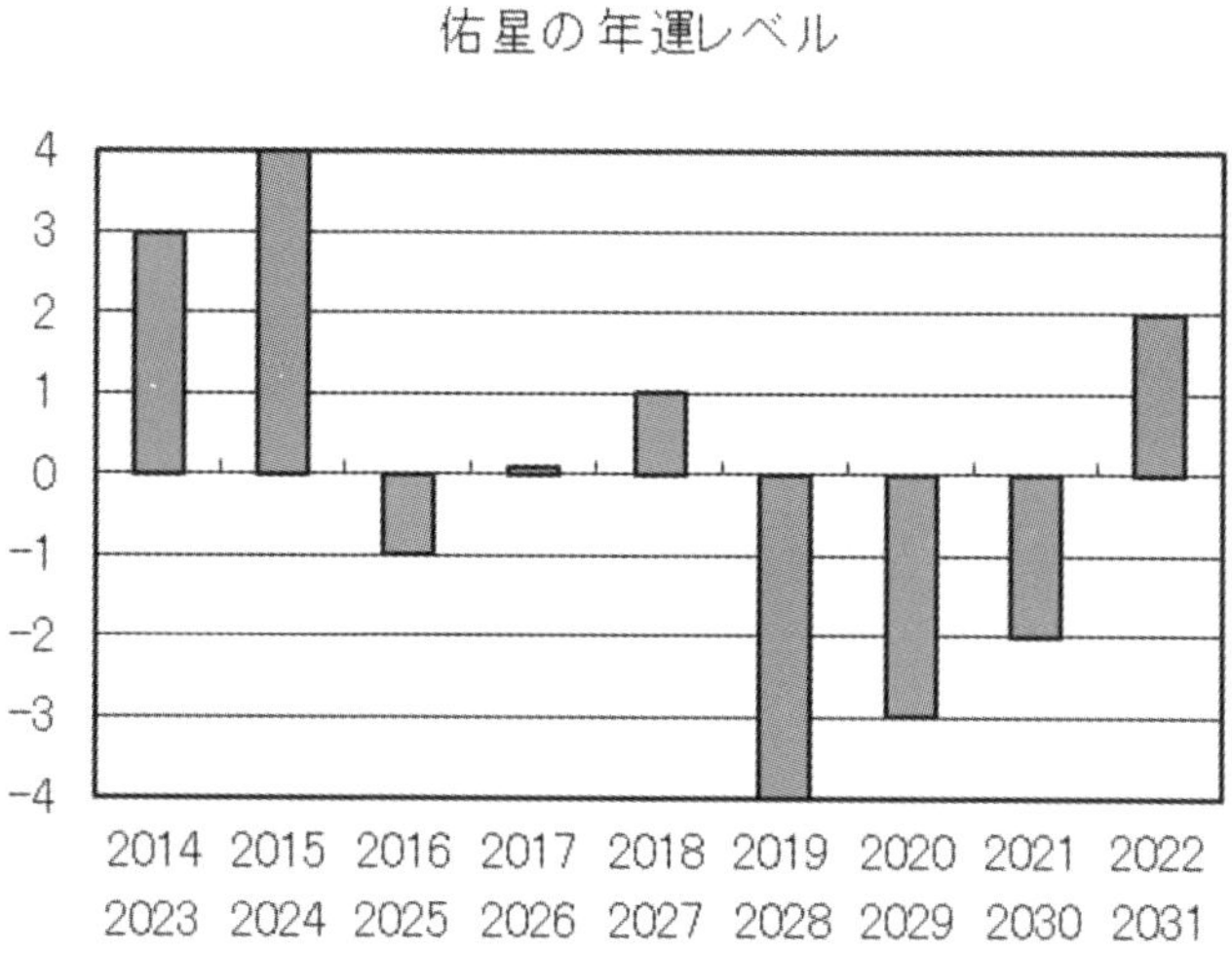
佑星の年運レベル
4
3
2
1
0
-1
-2
-3
-4
2014 2015 2016 2017 2018 2019 2020 2021 2022
2023 2024 2025 2026 2027 2028 2029 2030 2031

二十七の命星ごとに年運グラフが異なります。（二〇一四年〜二〇三一年）それぞれ九年間の運気レベルがプラス四からマイナス四まで表記してあります。九年間を一つのサイクルとして九年ごとに同じパターンで繰り返されます。星ごとにパターンは異なります。よい年にはよい出来事が多くなり悪い年には悪い事が多く発生するようになります。人生のバイオリズムを読み取ることができます。

+4　やることなすことツキと幸運でよい結果に恵まれます。イケイケの年。
+3　積極的に行動することで成功します。恋愛結婚、よい人間関係が生じます。
+2　活気にあふれ活躍のチャンスが多くなります。積極的な行動がよい結果に。
+1　人間関係を大切にすれば地位、名誉、財産を得るチャンスがあります。
0　吉凶混合で憂鬱なことも生じます。謙虚であれば大きな波乱はありません。
-1　問題が表面化しやすい年。対人関係をよくして問題に対処しましょう。
-2　匹山イライラすることやストレスが多くなります。過労に注意し気分転換を。
-3　職場や私生活でも身近なところで問題が生じやすく、善と思いやりで対処。
-4　全てにおいて善と思いやり、受身で過す年、強気は悪い結果に発展します。

アキ♡ハラダの
北斗占星術

27星占い

◇二十七星の中で最も幸運に恵まれる星

◇優しさと品性のよさがもちあじ

◇恵まれた家庭に育つ人が多い

◇理想と現実のはざまでストレスを抱えやすい

◇社交性と好感のよさで異性にもてる

◇柔と剛の二面性をもっています

● 総星の性格

運命的に高い人徳と名誉を授かっているといわれています。財運や長寿運にも恵まれていてもちまえの社交性で賢く人生を切り開いていきます。学問、作家、言論分野に優れた人をたくさん見かけます。ものごとを理想的な思考回路でとらえることが多く高い志と品性をもった人とみられがちです。おおらかですがストレスに弱く、理想と現実のギャップで思い悩みます。リーダシップや責任を取るタイプではなく、もくもくと目的に向かって努力します。価値観も金銭より名誉をたいせつにして、育ちのよさを感じさせる人が多く見うけられます。

総星の年運レベル

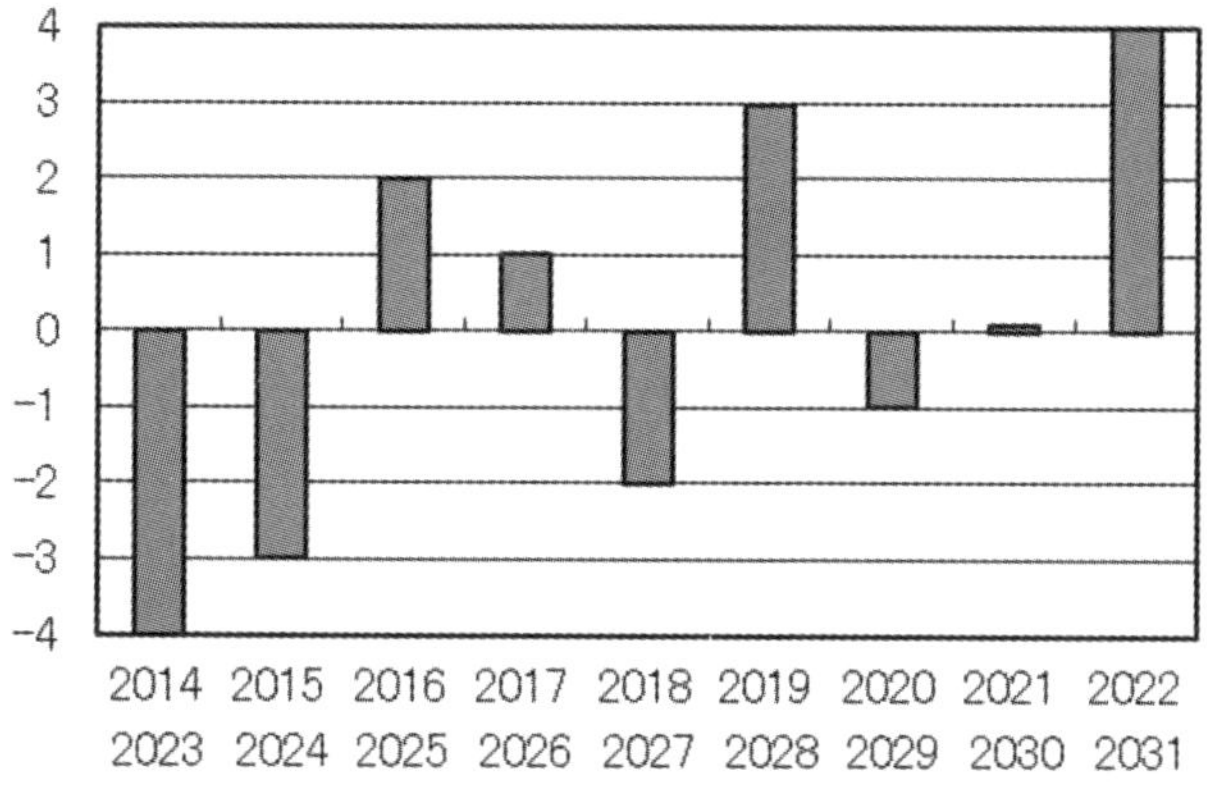

● 総星を占うときのポイント

◇恵まれた環境に身を置く運命が強く働いている星です。明るさと融通性を前面に押し出して、人と積極的に交流すれば、天運を味方につけることができます。

◇人徳を磨くことで晩年はよい運に恵まれます。かたくなにならず、融通を利かすことで、周りに人がついてくるようになり、助けられます。

◇あなたを引き立ててくれる人が現れます。目上の人と上手に付き合えば財や名声を得るでしょう。好運気の年に積極的に人脈づくりをしましょう。

◇「・・・するべきでしょう」「・・・が常識でしょ」と言った言葉が出やすく、相手と自分を縛ることにもなります。ストレスを抱えるので言動に注意しましょう。

◇大きな組織を統率するリーダーになると、強いリーダシップを発揮することができずに失敗します。その場合は、参謀役となるパートナーと組むことが必要になります。

総星の有名人

芸能界

田村淳
新垣結衣
安達祐実
フクちゃん
綾瀬はるか
小池栄子
広瀬すず
佐々木蔵之介
田中裕二
田原総一朗
桂文珍
春風亭昇太
相葉雅紀

スポーツ界

小椋久美子
大坂なおみ
岩政大樹
岡田武
長谷川穂積

政界・財界

オバマ
伊吹文明
江田五月

文化・その他

ブータン国王
宮崎駿
泉鏡花
京極夏彦
ルソー
やくみつる
やなせたかし

◇二十七星の中で最も頑固な星

◇緻密な頭脳で手を抜かない

◇庶民派がもちあじ

◇心の中に自分の王国を描き、忍耐強く道を切り開きます

◇つよい精神力で大器晩成する星

◇人の意見に惑わされず馬耳東風

◇コツコツと地道に仕事をします

● 泰星の性格

　誰からも好感をもたれ、誠実な人が多く見受けられます。人あたりもよくまじめに見られがちです。忍耐強く庶民的ですが、内心は頑固で、人の意見に惑わされることはありません。最終的には自分のやりたいように意思を貫きます。自分の目標をきめると王道を歩み、強い意志で初志貫徹をしていきます。

　多彩な才能を発揮する器用さはなくあまり目立ちません。いつも心の中に理想を抱いており、その実現に向けて忠実な生き方をします。自分の信じる道をマイペースで歩む生き方が人生スタイルになります。女性は三大美人星の一つといわれます。大器晩成の星。

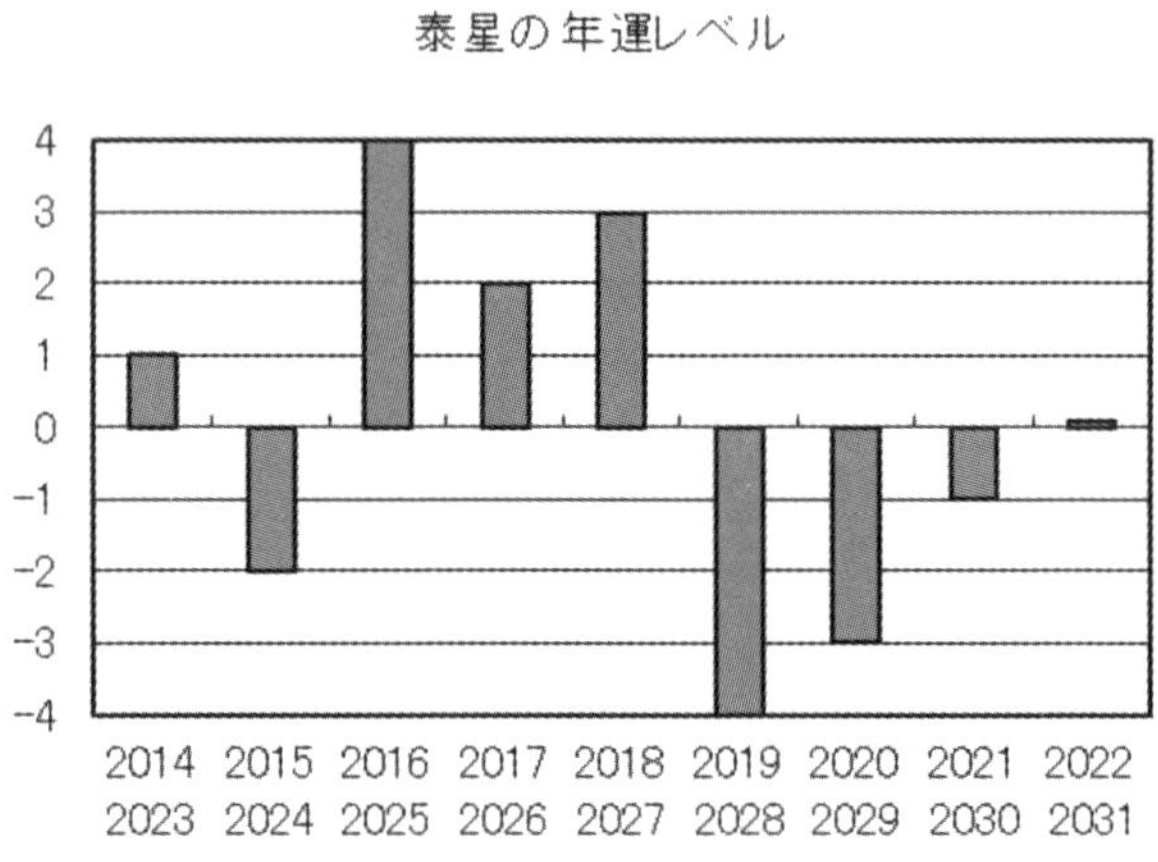

●泰星を占うときのポイント

◇泰星は庶民的なところが持ち味、人当りもよく周りから好かれます。格好つけたり、気取ったり、見栄を張ったりしない事が大事、泰星本来の良い運気を損ね失敗します。

◇人の意見に惑わされない頑固さは人生を良くも悪くもします。人の意見に耳を傾ける謙虚さが、人生を大きく別けていきます。そうすれば晩年はよい人生に恵まれます。

◇あれもこれも多才にこなす器用さはありません。コツコツと財や地位を築いていくのが本来のスタイルです。目標を一つに絞ることが成功への道です。

◇頑固さも度が過ぎると、頑固爺、頑固婆として毛嫌いされます。特にそのような人生に陥り易い部分を多分にもっている星なので自分への戒めを忘れずに。

◇女性は家庭に入ると忍耐強く家族を守ろうとします。家庭が安住の地となり、家族に良好な環境になるように尽します。仕事と家庭の両立は難しいでしょう。

泰星の有名人

芸能界

ホラン千秋
米倉涼子
松田聖子
吉瀬美智子
稲葉浩志
オードリー若林
桃井かおり
博多華丸
有働由美子
谷村新司
中山秀征
松本人志
西島秀俊

スポーツ界

杉山　愛
池田勇太
駒野友一
ロナウジーニョ

政界・財界

豊田章一郎
福島瑞穂
マクロン
菅直人
カルロスゴーン

文化・その他

眞子内親王
最澄
親鸞
新海誠
三谷幸喜
藤子F不二雄

◇一代で財を築く強い運を授かっています

◇教祖型、闘士型、ワンマン型のタイプに分かれる

◇礼儀正しく思慮深い

◇弁舌に優れ説得力がある

◇強い気力とエネルギーがある

◇独善的でアクの強いタイプでも人を恨まない

● 理星の性格

財運にも恵まれている星です。一代で大きな成功を築き上げるパワーで人生を切り開いていきます。人を諭したり叱ったりすることもでき、雄弁で自分にも厳しく説得力があります。指導力もあり上位に立って組織を牽引していく抜群の能力があります。若いときから頼れる存在の印象を与えることも多いでしょう。その行動、態度は頭脳的で、しっかりと組織や財を築いていきます。謙虚で正直な性格の人は幸運に恵まれますが、中には口が悪く毒舌家で、運気を落とす人もいます。わがままに見えても相手を押さえ込まないため無駄な争いには発展しません。

理星の年運レベル

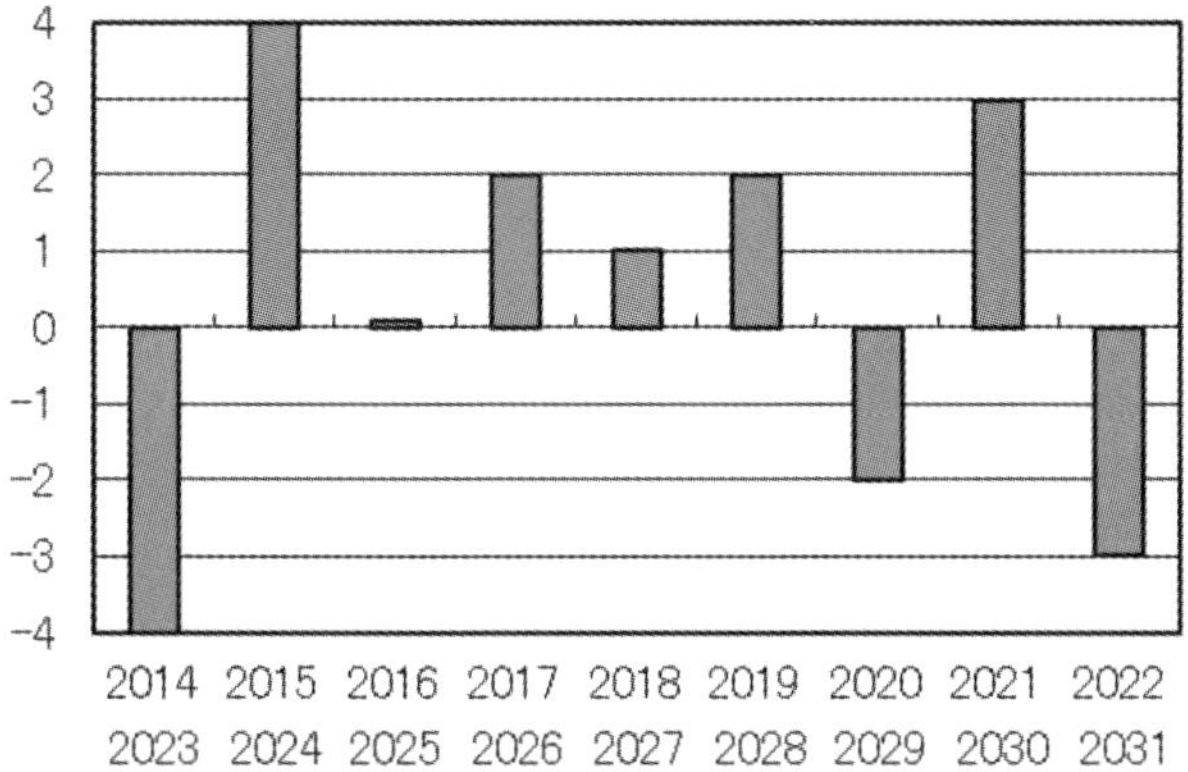

● 理星を占うときのポイント

◇一代で財を成す強い運に恵まれていますが、謙虚さを失いやすく、毒舌と自己の利益を強く主張すると運気を落とし失敗するので注意しましょう。

◇短気は損気、ズバッと言ってしまうため、相手に誤解を招くことがあります。ズバズバ言う前に自分の立場、相手の立場をよく考えましょう。

◇目上の人から引き立てられる運があります。普段から人付き合いをよくしておくことで、失敗があっても、手をさしのべてくれる人が現れます。

◇人に嫌われるタイプに陥ったら要注意。本来人に好かれてこそ、幸運をものにできる星。悪知恵、物欲は天運が離れていき身を破ります。

◇酒で失敗する運命があります。飲酒運転、喧嘩、深酒は禁物。地道に築いた信頼や、名声を一瞬で失うことがあるので、肝に銘じておく必要があります。

理星の有名人

芸能界

松本潤
深田恭子
有田哲平
井上真央
白石麻衣
石原良純
ローラ
石田純一
小栗旬
織田裕二
本田翼
吉川晃司
高橋克典
矢沢永吉

スポーツ界

大谷翔平
朝青龍
吉田沙保里
桑田真澄
佐藤琢磨
武田修宏

政界・財界

麻生太郎
プーチン
レーガン

文化・その他

湯川秀樹
マザーテレサ
千利休
司馬遼太郎
小松左京

◇古い伝統や組織を革新する人

◇陽気で明るく天真爛漫

◇アイデアと実行力で時代の変わり目に活躍する人

◇大胆にして繊細な実力派

◇信義に厚く人に愛される

◇決断が早く実行も早い努力家

◇ひとたび怒ると剛腕を発揮

● 彩星の性格

自分流のやり方で合理的に物事を進めていきます。多少の困難があってもアイデアを駆使して、粘り強い行動で結果をだします。ときおり毒舌がありますが持ち前の明るさと愛嬌で人から憎まれるようなことにはなりません。愛嬌が前面にでない人は人生での苦労も多くなります。信義にはとても熱い部分があり、忘れた頃でも約束を果たす正直さで信用を勝ち取ります。怒ると剛腕をふるう人もいるので、喧嘩を仕掛けてはいけない相手になります、強い反撃が返ってきます。女性は家庭に入っても家事と仕事をバリバリこなします。人情味と正直さで人に好かれます。

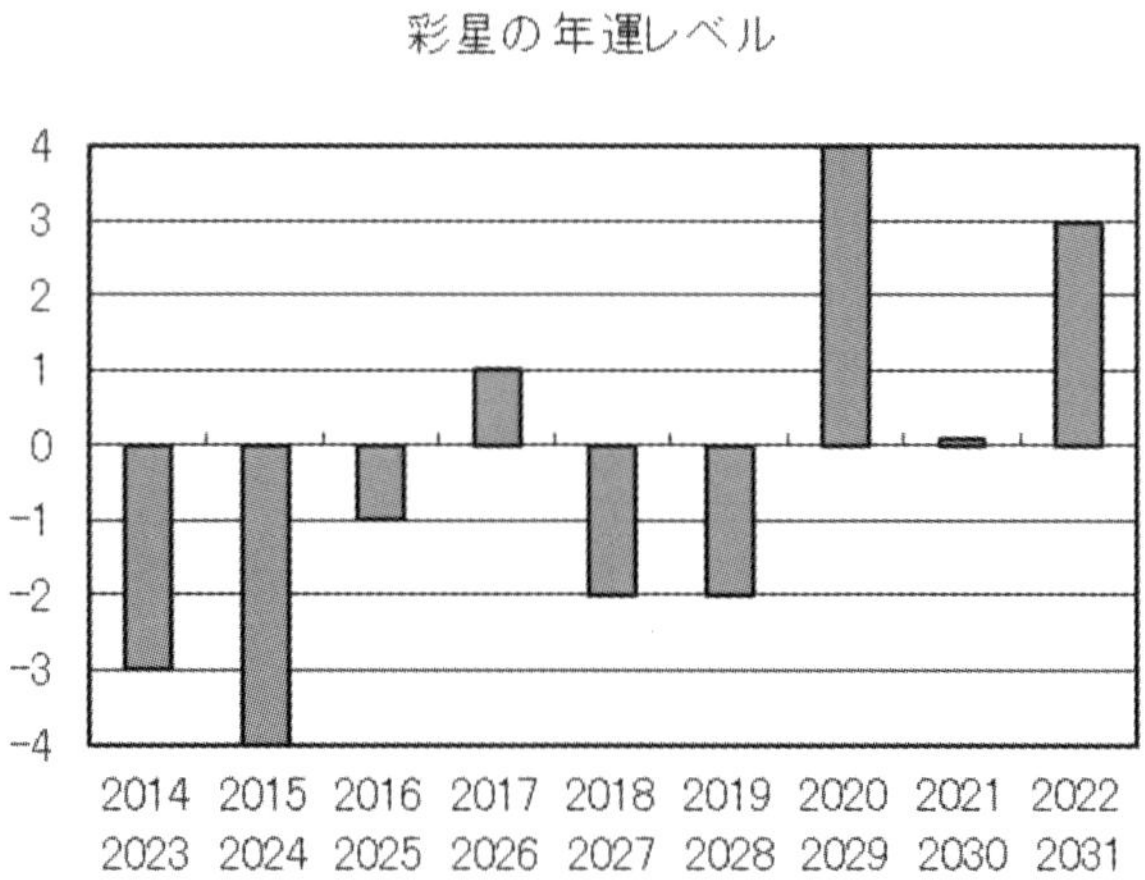

● 彩星を占うときのポイント

◇陽気で明るく天真爛漫な本性を持っているので、その明るさを前面に出して歩めば、好運が開けます。周りにも人が付いてくるので何かと助けられます。

◇アイデアを思いつき、根気よく成功に結び付けていくエネルギーは二十七星中際立っています。遠慮しないで自分の強みとして活かしていけば、成功を手にするでしょう。

◇目標に向かうと果敢に挑戦します。男性は大将運があり、女性は男勝りに成功する運を持っています。どちらもグサッとくる毒舌に注意すれば、成功する運が開けます。

◇喧嘩をしても翌日には「あっけらかん」としているタイプが多く、相手が戸惑うことがあります。気が強いので喧嘩は避けましょう。

◇この星は子孫繁栄を司る夫妻宮に属するため、女性は母性本能が強く、子供に目が向くと他を顧みなくなるところがあります。子供を守り過ぎてお姑とぶつかることに注意。

彩星の有名人

芸能界

斎藤工
IMALU
松嶋菜々子
滝沢秀明
叶美香
TAKAHIRO
武井咲
高橋真梨子
菜々緒
伊藤英明
えなりかずき
杉良太郎
浜田省吾
氷川きよし

スポーツ界

ジャッキーチェン
小久保裕紀
高橋大輔
中山雅史
メッシ

政界・財界

辻元清美
亀井静香
岩崎弥太郎

文化・その他

池上彰
中村うさぎ
カミラ王妃
ウィリアム王子
ヘンリー元皇子

◇冷静沈着で感情に流されない

◇几帳面ですぐれた実務能力

◇社会の常識やルールを重視

◇論争になったらとことん勝とうとする

◇陽性と陰性の二つのタイプ

◇家族、親族を大切にする

◇燃え上がるような恋には縁遠い

●智星の性格

頭の回転がはやく冷静で落着きがあってクールな人と思われがち。物事を論理的に考え感情に流されません。論争になるとかなう相手がいません。社会の常識とかルールにはまじめに従う反面、不利なことは毅然として拒否をします。真面目で几帳面な人が多く、分析力と実務能力で、仕事をこなします。家族や親族のつながりを大事にし、人にも情報や物を惜しまず与える人の好さがあります。感情を表にださないポーカーフェースが多い星といえます。特に女性は気位の高い才女タイプで、何ごとにも手堅い人。彩星と同じ夫妻宮に属し強い母性本能があります。

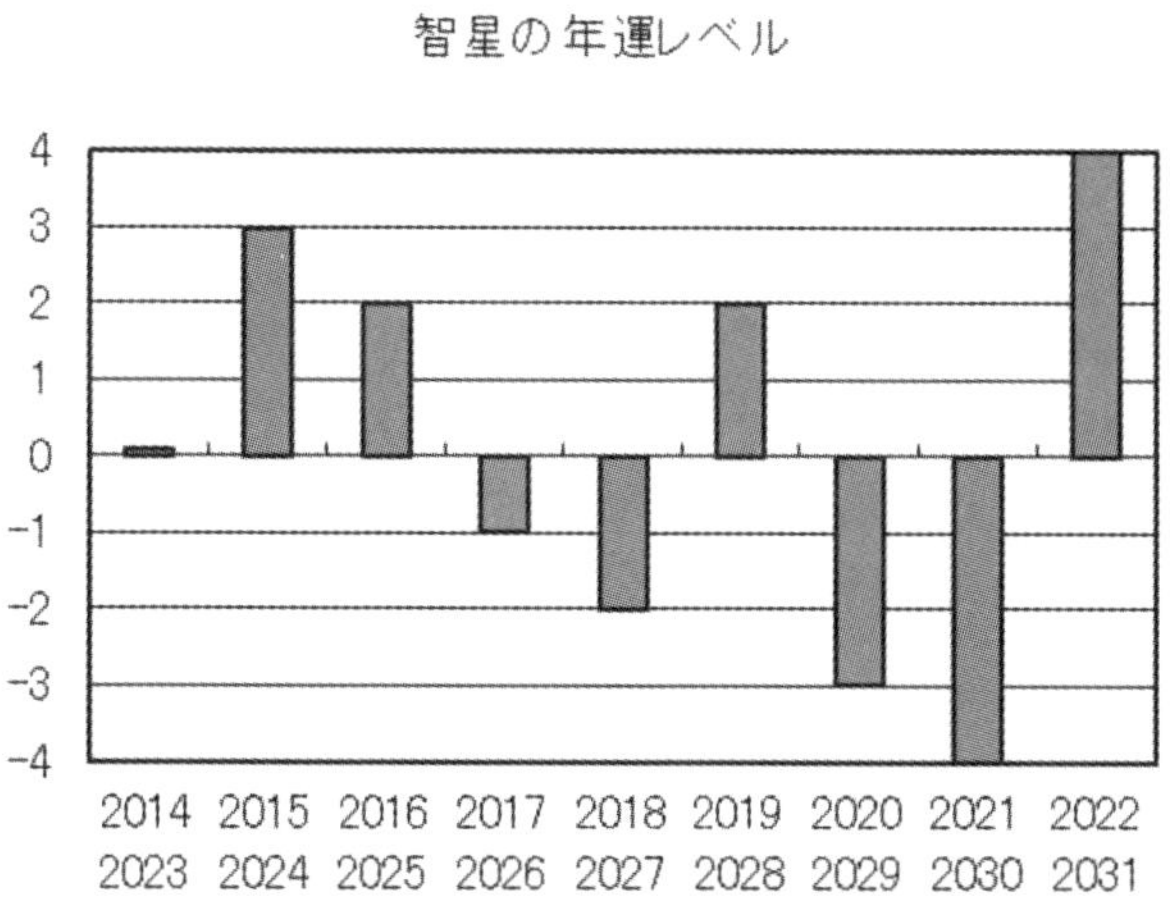

● 智星を占うときのポイント

◇クールに落ち着いて自分をコントロールする自制心がありますが、人情のバランスを誤ると、冷徹な人として見られ周りから人が離れることに注意しましょう。

◇社会のルールを守る常識人というイメージを、もたれやすい傾向にありますが、自分の思いを相手に押し付けたり、求めたりして失敗することがよくあります。相手の気持ちを察する寛容さを身につけると、運気が開けます。

◇陰性と陽性の二つのタイプがあります。陽性は負けず嫌いがポジティブ（前向き）な形に出ますが、陰性はプライドが歪んだ形で出やすいので注意が必要です。

◇十二宮は夫妻宮に属し、子孫繁栄を司る星に位地し、女性は母性本能が強く、子供に全エネルギーを集中します。仕事と家庭を両立させようとすると、いろいろと問題が生じます。子供を守る余り周囲と争いになることに注意しましょう。

智星の有名人

芸能界
宮根誠司
大谷昭宏
前田敦子
安田成美
山瀬まみ
とよた真帆
中谷美紀
渡辺えり
松坂慶子
稲垣吾郎
杏
小室哲哉
堺雅人
陣内孝則

スポーツ界
宮里藍
江川卓
野村克也
ラモス瑠偉

政界・財界
佐藤栄作
安住淳
海部俊樹
柳井正

文化・その他
愛子内親王
東條英機
与謝野晶子
白洲次郎
福沢諭吉
八代英輝

◇フロンティア精神で新しい道を切り開く
◇楽天的な自由人、束縛を嫌う
◇心は純真、透明感のある行動
◇利害に捉われない人間関係
◇カンが鋭く人の心を見抜く
◇熱しやすく冷めやすい
◇目上の人から引き立てられ成功

● 洋星の性格

一言で明るくて楽天的な自由人、豊かな感性で周りから愛されるタイプです。従って社交性も豊かでオシャレな人を多く見受けます。束縛されることを嫌い、時には脱線して別の道へ方向転換して周囲を驚かせることがあります。根は純真、まじめで、人におだてられると天にも上ったようになり、人のよさが表れます。家族や周囲への思いやりがあってこそ、幸運が開ける運気をもっています。好奇心、空想力が旺盛で、奇想天外な行動も本人はいたって真面目。目上の人から引き立てられ成功します。出世欲とは無縁で信用を勝ち取ります。

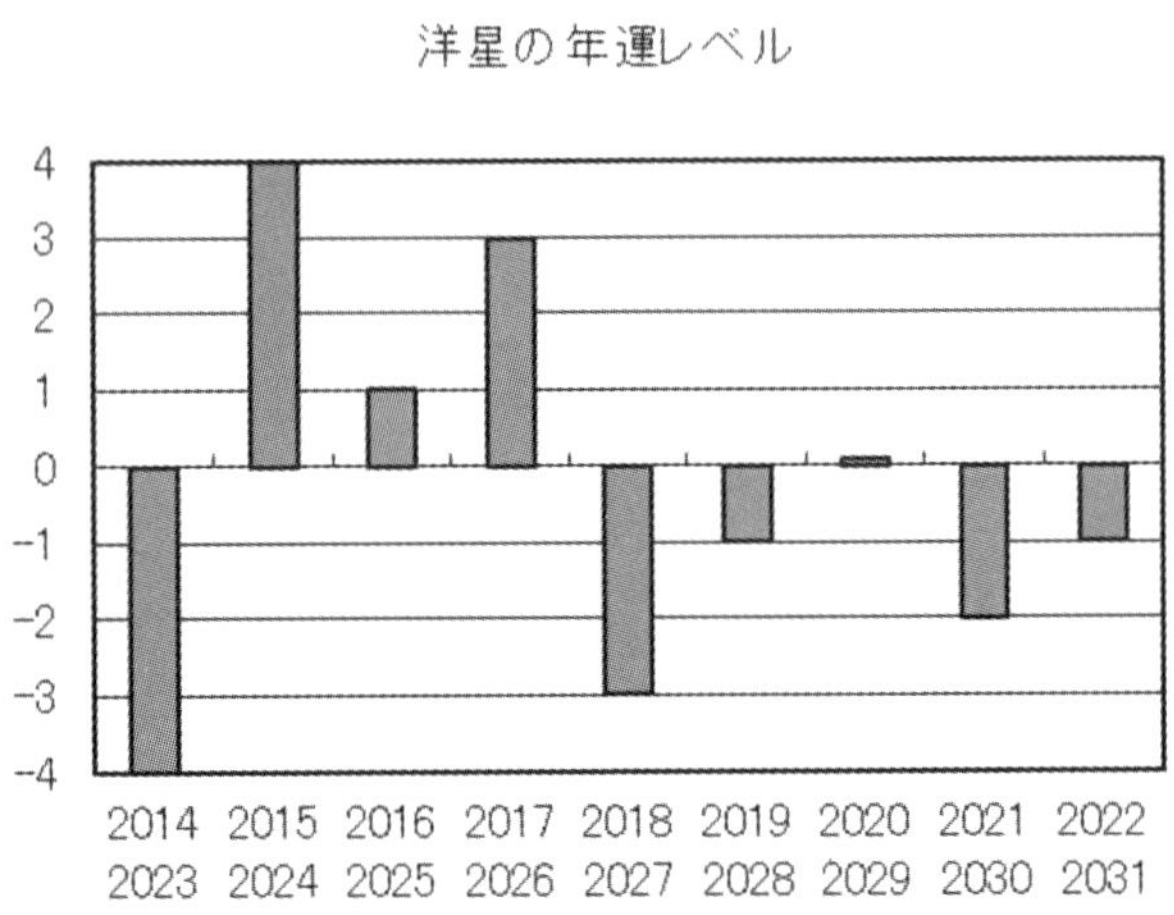

● 洋星を占うときのポイント

◇人に束縛される事を嫌う星なので、自由に動ける環境に身を置くことを奨めます。それがストレスや問題を引き起こさない方法の一つとなります。

◇基本的に楽天的な性格が持ち味です。根も真面目なため人に好かれます。そのためいい加減さが表面に出てくると、思った以上に信頼を失うことになるので注意。

◇人と深く付き合うことが苦手ですが、利害に捕われない付き合いの良さが持ち味なので周りに人の出入りが多くなります。打算が働くと人が離れるので要注意です。

◇自由奔放な恋愛をしがちです。明るく話も面白いので、異性に好かれます。軽く弄ばれないように、相手をよく見て選びましょう。

◇強い束縛、プレッシャーがかかると突然脱線して逃避することがあります。逃避する場合は事前にきちんと話し合い、周囲の理解を得てから環境を変えましょう。

洋星の有名人

芸能界

マツコデラックス
近藤春菜
川口春奈
ROLAND
坂口健太郎
渡部謙
島谷ひとみ
鈴木保奈美
ともさかりえ
香取慎吾
中村アン
HIKAKIN
千原ジュニア
手越 祐也
高橋ジョージ
大悟
船越英一郎
吉田栄作

スポーツ界

新庄剛志
今岡真訪
桜庭和志
ジャック・ニクラウス

政界・財界

三木谷浩史

文化・その他

竹田恒泰
浅田次郎
坂本龍馬

◇帝王の星、男性は物静かな紳士、女性は淑女風といった外見

◇熱い男、燃える女の猛烈努力家

◇頭脳明晰、理論的な思考

◇他にはない独特なカラーと性格

◇芯の強さは一、二を争う

◇面倒見はよく下から慕われる

◇起業家として成功する運がある

●英星の性格

我の強さでは天下一品。強い意志と向上心で大きな仕事もやり遂げます。そのリーダシップと、面倒見のよさで上からも下からも助けられる運をもっています。外見は男女共に温厚な大人の雰囲気を感じさせますが、独特なカラーがあります。

内心は猛烈な激しさも秘めており、目的に向かって強いエネルギーで進んでいく力があります。自分の性格もよく認識していながら、人の意見を聞き入れないで失敗することもあります。頭脳明晰で、物事を理論的に考え、人を統率します。女性は家庭の中だけでは満足できません。

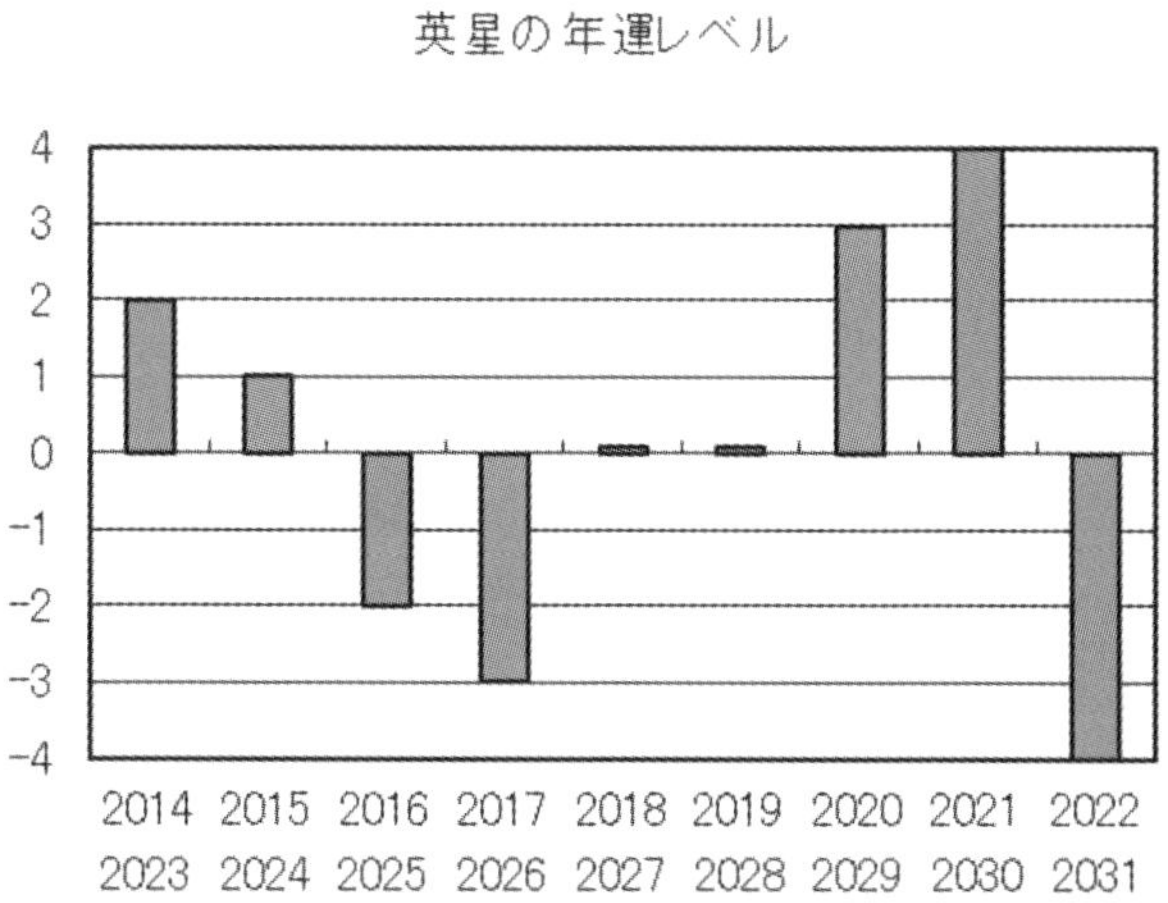

● 英星を占うときのポイント

◇外見は物静かな好印象を与えます。気位の高さ、激しい気性が表に出ると嫌われ信用を落して損をすることがあります。客観的なバランス感覚に注意しましょう。

◇向上心があり目標に向かって猛烈に努力するので、応援してくれる人が現れます。よくなった時に感謝を忘れがちになる運命を持っています。応援者を大事にすることで、幸運への分かれ道が決まります。

◇男女共に頭の良さと強い自尊心、そして持ち前の負けず嫌いでたくましく人生を切り開いて行くでしょう。人に恵みを与える布施の心を大事にしてください、

◇帝王の星と言われ、頭を下げたり気配りをしたりすることが苦手です。しかし、生涯ある種のツキが付いて回る運がありますが、奢りが出てくるとそのツキが途絶えてしまう運もまたもっています。時間にルーズ、ドタキャンは人が離れます。

英星の有名人

芸能界

さかなクン
伊沢拓司
トム・クルーズ
城島茂
山本モナ
吉田美和
吉田羊
松田翔太
大野智
ヒロミ
中村七之助

スポーツ界

岩隈久志
山下泰裕
ベーブルース
佐々木則夫
高田延彦
室伏広治

政界・財界

稲盛和夫
東国原英夫

文化・その他

櫻井よしこ
小倉智昭
村上春樹
田中耕一
チャイコフスキー
水木しげる
手塚治虫
里中満智子

◇反骨精神があり改革の道を歩む

◇理想は高く、自尊心も強い

◇親分肌、姉御肌のリーダー

◇面倒見がよく堂々とした態度

◇一本気で辛抱強く目的を達成

◇無口でも芯のつよい働き者

◇繊細で大胆なところがあり勝負運も強くここ一番の強さがある

● 明星の性格

人情味に溢れる親分肌、姉御肌の風格をにおわせる人を多く見かけます。面倒見がよいのでおのずと周りに人が集まります。頼れる存在として異彩を放つことが多い中で、夢と理想に向かってひたむきによく働きます。不器用者のイメージがありますが、自信とオーラがみなぎり独特の雰囲気があります。

周りからは変わり者として見られがちですが、本人はいっこうに気にしません。グループから一歩離れて独自の世界を築くパワーを持っています。その行動はマイペースで、集団から離れても本人は一向に気にしません。頑固で妥協せず自分の信じる道を歩みます。

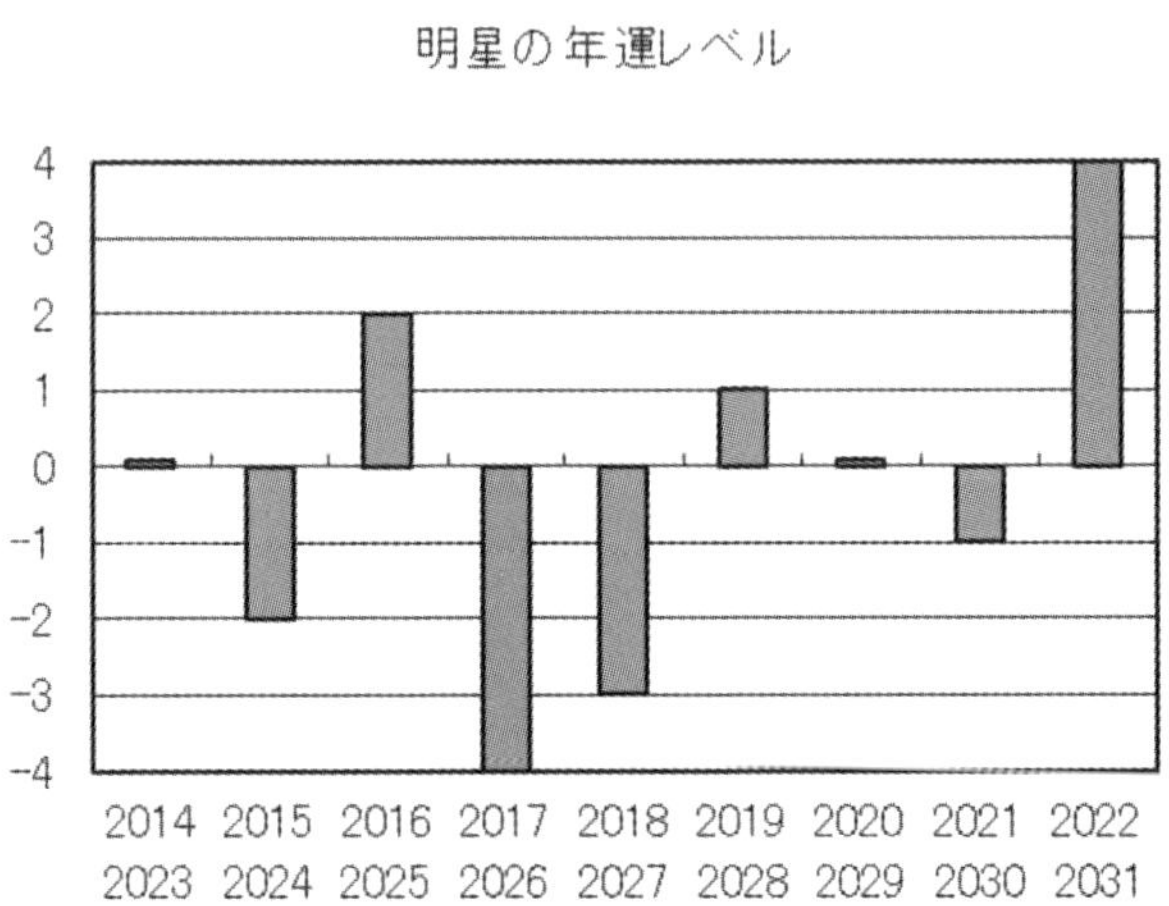

● 明星を占うときのポイント

◇男女共に彩星、博星と並び三大「働き星」と言われています。義理にも厚い面がありますが、持ち前の真面目さも貧するといい加減に変わりやすい星なので要注意です。

◇親分肌、姉御肌のところがあり、周囲の人と協調していくことはあまり得意ではありません。自らリーダシップが取れる環境の方が、独自の才能を発揮し易くなり成功します。人の面倒見のよさで仲間を増やしていける強みを生かすといいでしょう。

◇リーダーとしての風格に欠けると思う人は、マイペースで仕事ができる環境に身を置く方がいいでしょう。一種独特の風変わりな個性を生かすことができます。

◇反骨精神が旺盛です。既成のものにあきあたらず、改革の道をゆっくりと完成させていきますが、周囲とのスピード感は合いません。しかしそこを貫くと、人がやれなかった領域にまで到達することができる運を持っています。

明星の有名人

芸能界

IKKO
aiko
波留
加藤ローサ
春日俊彰
松任谷由実
工藤静香
ウェンツ瑛士
上川隆也
劇団ひとり
アンミカ
ポール・マッカートニー
リンゴスター
MISIA
西田敏行
柳葉敏郎

スポーツ界

池江璃花子
田中将大
小笠原満男

政界・財界

習近平
河野太郎
志位和夫
前澤友作

文化・その他

茂木健一郎
是枝裕和
北川悦吏子
木村太郎

◇スポットライトが似合う人

◇大胆で統率力のある実力派

◇正義感にあふれエネルギッシュ

◇目上から有形無形の財をうける

◇女性は華やかにして女の大将星

◇知性と忍耐で主役の道を歩む

◇恋多き青春、恋愛も人生の糧にして家庭も仕事も両立

●華星の性格

男性、女性ともに知識も豊富で統率力があり、集団の中で華やかに輝く人気者となる人を多く見かけます。頭脳派、実力派の人が多くいます。特に女性は「泰星」「恵星」と並んで三大美人星の一つといわれており、容姿端麗で華のある人が多く「大将星」といわれます。あふれる才能と器用さで何でもこなして大成する運命をもっています。男女ともにスポットライトが似合う人で、周囲に人の出入りも多くなります。男性は正義感に溢れ強い志で邁進します。男女ともに相手の心をつかむ言葉が得意で、周囲から可愛がられたり好かれたりします。

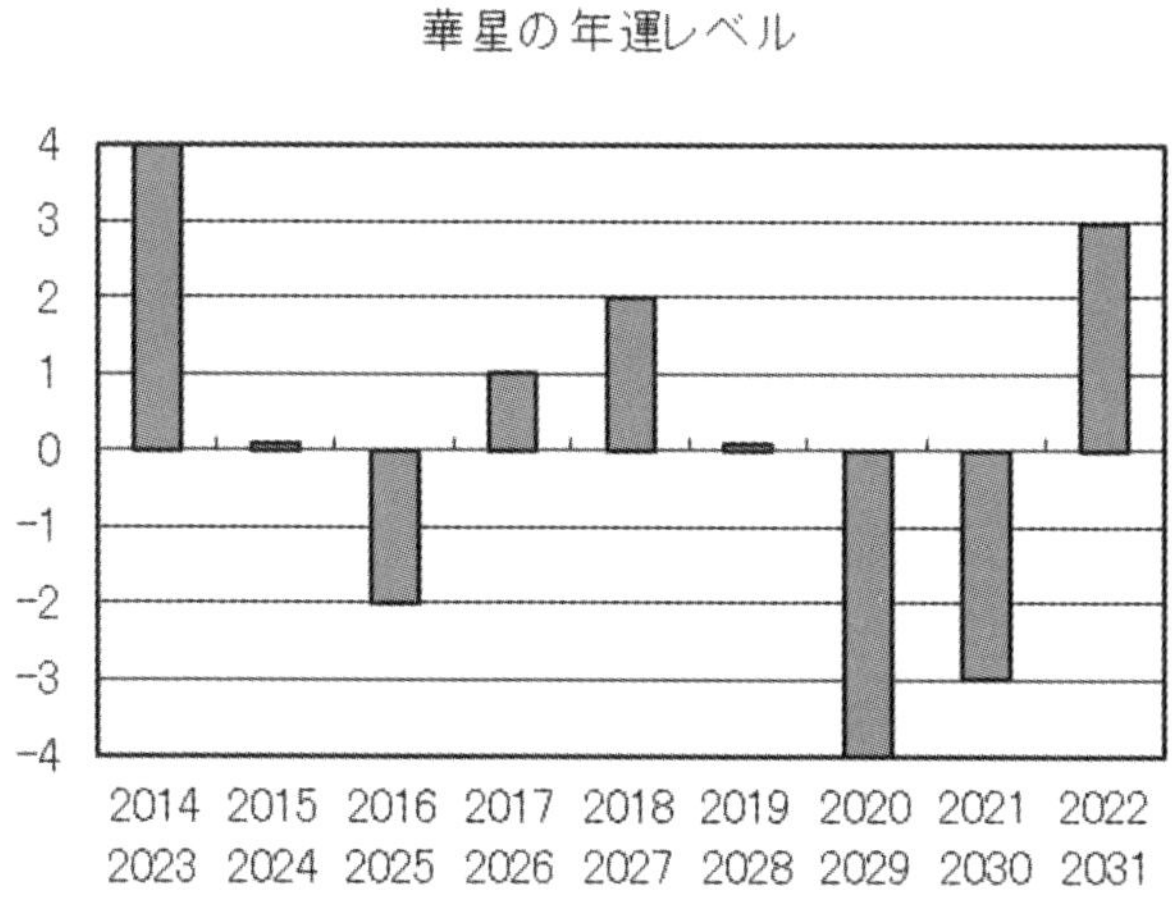

●華星を占うときのポイント

◇本質は派手好みで勝気ですが多才な才能を発揮します。男女共に「出る語は人意に快く愛を得る」と言われるように、言葉たくみに相手を引き付ける才能があります。それらを裏付ける行動が伴えば、大きな成功がもたらされるでしょう。

◇男性は正義感にあふれ、仕事に遊びにエネルギッシュな行動派になります。何をやらせてもそつなくこなす頭脳派としての特徴が出ますが、勢い余ってやりすぎると失敗して急降下する運命をもっています。この星は特に慢心は禁物です。

◇華があり周囲に人が集まってくる天運に恵まれています。また表舞台でスポットライトを浴びる運勢をもっており、いつも中心的存在にいます。鼻っぱしらの強さだけが目立つと、嫌みになりがちなので注意を要します。時々我が身を振り返りましょう。

華星の有名人

芸能界
藤原紀香
小泉今日子
Cocomi
柏木由紀
西川史子
高嶋ちさ子
メンタリスト DaiGo
加藤浩次
丸山桂里奈
恵俊彰
時任三郎
松山ケンイチ

スポーツ界
伊藤みどり
井口資仁
長谷部誠
魔裟斗

政界・財界
安倍晋三
青山繁晴
堀江貴文
小泉進次郎
ゴルバチョフ
イーロンマスク
細野豪志

文化・その他
さくらももこ
山本寛斎
東野圭吾
エリザベス女王

◇まじめで頑固な理想主義者

◇世界へ羽ばたく行動派

◇まがったことは大嫌い

◇物事の本質を見抜く能力

◇喜怒哀楽の感情表現はにがて

◇底知れぬ落着きがただよう

◇目先の損得にはあまり興味がなく信念を貫くほうを優先する

● 博星の性格

この星は世界を飛び回る翼を持っていると言われます。海外運もあり飛び回ってこそ真価を発揮します。男女共に自尊心と正義感が強く、信念を貫きます。物事の本質を見抜く力に長けているため、何でも自分でやらないと気が済まないところがあります。

根はまじめで頑固な理想主義者。地道にコツコツと努力するので、中年期から晩年にかけて、大成する運があります。金銭欲を感じさせず争いも好まないため、周囲から尊敬もあつめます。一方で、人や物の本質を見抜く力に優れ、目先の損得より胸に秘めた理想に向かって忍耐強く目的を達成して行きます。

博星の年運レベル

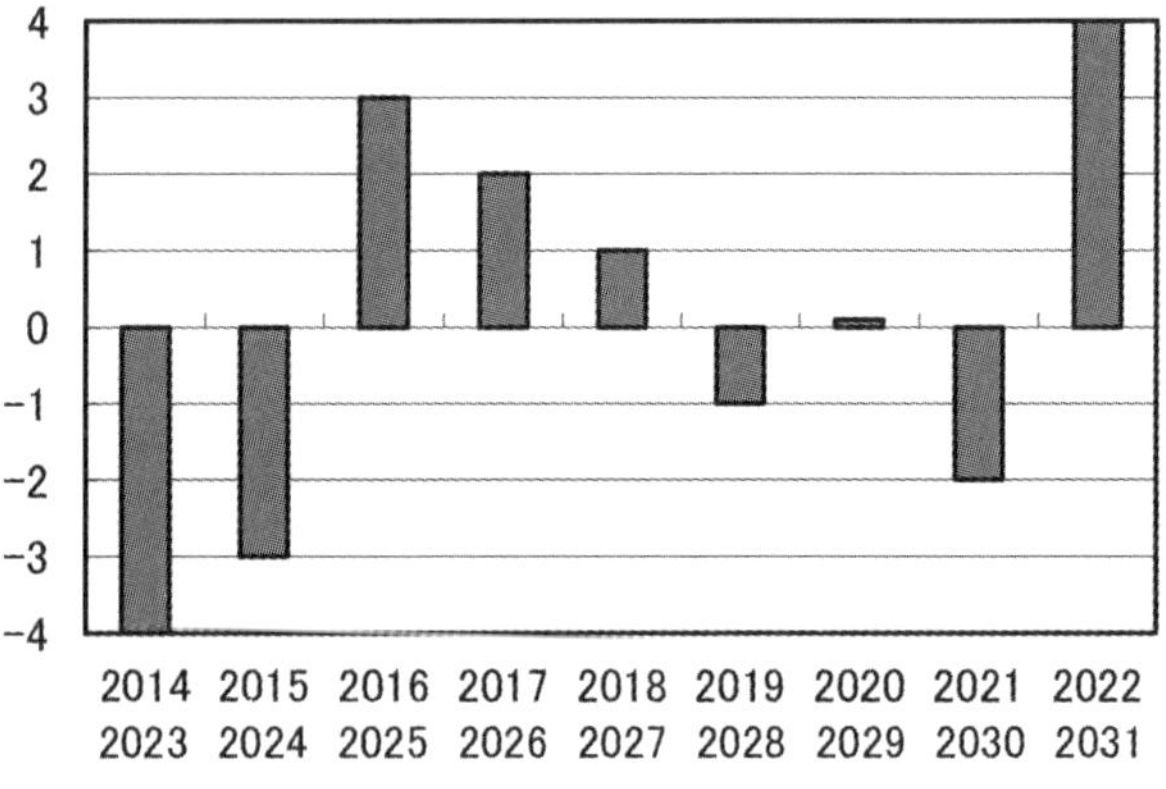

●博星を占うときのポイント

◇人が作った商品をただ販売するだけでは満足しません。自分の理想に沿った商品を作り出す人が多くいます。事業は鉄の意志をどれぐらい持つかで成功と失敗が別れます。

◇生まれながらの人徳で周囲から好感をもたれ尊敬を受けます。不愛想で重たい雰囲気が出やすいので、積極的にコミュニケーションをはかると運が開けます。

◇世界を動き回る翼をもっているので、海外運をおもいっきり活用することで仕事でも、人生でも成功をおさめることができるでしょう。

◇なんでも自分でやりたがり、実績をつけていきますが、手を広げ過ぎてそれが負担となるようなことが起きるので、目標と選択はよく考えて行動しましょう。

◇強引でわがままとかワンマンの批判を受ける人も多くいますが、自分らしさを曲げると良い結果にはなりません。相手の気持ちにも配慮したバランスを考えましょう。

博星の有名人

芸能界

富澤たけし
GACKT
田中みな実
橋本環奈
二宮和也
釈由美子
いとうあさこ
長澤まさみ
マドンナ
吉岡美穂
伊東四朗
河北麻友子
松尾スズキ
松平健

スポーツ界

井上康生
具志堅用高
中嶋常幸
本田圭佑

政界・財界

ゼレンスキー
毛沢東
サッチャー
玄葉光一郎

文化・その他

昭和天皇
江原啓之
徳光和夫
黒澤明
川端 康成
酒井雄哉

◇物腰柔らか、優れた洞察力

◇実務能力に長けた人

◇本質を見抜く直観力に優れる

◇そつのない参謀役で実力発揮

◇器用で努力家、高い評価を得る

◇周囲に対する細かい配慮を行う

◇どちらかというと積極型よりも受身型であくまでも慎重

● 法星の性格

人当りのよさがもちあじで、誰からも好感をもたれます。実務能力が優れているので仕事も早く器用にこなします。安心して仕事を任せられる人で、金銭感覚もしっかりしています。個性的な人達をみごとにさばく能力にすぐれ仕事ができる実力派です。

物事の本質を見抜く直観力、洞察力に優れており、相手を冷静に観察するところがあります。人を押しのけて前に出る図太さは無いため、人を統率する経営者、指導者の立場になると苦労して失敗することが多くなる運命をもっています。器用な人が多く努力家のため周りからの評価も高く頼りにされます。

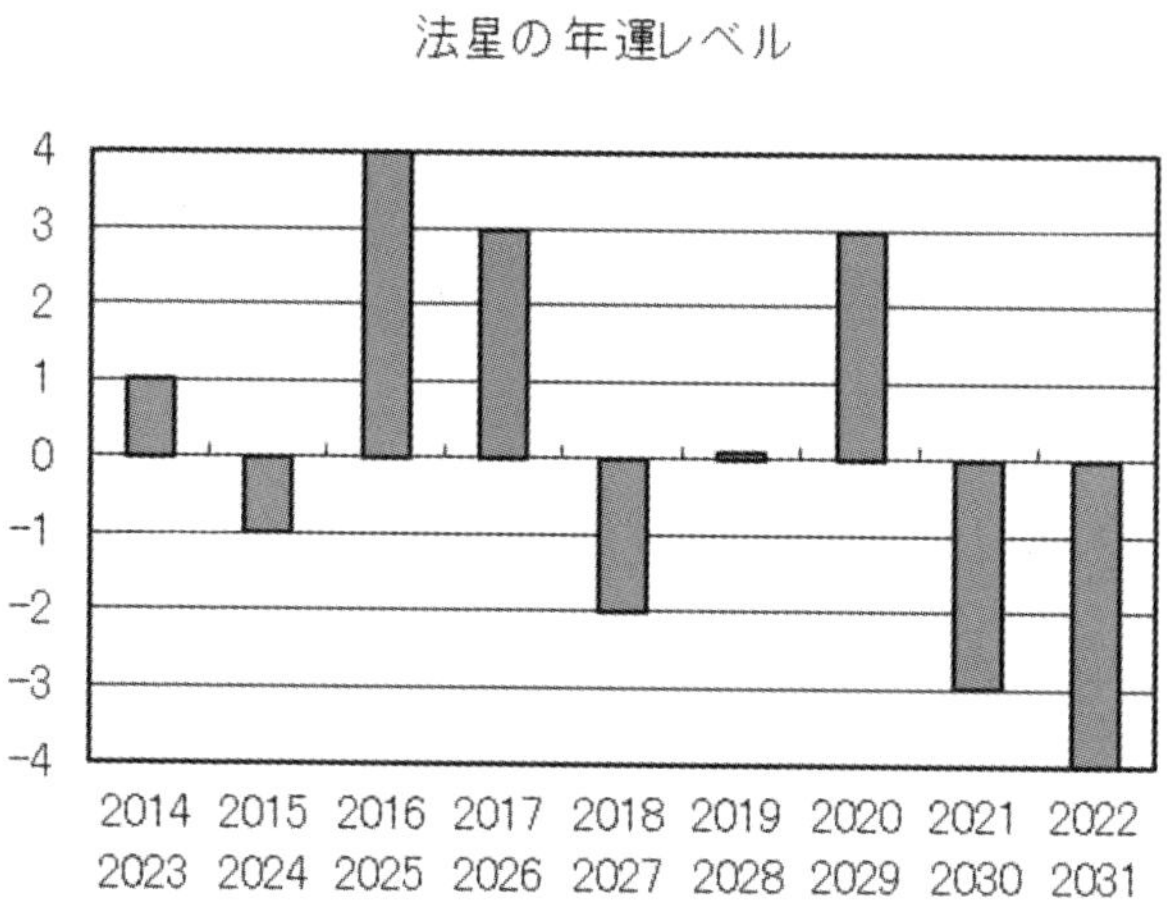

● 法星を占うときのポイント

◇物事の本質を見抜く直観力、洞察力に優れているため、周囲の人の仕事ぶりが目につき、厳しい評価をすることがあります。自分と同等の成果を求めると嫌われます。

◇内心は自分がドップに立ちたいと思っていても、どうしても裏方に回ってしまう運命があります。周囲から押し上げられるのを待つより参謀役、女房役で成功します。

◇人に恨みをかうことはありませんが、ズボラな人や手際の悪い人などを過度に批判し過ぎないようにバランスに注意すれば、無駄に運を損なうこともなくなります。

◇男性は女難の相があり女性問題になったら真摯に対応しないと火傷をします。また、不思議とピンチを女性に救われるという運命ももっています。女性を騙すのは禁物。

◇女性は男性の浮気を許しません。嫉妬深く思い込みの強い人は自分を戒めないと、不和や喧嘩がおさまらなくなり、結果的に人生の大きなキズを負うことになります。

法星の有名人

芸能界

天海祐希
ひろゆき
一青窈
ギャルソネ
ジュリア・ロバーツ
有吉弘行
高橋英樹
鈴木亜美
上戸彩
博多大吉
神田うの
カズレーザー
小泉孝太郎
ゴリ
多部未華子
南こうせつ

スポーツ界

栗山英樹
アントニオ猪木

政界・財界

中山恭子
ダライラマ14世
マハトマ・ガンジー

文化・その他

長峰由紀
羽生善治
ピエルカルダン
マハトマガンジー

◇頭の回転は速く活力にあふれる

◇能弁でユーモラスな親分肌

◇自分の主張を強くおしとおす

◇強気な行動力で道を切り開く

◇好き嫌いが激しく内心は頑固

◇どちらかというと、商売より職人気質

◇明るく清潔感があり楽天的

● 範星の性格

口が達者でユーモアのセンスもあり、つきあいのよさから人気があります。頭の回転も早く、素早い的確な判断を下す能力があります。明るさと清潔感があり楽天的な性格は人を引き付けます。活力にあふれ、人との交流も幅広く、いつでもどこでも人気者です。さまざまな分野で多彩な才能を発揮して、成功している人が多い星です。計算高くなかなかの商売上手のタイプと技術とこだわりで商売が下手なタイプとがあります。頑張り屋で自信に溢れる人を多く見かけます。本質は天真爛漫で明るく素直な性格ですが、自信過剰にもなりがち。遊び上手な星。

範星の年運レベル

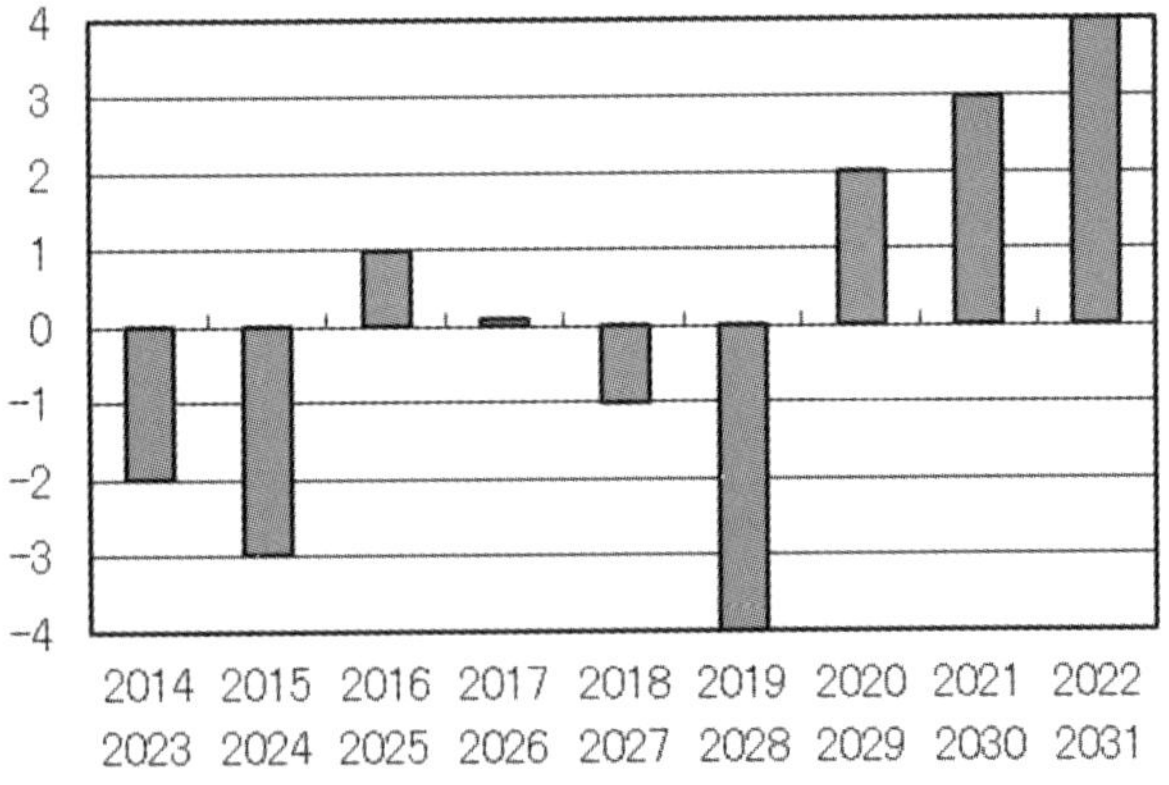

● 範星を占うときのポイント

◇頭の回転がはやく口が達者で勝ちにもこだわるので、ああ言えばこう言うというふうに口で相手を負かしにかかります。相手に耳を傾けるバランス感覚を大事にしましょう。

◇頭にくるとプッツンして、あらぬ行動に出ることがあります。周囲を驚かせることになると信頼を失い軽く見られます。プッツンは要注意です、運気を損ないます。

◇仕事をこなすパワーは大きなものがありますが、大組織を統率する場合や、大きな仕事をやるときには、優秀な参謀役と一緒に組めば成功率が高まります。

◇おおざっぱで楽天的な性格なので、細かいことは苦手です。また、なかなか人を信用しないところがあります。人に任せるところは任せた方がうまくいくでしょう。

◇遊びが大好きで異性、ギャンブルなどのトラブルに注意が必要です。好き嫌いが激しく見栄っ張り、格好、形から入りやすいところがあり、よく失敗するので注意しましょう。

範星の有名人

芸能界

広末涼子
君島十和子
友近
水卜麻美
福田沙紀
山田優
オダギリジョー
要潤
柴田英嗣
水嶋ヒロ
玉置浩二
メル・ギブソン

スポーツ界

上田桃子
クルム伊達公子
辰吉丈一郎
丸山茂樹
若乃花光司

政界・財界

田中眞紀子
中曽根弘文
谷亮子

文化・その他

皇后雅子
内田春菊
大前研一
白川英樹
周防正行
ドクター中松

毛利衛

◇理想や夢を追いかける反骨精神の人、自分に忠実に生きる

◇強いエネルギーで前人未踏の道を切り開く改革の人

◇まじめで曲がったことは大嫌い

◇理不尽に対する強い反発

◇強情で意地でも自分を押し通す

◇プライドが高く恰好いいことが好きみっともないことはしない

●康星の性格

いつも理想と夢を追いかけひょうひょうと人並み以上のことをやってのけますが、裏ではストイックな努力を惜しみません。人がやったことの二番煎じには興味を示しません。人がやれない前人未踏の荒野を切り開く強いエネルギーを持っていて成功する運を授かっています。一切の妥協を許さない厳しさも潜在的に持っているので、逆に自分を苦しい立場へ追い込んでしまうこともしばしばあります。反骨精神が旺盛で、その強情さは子供の頃から表れ、叩かれても直さない強引さが人生のスタイルになっています。思い込んだら最後までやり通します。

康星の年運レベル

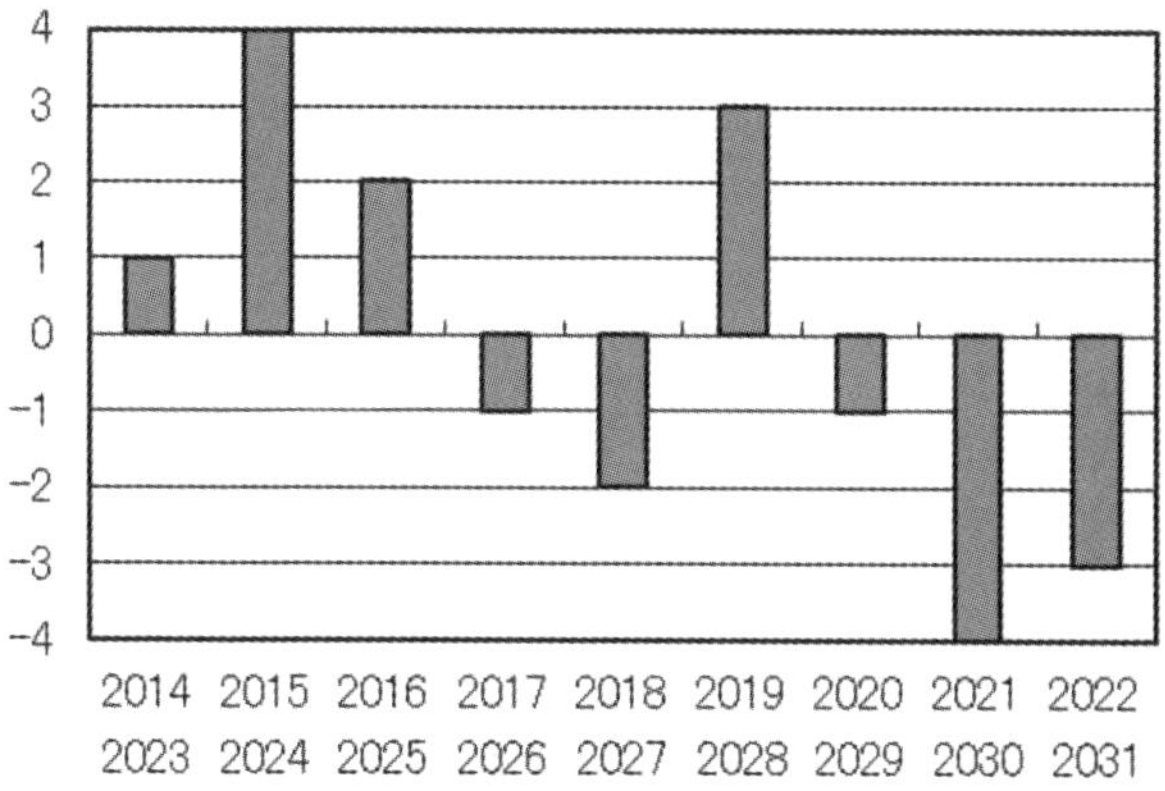

● 康星を占うときのポイント

◇自分にも厳しい高いプライドで生きているところがあるので、理想と現実のはざまで揺れ動くことがありストレスも抱えます。目標の設定はステップアップで。

◇細かいことは苦手で口だけで人を巻き込んでくる才能は天下一品。その時だけで後のフォローもいい加減になることが多々出やすいので信用を失うこともしばしば。注意。

◇熱血漢で熱く燃える人も多いのですが、意外と無口で内向的な側面ももっています。そのアンバランスが表に強くでると、人から距離をおかれるので注意しましょう。

◇フットワークが軽くたくましく生きて行きます。遠距離を飛び回ることは苦にしませんが、必ずその中に遊びの息抜きを一緒にいれないと苦になります。ほどほどに。

◇この星の女性は男勝りの実力派が多く男を喰わせるぐらいの生活力ももっていますが、男性の浮気は、一度は許しても二度目は問答無用で捨てられます。

康星の有名人

芸能界

神田うの
椎名林檎
白石美帆
秋元康
石原裕次郎
安住紳一郎
伊藤蘭
コロッケ
堂本剛
ナット・キング・コール
萩本欽一
松岡昌宏
福山雅治
渡辺大

スポーツ界

イチロー
渋野日向子
三浦知良
ロナウド

政界・財界

小泉純一郎
アウンサン・スーチー
大隈重信

文化・その他

山田洋次
角川春樹
深田萌絵
マララ・ユスフザイ

◇先見の明でチャンスへの変わり身が早く別の世界へ飛び込む

◇野望をいだき粘り強く邁進する

◇性格はサッパリ、勝負強い

◇決断後の行動は素早い

◇ふっきらぼう、デリカシーに欠けるも憎めない不思議なムード

◇先進的、奇抜なアイデアで周りをアッと言わせる行動派

● 旺星の性格

ひとたびチャンスを捉えると全力で突進して、そちらの世界へ飛び込んでしまう行動力があります。目的を達成してしまう力は群を抜いています。カンが優れており、優しい顔を見せたりするので、憎めないところがありますが、強引で人と争う図太さももっています。先見の明があり、決断後の行動もすばやく集中して取り組む強さが、この星のスタイルといえます。目上の人にも引き立てられ、仕事で成功する人が多いのも特徴です。

なかには人情家でありながら、クールに人を利用する才能も発揮するので、周囲が戸惑うこともあります。

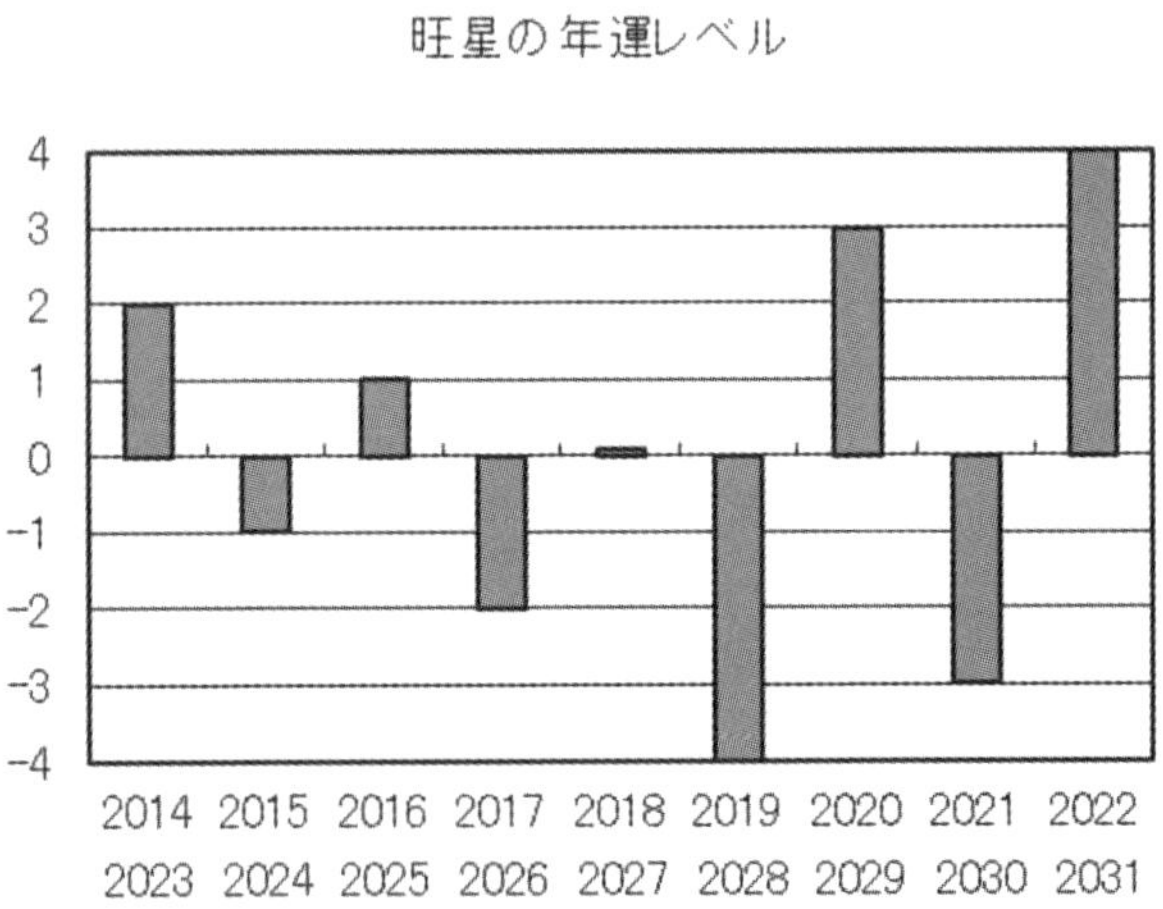

●旺星を占うときのポイント

◇先見の明があってチャンスに強いというのがこの星の特徴です。そのチャンスをものにして成功する運を授かっていますがあくまで正直な背景でのこと、打算は失敗を招きます。
◇愛嬌があって人に優しい部分が表に出てくると、引き立ててくれる人が現れます。チャランポランな人も多い星なので、目標に向かったときの集中力が見えないと運を逃します。
◇変わり身が早いわりには粘り強さももっています。器用な面もあり仕事ができるタイプになります。図太さばかり目について争いを引き起こすと、世間の厄介者にもなります。
◇男性は愛の狩人と言われる星で、女性には声をかけなければ失礼だと考える人も多くいます。日頃の生活がきちんとしていないと、女たらしと見られるので注意しましょう。
◇男性は親分、番長タイプ、女性は女将、ママさんタイプの人も多く、よくいえば前向き、悪く言えば反省しないやり手の人が多く見受けられるので、人の目をよく見ましょう。

旺星の有名人

芸能界
吉高由里子
柴崎コウ
佐々木希
石田ひかり
黒木メイサ
森昌子
戸田恵梨香
アンジェラアキ
太田光
市川海老蔵
片岡愛之助
長渕剛
天野ひろゆき
坂本龍一
加藤浩次
渡辺直美
レオナルド・ディカプリオ

スポーツ界
岡島秀樹
城島健司
久保建英

政界・財界
石原慎太郎
橋本聖子
フィデル・カストロ
鈴木宗男

文化・その他
五木寛之
森鷗外

◇財運は二十七星中で一番

◇即決・即断、素早い行動力

◇エリート意識が強く人の意見を聞かないワンマンになりがち

◇男性は愛嬌があり人の心をたくみにつかむ

◇女性は華星、理星とならぶ三大美人星、ボタンの花のよう

◇次々と恋の遍歴を重ねる人生

●恵星の性格

人がうらやむほど財や人、物が集まってくる運をもらっています。お金には困りません。二十七星中最も財運に恵まれています。また、即断即決、目標に向かってやりぬく行動力は群を抜いています。自意識が強く総じて自信家になりがちです。事業家、政治家、指導者として大成する人が多い星。女性は華やかさが似合う人が多く、男性を冷静に見極め、その判断は浮かれず現実的な決断をします。男性は愛嬌がよく人の心をたくみにつかみ好かれるタイプが多くいます。蔵の番人といわれ、経理や財務などは吉運に働きます。お金がなくとも何らかの豊かさがあります。

恵星の年運レベル

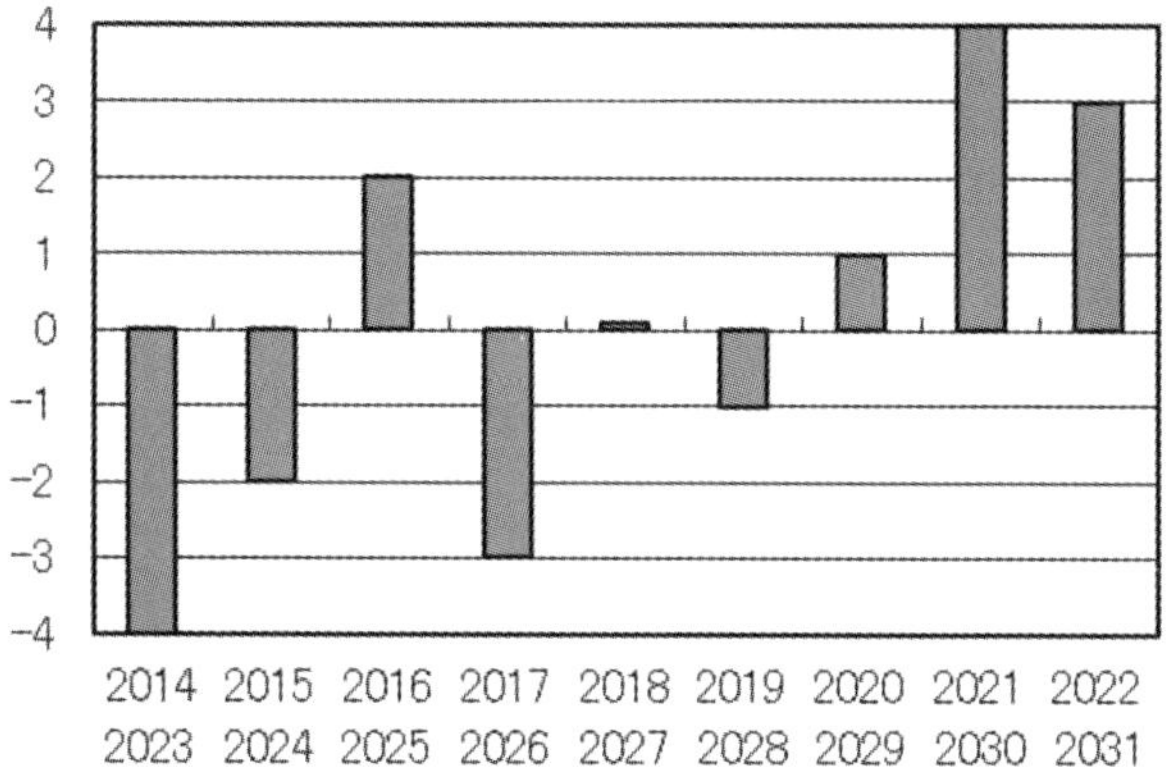

● 恵星を占うときのポイント

◇二十七星中いちばん財運に恵まれているのも、周りの人々へ恵みを分け与えてこその財運です。我欲を満たすだけの財運はやがて散財して雲散霧消となります。

◇自分本位でエリート意識が強いと見られがち。口もドライな言葉がよく出るのでバランスが悪くなると鼻につくようで嫌われてしまいます。注意を要します。

◇経理や財務の仕事にこの星の人を雇うと、お金が集まる引力が大きくなります。人の意見を尊重して人望を集めるとますます、その輝きを増すことができます。

◇女性は華星、理星と共に三大美人星に属し、結婚後は賢い主婦となり華やかな妻となります。ドライな言葉は禁物で、薄っぺらい人と見られてしまいます。

◇激しく燃える恋も自分本位、愛が覚めるのも早く、次々と恋の遍歴を繰り返します。自分本位はやがて破滅への道を進むでしょう。

恵星の有名人

芸能界
沢口靖子
森泉
加藤あい
指原莉乃
佐藤江梨子
シンディ・ローパー
ジャスティン・ビーバー
中川翔子
矢田亜希子
明石家さんま
熊川哲也
ウィルスミス
ATSUSHI
さだまさし
Matt
ヒカキン

スポーツ界
王貞治
古関美保
澤穂希
諸見里しのぶ
白鵬翔

政界・財界
蓮舫
猪瀬直樹
森田健作

文化・その他
藤井聡太
つかこうへい

◇場の雰囲気に敏感な気遣い
◇愛嬌星といわれる人気者
◇ストレスで人一倍悩まされる
◇愛嬌を振りまくも負けず嫌い
◇冷静な努力家、野心家
◇疑心暗鬼により大きく揺れ動く
◇天性の演技者、性格は複雑で正しくとらえるのが難しい

● 和星の性格

笑顔をふりまくにこやかな人が多く、フットワークも軽い行動派です。だれとでも合わせることができ、人あたりもよいので、いつもグループの中心にいます。人に合わせることも苦になりません。どれが本当の自分か分からなくなることさえあります。場の雰囲気や周囲の心の動きに敏感で、本人も意識せず自然と気配りをしていることから天性の演技星といわれます。また愛嬌星ともいわれ好感をもたれる貴重な存在です。持ち前の負けず嫌いは強く、笑顔からは想像しにくい野心家で蠍宮からくる蠍の一刺しをもっています。医療、福祉の分野で成功する運があります。

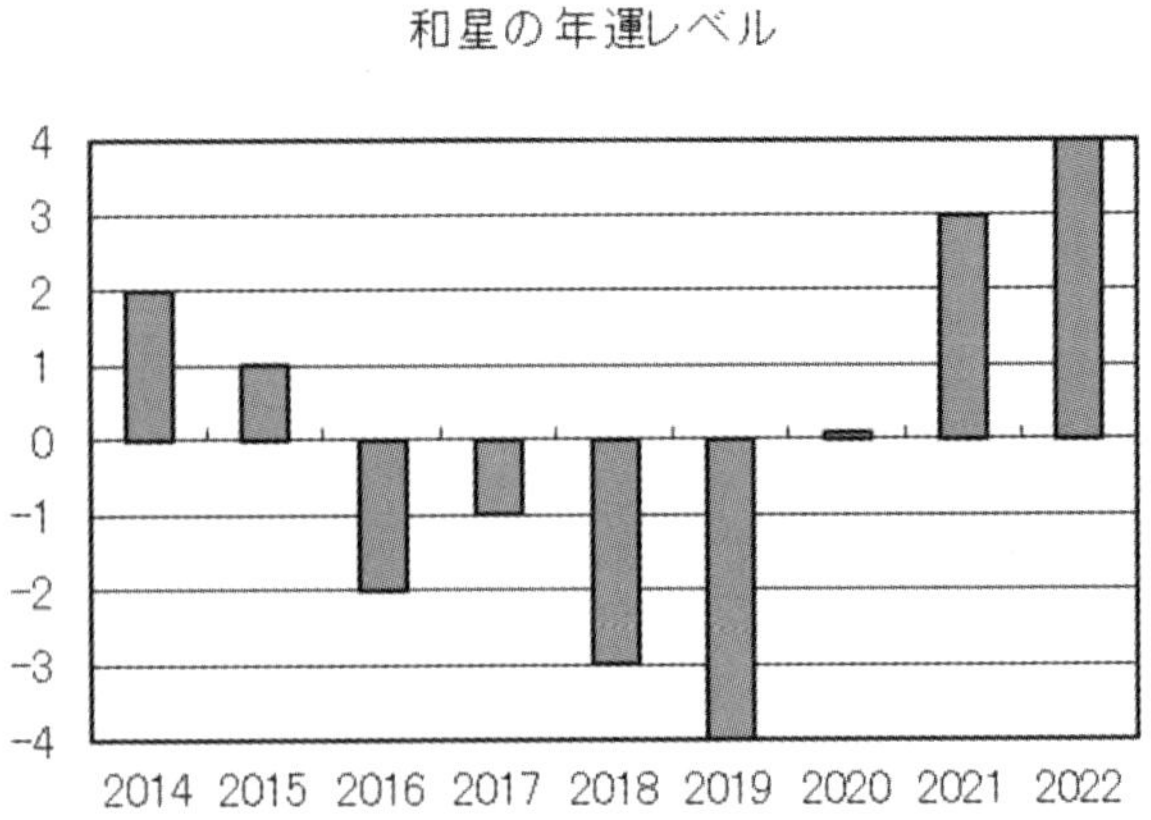

● 和星を占うときのポイント

◇愛嬌があって陽気な人というイメージで見られますが、意外なところで小心なところがあります。打算を捨てて善良、正直、奉仕の心で臨めば恐れるものはありません。

◇天性の演技者といわれるほど誰とでも合わせることができます。その能力はこの星が全ての星から剋される星といわれますが、それをカバーする能力なので前向きに。

◇一度迷いだすと自分自身で迷いを増長させ、その迷いの揺れはだんだん大きくなります。一人で迷わず信頼できる相談者にアドバイスをもらえるようにしましょう。

◇思い込みが強くなりすぎて疑心暗鬼が増長します。特に女性は恋人や夫の愛に確信がもてなくなることがあります。疑心暗鬼は自分で創り出していると心得ましょう。

◇男女共にニコニコする愛想のよさがこの星の本性になります。美人であっても気取らないところが愛されます。苦しい環境、ストレス環境にあっても本性を大切にしましょう。

和星の有名人

芸能界

阿部寛
星野源
絢香
木村カエラ
ムロツヨシ
常盤貴子
レディー・ガガ
渥美清
はるな愛
小池徹平
反町隆史
原口あきまさ
ブルース・リー
チャップリン
郷ひろみ
美川憲一
YOSHIKI

スポーツ界

五郎丸歩
野茂英雄
川上憲伸

政界・財界

高市早苗

文化・その他

伊集院静
スティーヴン・スピルバーグ
高村薫
辻仁成
ピカソ
松本白鸚

◇本物志向の職人、技術屋の星
◇融通が利かなく一番頑固な星
◇粘り強さと集中力は他を圧倒
◇誠実で姑息な手段は大嫌い
◇ブランドより機能や品質重視
◇相手を選ぶので晩婚になりがち
◇群を抜いた創作物を産み出す腕前と技術は一流

● 将星の性格

十二宮の弓宮に属し狙った獲物は逃さない武人の星になります。従って決して手を抜かず妥協しない性格が特徴となっています。派手さもなく真面目にコツコツと我が道を究める職人の星ともいわれます。仕事熱心でその道一筋の生き方をする人が多く見受けられます。二十七星中一番の頑固者で我慢強さと集中力で大成していきます。本物志向が強く変な妥協をして適当に済ませることができません、その拘りに周囲は疲弊することすらあります。外見に似ず卓越した器用さで華やかなものを創造します。ひとたび決めたらまわりに惑わされず集中します。

将星の年運レベル

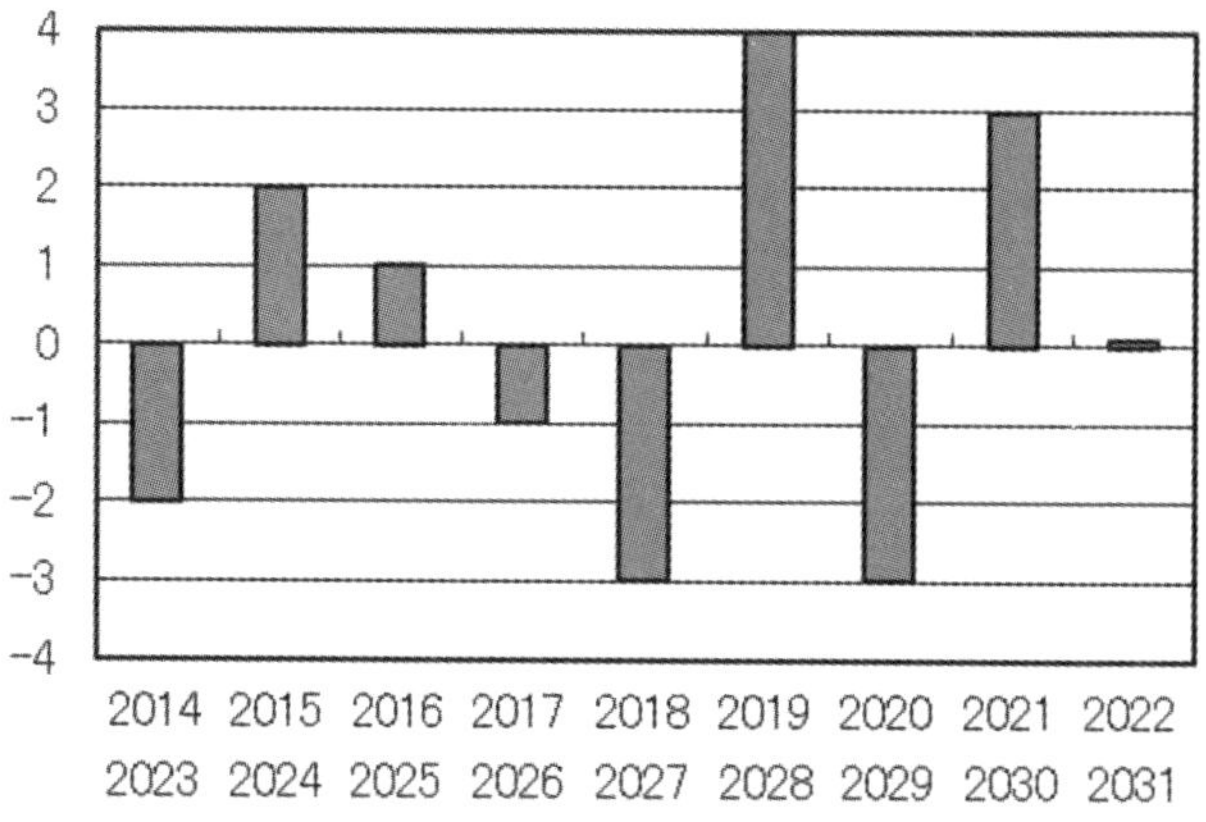

● 将星を占うときのポイント

◇この道一筋の名人と言われるような人に多い星です。その仕事ぶりと成果には周囲の尊敬を集めますが、現代では行き過ぎた頑固と拘りで人が離れることに注意が必要。

◇思い込みが強く視野も狭くなりがちです。雰囲気が重く軽快さに欠けることが多いので、人間的なふくらみなどを心がけるように気を使いましょう。

◇人付き合いは苦手な人が多いので必然的に恋愛経験も少なくなります。どんなに付き合っていても、気に入らないと口もきかないことがあり、それは運気を損ねます。

◇女性は男勝りの人も多く見かけます。結婚後は家庭を大事にして家族にもつくします。働く女性は経済力もあり幸せな家庭を築くでしょう。晩婚にならないように積極的に。

◇文化、芸能、芸術、職人、技術者に多い星ですが政治や実業家には少ない星なので、仕事のパートナー選びは広告、営業、プロデューサーなど補完してくれる人選びが大事です。

将星の有名人

芸能界

エリザベス・テイラー
大島美幸
菊川怜
大地真央
高嶋彩
冨永愛
マライア・キャリー
アル・パチーノ
宇崎竜童
坂本冬美
小田和正
片岡孝太郎
河村隆一
有村架純
山下智久

スポーツ界

浅尾美和
川口能活
内村航平
張本勲

政界・財界

江田憲司
舛添要一
渡邉美樹

文化・その他

松本零士
山中伸弥
プラシド・ドミンゴ

◇負けず嫌い向上心は人一倍強い

◇勇敢で目標を決めると猪突猛進

◇正直者で頑張り屋、努力家

◇度胸があり怖いもの知らず

◇姑息な手段を使わず直球勝負

◇飾り気がなく陽気でサバサバ

◇仕切り屋で商才もあり、お金を稼ぐのは上手だが残らない

● 陽星の性格

度胸がよくて勝負強さもあり、怖いもの知らずなところがあります。天性の営業マンともいわれ、男女問わず目標を定めたら猪突猛進して成果をだしていきます。正直者で頑張り屋という言葉がぴったりの人で、姑息な手段を使わず、真正面から取り組む真面目な人が多く見受けられます。性格はサッパリとしていて、義理人情にもあついところがあり、人を裏切るようなことはしません。負けず嫌の努力家なので手を抜くことがありません。単純で策略を労する思考回路が無く、直球勝負の根っからの正義派。引き立ててくれる上司に恵まれると何倍も力を発揮します。

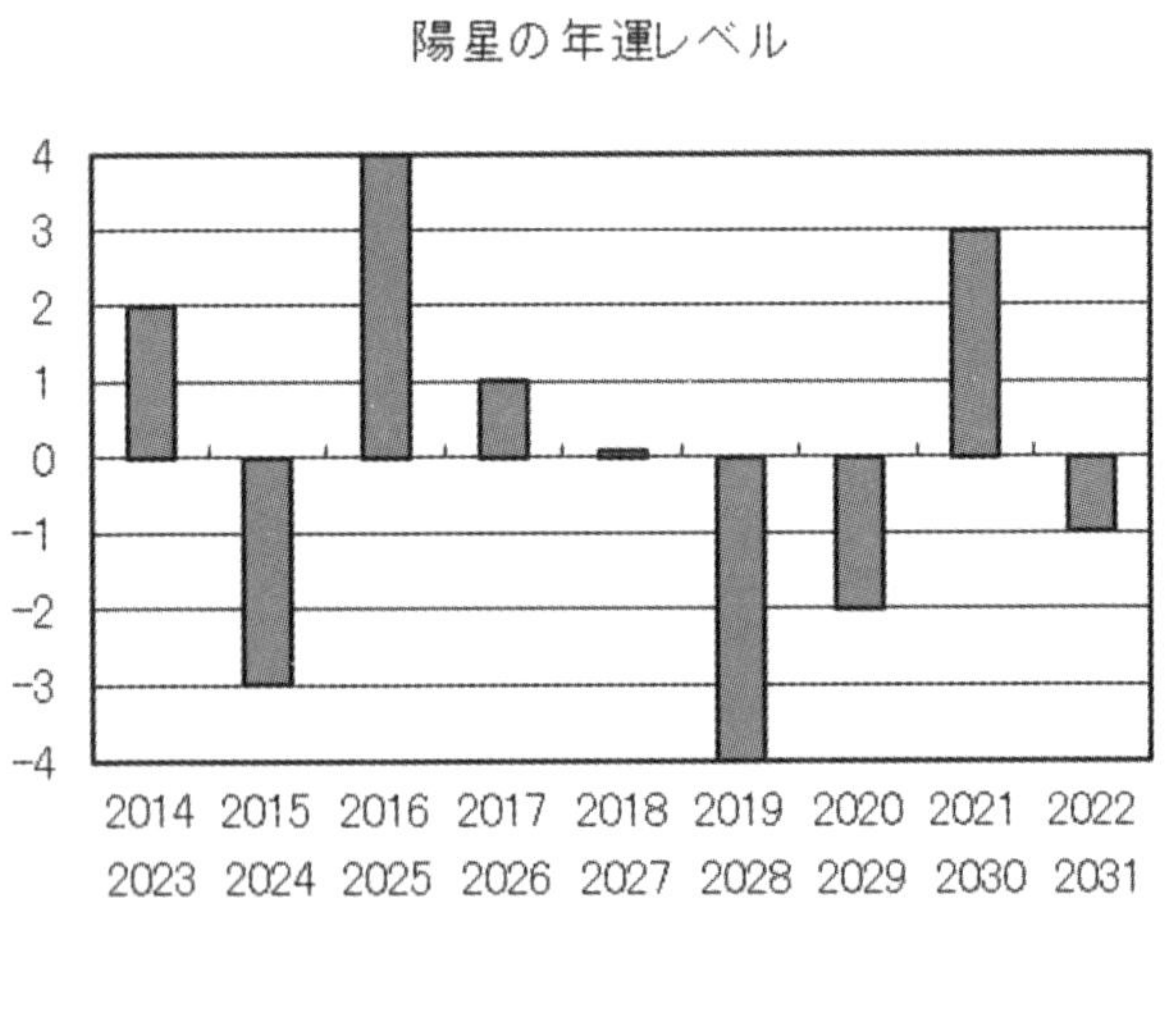

● 陽星を占うときのポイント

◇意気に感じると、突進して人の何倍も成果を出す一方で、上司とぶつかり我慢を超えると、損得や後先を考えず組織を飛び出します。視野が狭くなるので俯瞰的な目を。

◇実力を備えている人は、全てを自分で仕切りたがる傾向があります。人の能力引出してあげる視点を持つことが大事で、そこをうまく仕切れたら大成功します。

◇本質的な性格として戦うエネルギーが深層心理に眠っています。突進したときに開放されるのですが、多量の酒を飲んだ時も開放されて大失敗する運があるので注意。

◇女性はしっかり者で、妥協しない強さで一家の大黒柱になってしまうことがあります。心底から自分を大切に思ってくれるパートナーを選ぶことがとても大事になります。

◇努力と真面目さ、パワーで交渉事も最後は勝ち取っていきます。直球で要件のみの印象が強く、その前後のフォローアップコミュニケーションは苦手なのでそこに注力が大切。

陽星の有名人

芸能界

上野樹里
林修
EXILE HIRO
ビヨンセ
牧瀬里穂
柳原可奈子
片岡鶴太郎
堺正章
中村獅童
玉木宏
中居正広
中村雅俊
矢部浩之

スポーツ界

浅田真央
小野伸二
武藤敬司
涌井秀章

政界・財界

A・シュワルツェネッガー
ドナルドトランプ
谷垣禎一

文化・その他

佳子内親王
相田みつを
ゴッホ
野依良治
ベートーベン

◇一見おだやかも強い闘争心

◇各分野でカリスマ的存在が多い

◇長いものに巻かれない強さ

◇相手の本質を見抜く力がある

◇隠れた控えめなオシャレ

◇無欲で好きなことに打ち込む純粋さにまわりが後押し

●賢星の性格

　男性は大将星ともいわれ、総星、博星とともに生まれながらにして天から幸運を授かっています。大きく出世する運があり、やがてその道の頭領、組織のリーダーで活躍する人が多くいます。理不尽なことに対しては、相手がどんなに大きくても妥協しない強さをもっています。女性も大物の片鱗をもっています。男女共に、各分野でカリスマ的存在が多いのも、強運による力といえます。一見おだやかですが、あくまで勝ちにこだわる生き方が人生スタイルになっています。人間としての器も大きく、小さな争いや無駄な争いはしません。直感力や霊感に優れています。

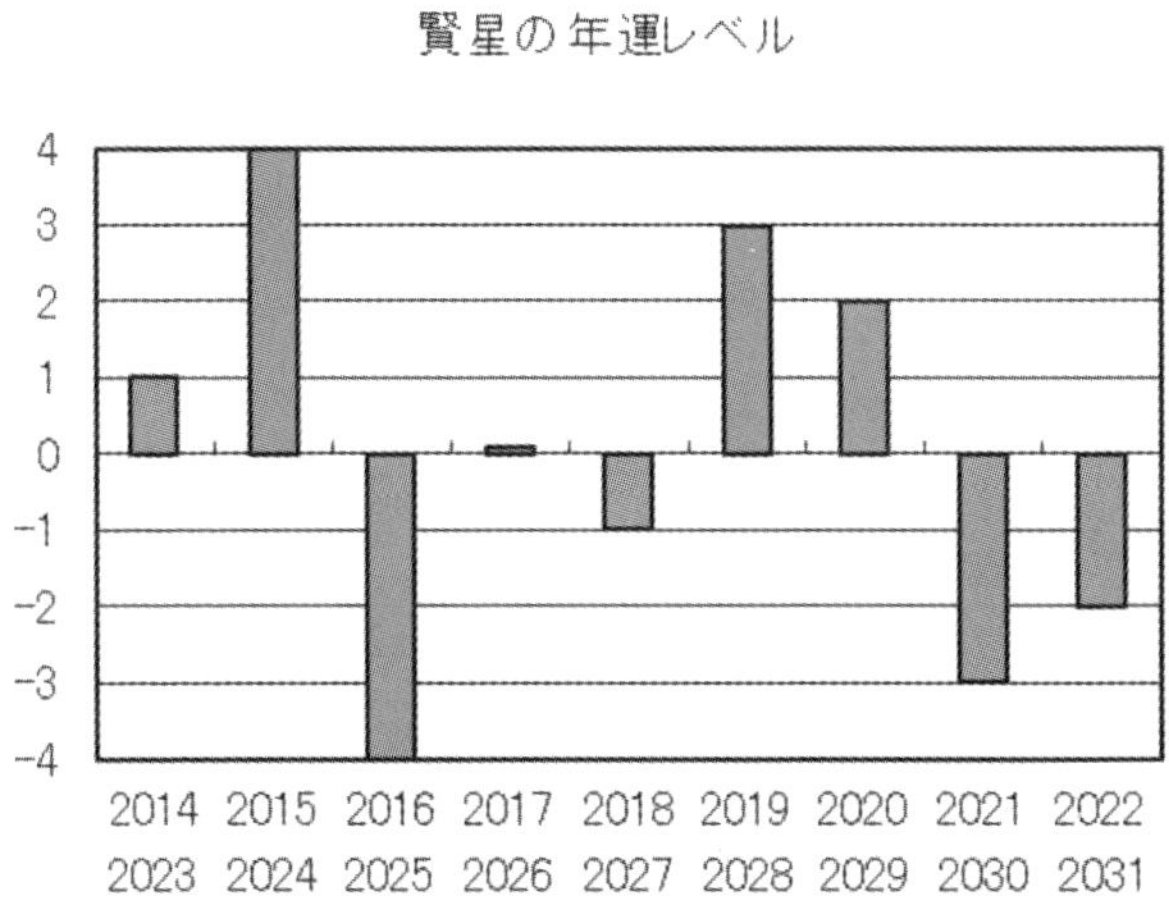

●賢星を占うときのポイント

◇世のため人のために尽くすことで生まれながらの天運を得て成功します。困難にも耐える力があり堅実に会談を上り詰めていきます。人を蹴落とさなくても勝利します。

◇争う時は自身の名誉や社会的大義名分のもとで争います。また理不尽な要求に対しては相手がどんなに強大でも強い闘争心で立ち向かうので苦境に堕ちることに注意。

◇純粋で人情にもあついところがあるので、周りに人がついてきます。気取らないオシャレに異性からも好感をもたれますが、恋には臆病な一面があります、積極的に行動を。

◇各分野でカリスマ的な存在が多く元祖や教祖が多い星です。闘争心が前に出るとどこまでも勝ちにこだわるので、欲や我が出やすくなり、途中で脱線することに注意しましょう。

◇お世辞や頭を下げることは苦手で、かといって自己アピールも苦手。少しぐらい困難があっても地道に謙虚に努力を重ねることで、周囲から引き立てられます。

賢星の有名人

芸能界

安室奈美恵
藤田ニコル
奥菜恵
オノ・ヨーコ
米津玄師
眞鍋かをり
遠藤憲一
ジーン・ケリー
ジョニー・デップ
今田耕司

スポーツ界

ダルビッシュ有
阿部慎之助
大久保嘉人
タイガーウッズ
松山英樹

政界・財界

山谷えり子
石原伸晃
三原じゅんこ

文化・その他

林修
イヴサンローラン
橋田壽賀子
アインシュタイン
エジソン
根岸英一
ヘミングウェイ
モーツァルト
徳川家康

◇大局観で物事を見る目がある

◇まじめで正直、いつも直球勝負

◇豊かな人間関係を築く優しさ

◇人を動かす才能は抜群

◇権謀術数に長けた権力意識

◇一石二鳥、三鳥の合理的思考

◇女性の大将星、決断と行動力の素早さは随一で男まさり

● 玲星の性格

親しき中にも礼儀あり。軽い乗りは好まず、根はまじめで直球勝負、人を束ねて動かすリーダーの資質に恵まれています。また忍耐強く弱音をはきません。子供のころから、どんなに叱られても納得せず、叩かれても心の中ではあやまらない強情さがあります。秘めた野望に向けて人一倍の努力を重ねます。頭もきれて合理的にものごとを考え。決断と行動は速く、どんな人とも柔軟に付き合います。その人間関係の幅は広いものがあります。感受性は豊ですが激しい部分も秘めています。権力意識が強く策略にもたけており、影で仕切る黒幕としての底力があります。

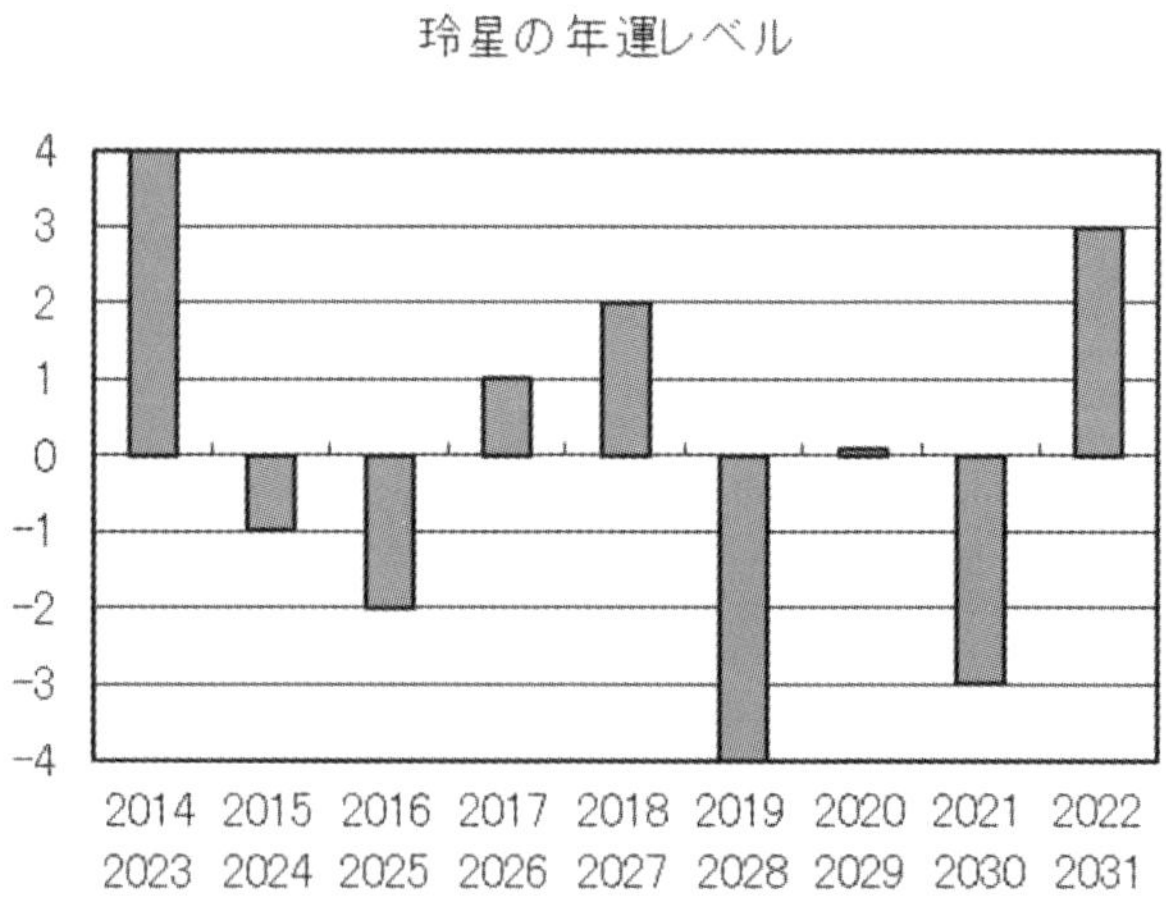

●玲星を占うときのポイント

◇男女共に女性的な繊細さを秘めています。もともと女性的な星で、男性は女性の中に一人ポツンといても違和感なく過ごせます。周囲から誤解される羨望に注意しましょう。

◇男女共に多かれ少なかれ権力意識を秘めています。親しき中にも礼儀ありという一線も引いているので、お互い尊敬の念をもって付き合う事がよい関係の構築に大切になります。

◇基本的に人と交流をすることによって頑張ることができるエネルギーをもらっています。ときおり寂しがり屋を感じさせる魅力にひかれて人も近寄ってくるので気持ちに忠実に。

◇根回しも得意で組織の中で出世して大きな成功をつかみます。知性、才能、感受性、ユーモラスの資質ももっており、そのバランスが大事になります。極端に走らない事。

◇女性は潜在的に、自己犠牲もいとわない激しさを秘めている人も多く、なにごとにも負けない強さがあります。どんなことも重く受け止めがちになるので軽快さの意識が大事。

玲星の有名人

芸能界
村上佳菜子
本木雅弘
三浦翔平
大河内奈々子
大島優子
宇治原史規
後藤真希
上沼恵美子
中森明菜
和田アキ子
関根勤
加藤茶
ビートたけし
布袋寅泰

スポーツ界
村上宗隆
宇津木妙子
松岡修造
デビッドベッカム

政界・財界
李明博
渡部恒三
渡邉恒雄

文化・その他
後醍醐天皇
弘法大師空海
源頼朝
瀬戸内寂聴
森永卓郎
吉村作治

◇頭を下げられないプライド

◇勝負運の強さは一、二を争う

◇信義にあつく人に尽くす

◇金で魂を売らない美意識

◇短気でせっかちだが忍耐強い

◇夢を追いかけるロマンチスト

◇現実的な「磨宮」と空想的な「瓶宮」の二面性

● 紀星の性格

プライドの高さと勝負運の強さは二十七星中、一、二を争います。長期間辛苦に耐えるエネルギーももっています。コツコツと成功を積み上げ、忍耐強さとたくましさで、人生の荒波を超えていきます。現実的でありロマンチストでもある二面性が魅力となっていますが、周囲からは何を考えているか分からない人に映り、近寄りがたくみられがちです。内面は、せっかちなので、男女共に極端に走りがちで、実力者と落ちこぼれの両極端に分かれやすい傾向があります。信義にはあついところがあり、一度心を許した相手にはとことんつくします。女性は一家を支えます。

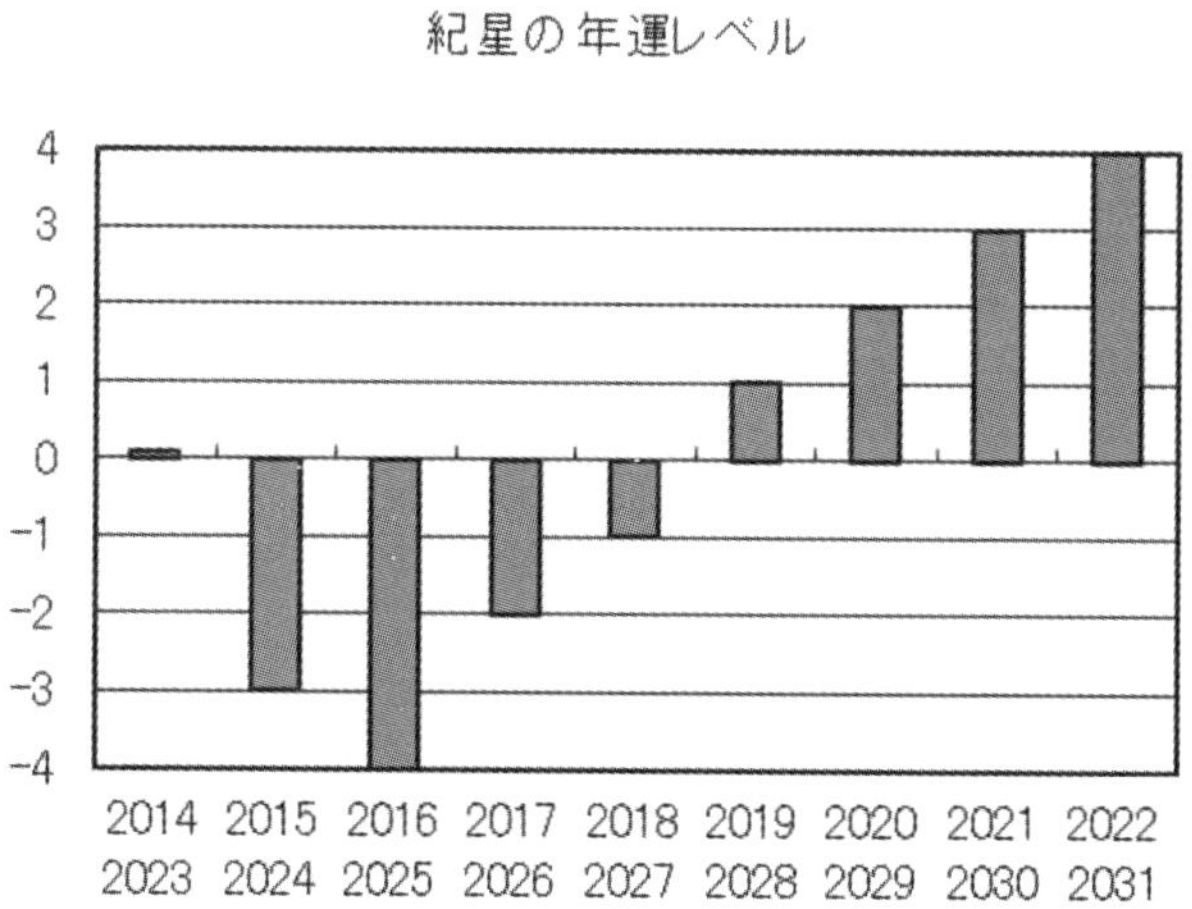

● 紀星を占うときのポイント

◇明るく軽快な印象はなくどちらかというと、口数か少ない落着いた印象で受け止められます。周囲は近寄り難く思っているので、積極的に話しかけるといいでしょう。

◇損をすると分かっていてもプライドを曲げることはしません。そのため頑固者として見られるので、自分を見つめなおす客観的視点が大事になります。

◇陰と陽の二つのタイプも、せっかちで短絡的に見られます。ところが内心は忍耐強く思考を巡らしています。外からは近寄り難く映るので口に出して話しましょう。

◇一度好きになると男女とも、相手を追い詰めるほどに熱愛で迫ります。相手が圧力を感じて距離をとったらその距離感を尊重しましょう。相手に逃げられます。

◇財界の大物が多数輩出している星ですが、一方でホームレスの星とも言われます。頭が下げられず器用に世の中を渡ることがへたな人が多くいます。適度な妥協も大事に。

紀星の有名人

芸能界
つんく♂
浅野ゆう子
上原多香子
加藤登紀子
熊田曜子
千　秋
AI
江口洋介
上地雄輔
坂口憲二
庄司智春
仲村トオル
ブラッド・ピット
宮藤官九郎

スポーツ界
アイルトン・セナ
石川遼
森本貴幸

政界・財界
出光佐三
枝野幸男
竹中平蔵

文化・その他
宮藤官九郎
松田美智子
三宅一生
中川一政
杉原千畝
リンカーン

◇二十七星中で一番、社交の星

◇頼まれたら断れないお人好し

◇感受性が豊かでデリケート

◇都会的センスで趣味も多彩

◇熱しやすく冷めやすい

◇女性は素直なロマンチスト

◇流行とオシャレのファッションリーダー

● 寛星の性格

交友関係の広さは二十七星のなかで一番の星。クセがなく誰からも好感を持たれます。趣味も多彩で、明るく豊かな感性と美的センスでオシャレな人が多くいます。人から頼まれると、嫌と言えないお人好で憎めない人。無理な事でも断りきれずつい親身になってしまいます。流行には敏感で都会的なセンスが持ち味、いろいろなことにも気が多く。明るい性格ではあるのですが、気分屋なところがあります。技術者や職人といった機械系よりもデザイン、文化、芸能といった世界で才能を発揮します。勝負運が強く交友をいかして仕事を広げる才能に長けています。

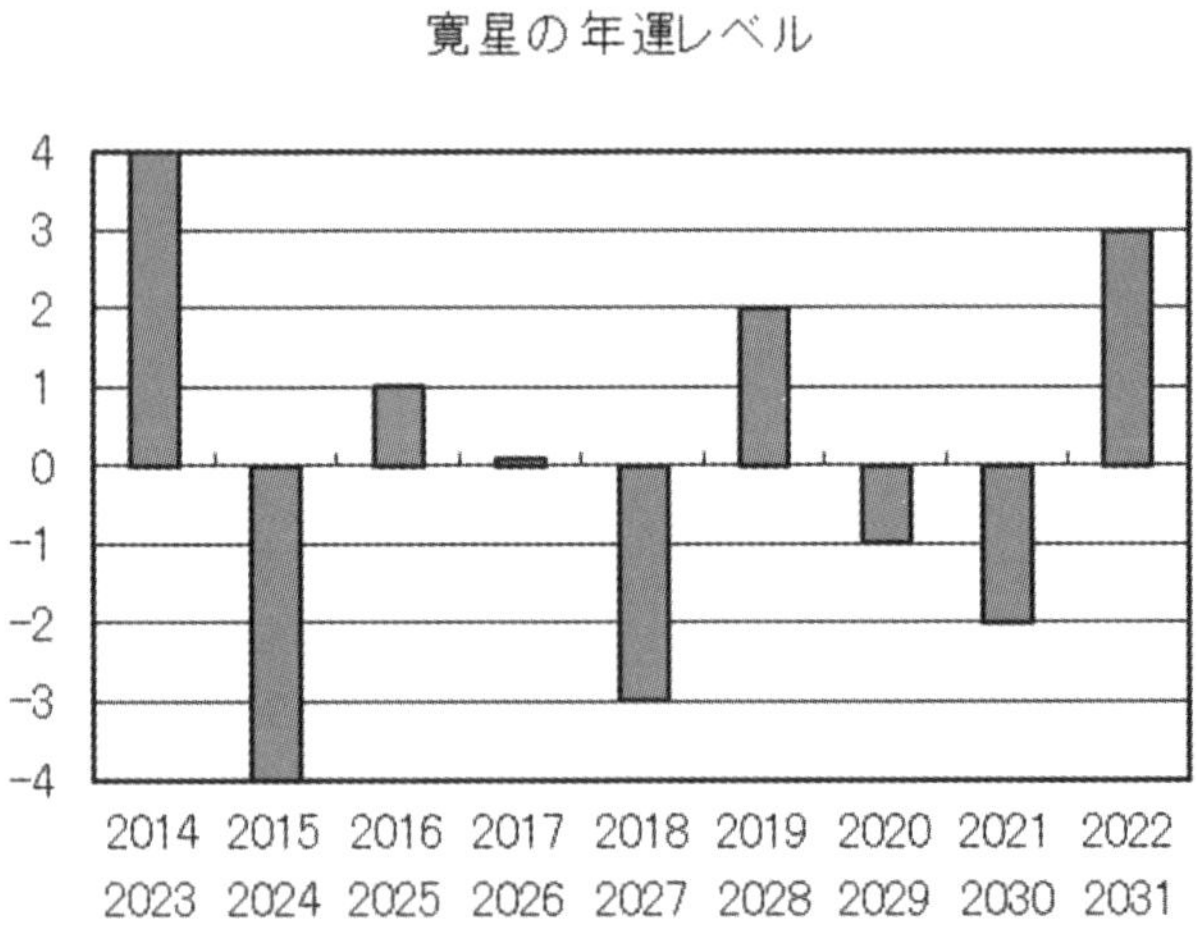

● 寛星を占うときのポイント

◇美的センスが豊かでオシャレな人が多い星です。流行にも敏感で試すので情報通でもあります。それらの才能は天運なので自分の強みにすれば大きく成功します。

◇二十七星中て一番の社交の星なので、いつも周囲に交友が絶えません。正直で、どことなく育ちの良さを感じさせる魅力に人が集まってきます。わがままに注意。

◇女心と秋の空というように、移り気で気が変わりやすいところがたまにキズになります。愛嬌と可愛さで納まっていればいいのですが、見栄っ張りは運を逃します。

◇お人好しも度が過ぎて苦労を背負いこむことがよくあります。後悔とストレスに繋がるので、ときにははっきりと断ることも大事にしましょう。

◇感受性が豊かな分、感情が爆発して周囲が戸惑う事にならないように気を遣う必要があります。豊かな感性がこの星の本性なので、それを壊すようなことに注意が必要。

寛星の有名人

芸能界

森高千里
大塚寧々
叶恭子
清水ミチコ
マリリン・モンロー
デヴィ夫人
沢田研二
ジョン・レノン
高倉健
上白石萌音
速水もこみち
平井堅
前田吟
ブルース・ウィリス

スポーツ界

錦織圭
武豊
落合博満
木村沙織
高橋尚子

政界・財界

トニー・ブレア
豊田章男
ダイアナ妃

文化・その他

今上天皇
悠仁親王
落合恵子
西村京太郎

◇勇猛果敢でエネルギッシュ

◇正直で律儀、その道の第一人者

◇アクは強いが憎まれない

◇強烈な印象と存在感

◇その道の第一人者、リーダー

◇働く女性の星、しっかり者

◇仕事、趣味の分野で一家言を持っている努力家

● 雅星の性格

エネルギッシュで自己主張が強い一方で、周囲への気配りがあり摩擦を起こしません。中にはアクが強く、傍若無人といった個性の強い人もよく見うけますが、人の気持ちを察することも早く無駄な争いはおこしません。独特の雰囲気と強い個性で、独自の世界を築いていきます。男女ともに目的を遂げるまで頑張り通す芯の強さをもっており、他人がどう思うかなんて気にしないところがあります。学問の星ともいわれ、勉学を好み人間性を磨いてこそ、大成する運を授かっています。正直で律儀なので、少々のアクの強さがあっても憎まれることはありません。

雅星の年運レベル

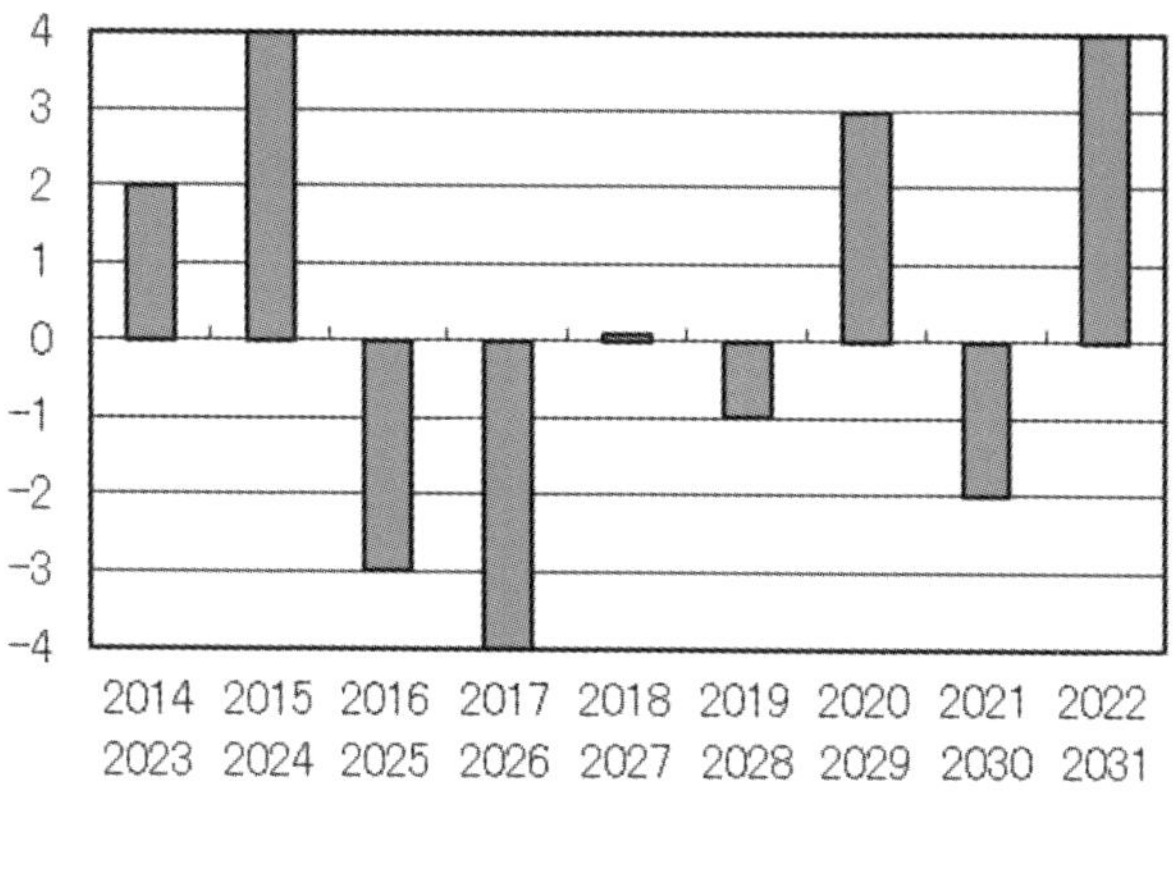

● 雅星を占うときのポイント

◇自己主張が強く独自の世界を築いていきます。また度胸もある努力家ですが一歩間違えると、ガサツでデリカシーに欠けて嫌われます。相手の表情をよく見ましょう。

◇その道を極めようとする努力家で独自の論理を築き上げていきますが、押しつけが過ぎると、自己中の批判を浴びることがあるので、客観的な目を養いましょう。

◇人間的にユニークな人が多く自信過剰に見られがちです。様々な分野で実力を発揮してその道の第一人者で成功する運がありますが、周囲への思い遣りが鍵となります。

◇男性は女性とつきあう数は多いのですが、学ぶことが少なく、ただ回数を重ねがち。結婚後は家族思いになるので、落ちついた家庭環境をつくれるように前向きになりましょう。

◇女性はしっかり者で夫を出世させる星。働き者で仕事と家庭を両立させるパワーがあります。女性は色気に乏しい性格をしているので優しさ、優雅さ、スローテンポの意識が大事。

雅星の有名人

芸能界
黒柳徹子
篠原涼子
高田純次
中島みゆき
仲間由紀恵
市村正親
イモトアヤコ
木村拓哉
草彅剛
山里亮太
タモリ
堂本光一
マイケル・ジャクソン

スポーツ界
羽生結弦
長嶋茂雄
松井秀喜
星野仙一
佐々木健介

政界・財界
田中角栄
河野洋平
輿石東

文化・その他
ココシャネル
コシノヒロコ
篠山紀信
立花隆
益川敏英
岡本太郎

◇二十七星中もっとも長寿の星

◇内に秘めた知的能力は抜群

◇成功のための環境づくりが得意

◇冷静な観察眼と優れた分析能力

◇実利主義で金銭感覚は鋭い

◇温厚で庶民的な印象

◇人を補佐して成功する運があり、
独自の足場を築いていきます

● 清星の性格

冷静な判断力と実利優先の行動力で成功を築いていきます。直球で核心に行くよりも、そこへ到達するための環境づくりから入り、プレイする足場を作り上げます。最初は何をやっているのか分からないほど周囲からはピント外れなことをやっていると思われがちです。物事を見極める冷静な目と分析力はピカ一で、安定志向も強く争いを好みません。温厚で善良、勉強好き学習好きで知的能力は優れたものがあります。人のよさを感じさせ、周囲とのコミュニケーションを上手にこなしながら、我が道を進んでいきます。財運に恵まれ組織の中で力を発揮するタイプです。

清星の年運レベル

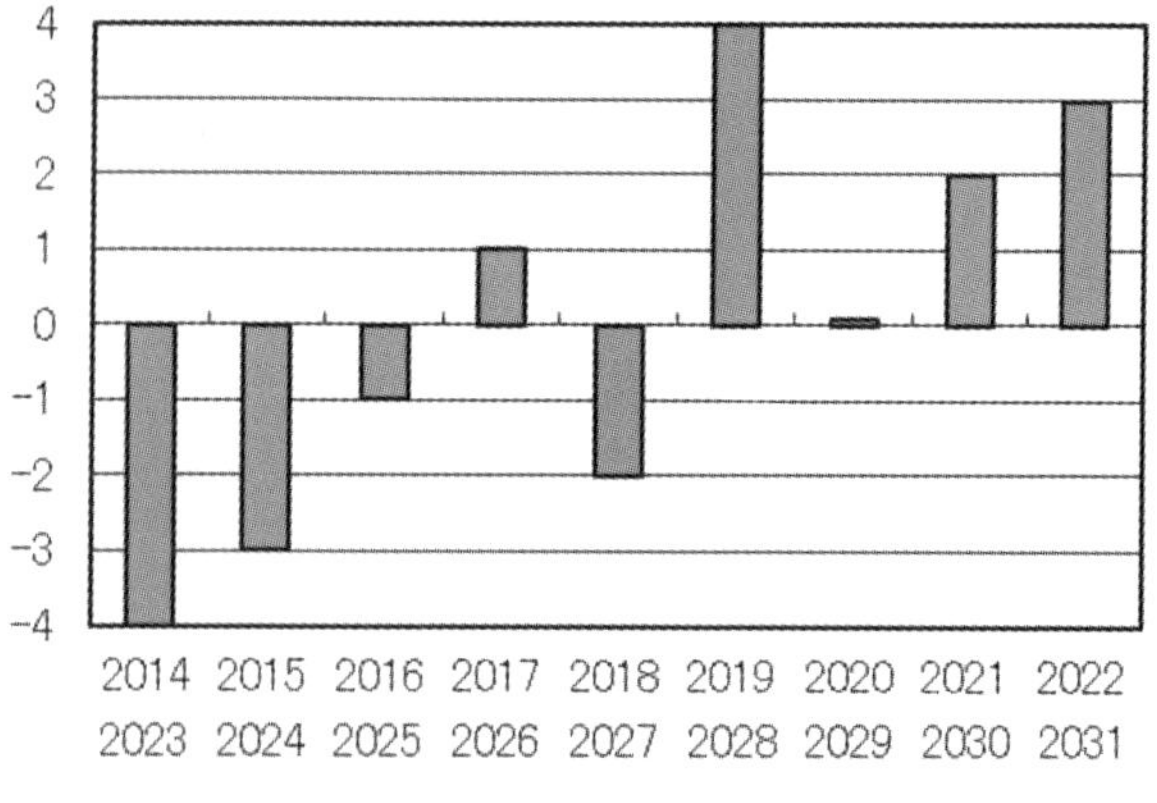

●清星を占うときのポイント

◇組織の中で実力を発揮します。実利主義、優れた金銭感覚で組織をまとめ上げます。一度目標を決めると、途中で方向転換することができません。人の意見に耳を傾けましょう。

◇温厚で善良、人の良さを感じさせる庶民的な印象が強みでもあり、人生スタイルにもなっています。そこを狙われて騙されて損をすることがあります。責任とれる範囲が大事。

◇人に騙される失敗もありますがこの星の人が騙しを目的にした時は、卓越した知略、策略で騙されている側は、それすらわからないまま騙されます。因果応報が来るので封印を。

◇この星の人は学習好きで、勉強家。占いの勉強ですら、その綿密なノートのとり方は他の星と一線を隔しています。天からもらった才能なのでそこを大事に自分の力として下さい。

◇この星の人と喧嘩をしない方がいいでしょう。例えば職場やグループの中で争うと、気が付いた時には周辺の人達を集団で敵に回すことになりかねません。争いは禁物。

清星の有名人

芸能界

蛯原友里
オードリー・ヘップバーン
池田美優
里田まい
安藤優子
辻希美
石塚英彦
遠藤章造
エルビス・プレスリー
草刈正雄
国分太一
吉永小百合
フランク・シナトラ

スポーツ界

荒川静香
石井一久
大鵬幸喜
二宮清純

政界・財界

海江田万里
孫正義
山口那津男

文化・その他

小柴 昌俊
江川紹子
樋口一葉
養老猛司

◇気位が高く精神的価値を優先

◇印象は育ちの良さと人の良さ

◇意外と短絡的な思考をします

◇親の財を受け継ぎ発展させます

◇好奇心と想像力は旺盛

◇姑息な手段を嫌う正直者

◇世渡りは器用ではありませんが決断と実行力はあります

●妙星の性格

お金や物よりも精神的価値観を大事にして、世のため人のためと考える人を多く見かけます。名誉欲や金銭欲だけでは動きません。学問、文化、芸術を好み努力を重ねます。誰に対しても親切で誠実な評価を多く受けます。好奇心や想像力は豊かで未知の世界に飛び込む人も多い星です。強情で意地っ張りなところがありますが、正直な生き方をします。中流以上の家庭に育つ人が多い星で、高いプライドと理想を抱いています。遊び好きなところがあっても、道を踏み外すことはありません。恋愛にも誠実で美しいものの精神的なものを大事にします。

妙星の年運レベル

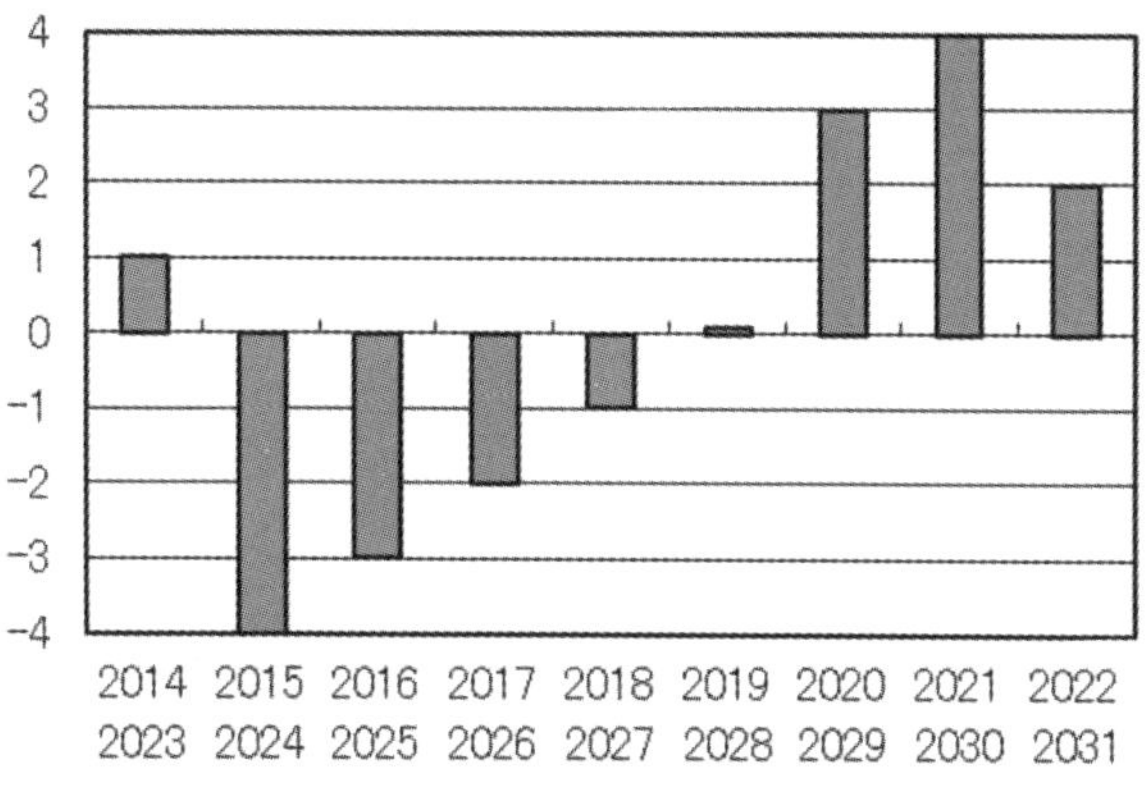

◆妙星を占うときのポイント

◇プライドが高く、心には高い理想を抱いている人が多くいます。人徳のある人が多い星ですが、時折感情が高ぶって激高する人もおり、人が離れてしまうことに注意。

◇物欲より精神的なものに価値観を置いていますが、金銭欲や名誉欲をことさら否定してばかりいると、現実離れして、信用が疑われる事態も引き起こします。

◇文化、芸能、芸術に優れた人を多く見かけます。スポーツなどには少ない星です。泥臭い苦労と努力は苦手なので、そのような環境にいる時は、違う世界も選択肢に。

◇美しいもの精神的なものを大事にし、礼儀正しい人というイメージで受け取られがちですが、思いもよらぬシビアな金銭感覚が表面にでると異性に嫌われます。

◇妻にするなら妙星と言われるほど玉の輿の星でもあります。中にはおもいっきり奔放な生き方をする人もいて、自己中になると人生を踏み誤るので注意しましょう。

妙星の有名人

芸能界

坂上忍
所ジョージ
羽鳥慎一
菅田将暉
高橋真麻
北川景子
長谷川理恵
松たか子
ホイットニー・ヒューストン
YUKI
錦戸亮
尾崎豊
ルイ・アームストロング
ロバート・デニーロ

スポーツ界

北澤豪
為末大
中村礼子
畑山隆則

政界・財界

山本一太
前原誠司

文化・その他

上皇陛下昭仁
上皇后美智子
キング牧師
ヒッチコック
保坂和志

◇人を引きつける天性の明るさ

◇多彩な才能で多様な分野で活躍

◇言いにくいこともズバズバ

◇気は強いが愛すべきお人好し

◇演技力もあり芸能関係に多い星

◇気が利いてフットワーク

◇重箱の隅まで気がつく観察力と言動で成功もあり失敗もある

● 佑星の性格

演技力と多彩な才能で成功の道を切り開いていきます。明るく軽快なフットワークで行動する人気者で、いろいろな分野で活躍している人が多く、その器用さを物語っているといえるでしょう。時にはズバズと物を申し、周囲の尊敬とファンを集めます。観察力を活かし大きな組織よりも小規模な組織の方でリーダー的存在になり、周りから頼られます。和星とならんで天性の演技の星といわれ、芸能人に多い星になります。繊細な神経をもっており、人を押しのけてまで主役になろうとはしません。人の面倒見がよくお人好しですが、人の好き嫌いは激しい一面があります。

佑星の年運レベル

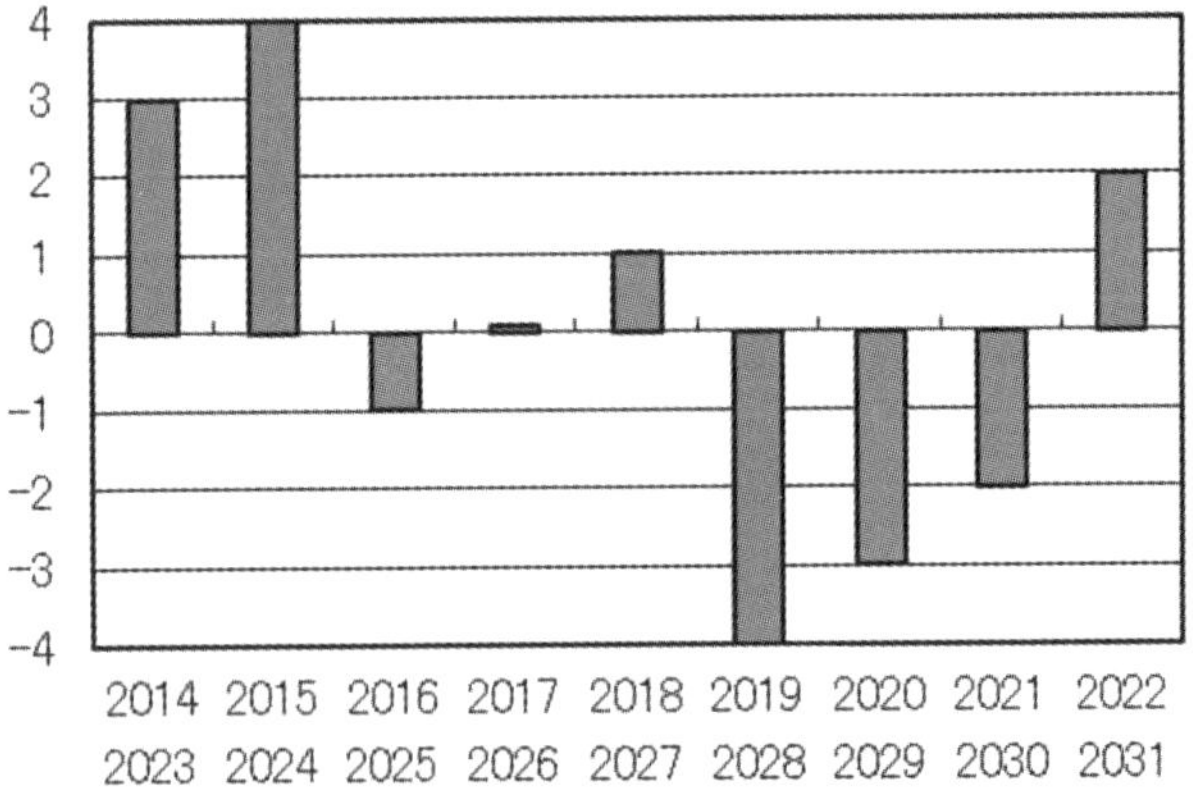

● 佑星を占うときのポイント

◇プロ野球の監督などに多い星。深い観察眼と面倒見の良さで選手を引き立てるように、職場などにおいても優れたリーダーが多くいます。面倒見が希薄だと失敗します。

◇人を押しのけてまで自分が主役になろうとはしませんが、面倒を見ている人のことになると、図太く強いパワーでファイトします。気のよいお人好しが尊敬を集めます。

◇頭の回転は速く人をよく観察しています。また人の好き嫌いが激しい一面も持っており、独自の感性で存在感もありますが淡白で情緒に乏しい一面を補うと大成功します。

◇男性は理想が高いけど築く家庭は温かい雰囲気になり、女性は家庭という安住の地を得ると活動の場が広がります。どちらも癒される家庭づくりが大事になります。

◇ナルシストの星なので、売りの親しみやすさがなくなると、上から目線になったり、手厳しい人のイメージが表れると、人望を欠くことがあるので注意しましょう。

佑星の有名人

芸能界

柴田理恵
篠田麻里子
志村けん
ミッツ・マングローブ
宇多田ヒカル
石橋貴明
岡田准一
スティーヴィー・ワンダー
トシ
マーロン・ブランド
松田龍平
土屋太鳳

スポーツ界

井原正巳
葛西紀明
堀内恒夫
三浦雄一郎

政界・財界

スティーブ・ジョブズ
中田宏
ヒラリー・クリントン

文化・その他

秋篠宮文仁親王
山田太一
平野レミ
田崎真也

◇強い自尊心で独自の道を切り開く

◇頭脳明晰で行動力も抜群

◇自分で決め自分で行動する実力派

◇明暗がはっきりと顔に出る

◇何事も思い通りに勧めたがる

◇組織をはみ出してしまいがち

◇本流から外れ一人でで自分の道を切り開く力を持っている

◆央星の性格

世の中からはみ出してしまいそうなぐらい強い個性を発揮しながら、独自の世界を築いていきます。強い自尊心が支えとなって、一人我が道を切開いていきます。愛想が悪いわけではありませんが、ふてぶてしく可愛げが無いと思われがちです。失敗を恐れない度胸のよさは群を抜いています。男女共に実力のある人は、強いリーダシップを発揮するので、多くの人が集まります。また、明るい部分もありますが感情の起伏は激しく、明暗がはっきりと顔に出ます。ときにはユーモアのセンスもでますが、ブラックユーモア的な一種独特の雰囲気があります。

央星の年運レベル

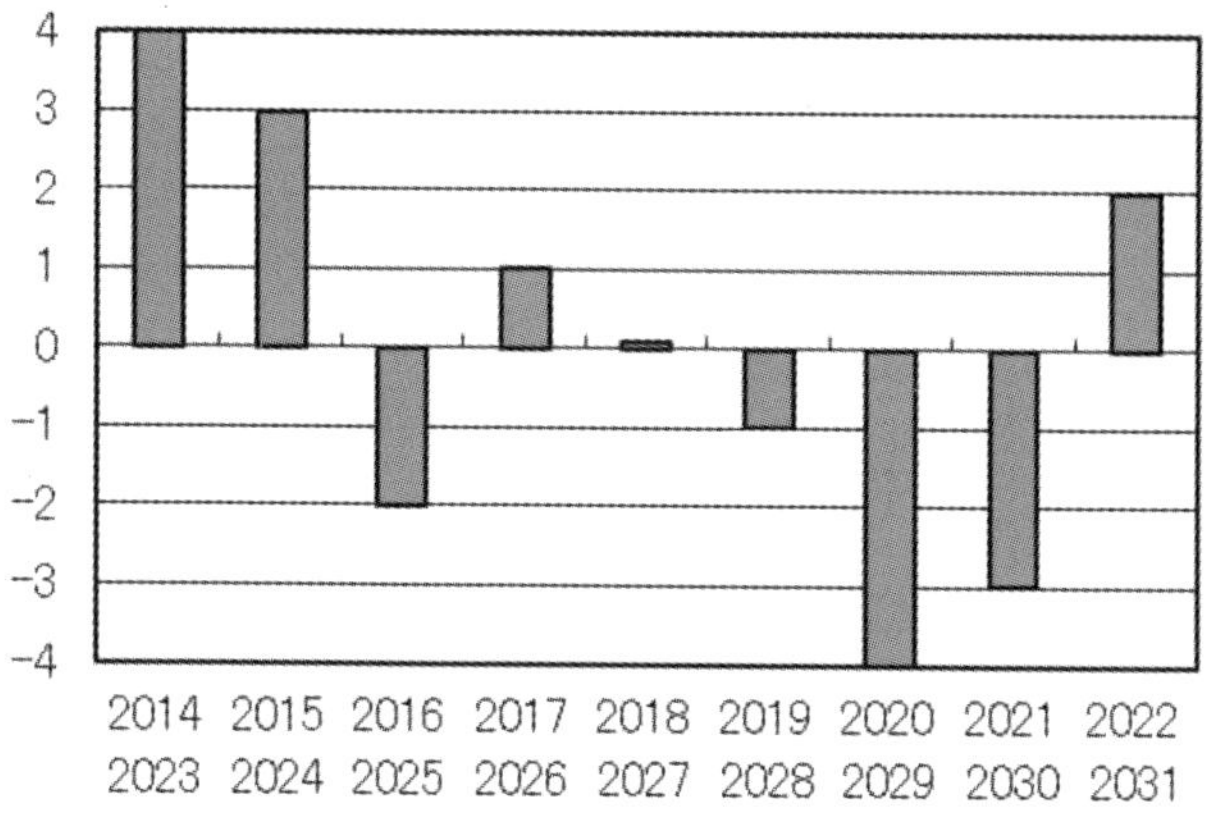

● 央星を占うときのポイント

◇強い個性と自尊心で、本流から外れても一人黙々と我が道を切り開いていきます。実力のある知者と中味の無い愚者に分かれます。できるだけ仲間をつくりましょう。

◇意見を曲げず人と争うことも辞さないので、実は本心を打ち明けられないシャイな部分があっても、理解されず損をすることがしばしば。時には人の意見も聞きましょう。

◇一匹狼的存在で用心深く簡単には人を信用しません。お酒やグルメ好きといった側面ももっているので、意識的に柔らかい付き合いを開拓すれば、もっと道が開けます。

◇本性は男女ともに明るくないわけではありません、愛想がないわけでもありません。ふてぶてしい、可愛げが無いと見られがちで損をしやすいので、努めて明るく。

◇男女とも美形好み。特に女性は、結婚後は家庭で主導権をもってやりくり上手に切りもりします。料理も上手なしっかり女房で家庭を支えます。可愛い女を演じるといいでしょう。

央星の有名人

芸能界ス

長嶋一茂
グレース・ケリー
神木隆之介
DAIGO
Kōki
能年玲奈
矢口真里
大泉洋
高畑充希
加山雄三
久米宏
伊達みきお
名倉潤
東山紀之
広瀬アリス
三宅裕司

スポーツ界

奥野史子
福士加代子
田中達也
把瑠都

政界・財界

小池百合子
石破茂
ジョーバイデン

文化・その他

青山七恵
小宮悦子
篠原勝之
中村文則

アキ♡ハラダの
北斗占星術

源平盛衰記

歴史は宿曜の法則で刻まれている

アキ♡ハラダの北斗占星術は歴史の法則を示している

九六〇年代の平安中期には陰陽道と共に宿曜道も盛んに使われていました。貴族の家に子供が生まれると、この子は天下人になるかどうか占ったものでした。一一六〇年代～一一九〇年代の源平盛衰記の時代には、宿曜道も盛んに使われその時代の貴族、武将たちの生まれた時の星の情報は宿曜道の記録に伝わっています。この星を敵に知られることは戦略的に狙われるため、自らが倒されることにも繋がるので、秘密裡に使われ世の中の表舞台にはでてきませんでした。その多くは口伝で伝承され、密教占星法それ自体も昭和の初期まで世には出てこなかったのです。

一〇〇八年、世界最古の小説と言われる『源氏物語』が紫式部によって創作されました。光源氏を主人公とした、当時の貴族社会に於ける恋愛や栄華盛衰、権力闘争などを描いた小説となっています。実はこの小説は宿曜道の十二宮を使って、女性の登場人物が六つのタイプに、男性の登場人物がやはり六つのタイプに構成分けされています。世界最古の小説は、空海が唐の都から継承して持ち帰った密教占星法が駆使されて、創作されていたのです。単なる恋愛小説ではないのです。ここらへんは大久保健治著、『密教占星法と源氏物語』河出書房新社刊をご参照下さい。

千年以上も昔に、女性が創作して小説を創るなど、前代未聞の文化的レベルの中で、占星術を中心に物語が描かれているのです。どれだけ当時の上流社会に、占いが浸透していたのかよくわかる出来事と言えるでしょう。

平安初期、八〇六年に空海が唐より持ち帰った密教占星術は鎌倉幕府が成立した一一八五年までの源平盛衰記の時代に重要な役割を果たします。源頼朝は北条時政とともに三嶋神社の境内で真言・天台高層より宿曜経を学んだといわれています。そこには平家を亡ぼすための戦法がありました。

こうして盛んに占術が使われた時代なのですが、数多くの戦闘が繰り返され、滅亡と繁栄の陰に人知ではコントロール不可能な命のやり取りがあり、その結果として歴史が刻まれています。これら筋書きのない歴史は、空海が持ち帰った密教占星術（宿曜占星術）にてらし合わせると、ほぼほぼ一〇〇％に近い確率で、占術の法則通りに歴史は動いていることが分ります。これは恐ろしいほどの精度で正直言葉を失います。

源頼朝《みなもとのよりとも》は平家を亡ぼすために何故自ら出向いて戦わず、弟の源義経《みなもとのよしつね》や源範頼《みなもとののりより》を使って平家と戦ったのか、それは戦略的だったのか、それとも運命に動かされていたものなのか、大きな謎の深淵に迫りたいと思います。

以降、『源平盛衰記』『平家物語』『吾妻鏡』やその他軍記物の資料から得られる一般的な歴史を使います。著名な歴史上の人物（星が分っている人物を対象）にまつわる、歴史上の出来事、エピソードなどをできるだけ抜き出して、占術に照らし合わせて解説したいと思います。

史実は諸説論争が多々あります。また軍記物の資料は後世に脚色された部分もありますが、多くの記述は概ね史実を反映しているとの立場で解説していきます。史実を反映していない創作などは、占術に照らし合わせれば矛盾となって浮き彫りになるので、ある程度真実に迫ることができます。

歴史は占術の法則に従って、世界が回っている事を感じていただき、ご自身の人生も同様であることがわかれば。皆様の人生に於ける一助になるとの想いで執筆いたしました。この機会に歴史と向き合い、占術と向き合い、さらにはご自身と向き合って、人生で遭遇する相手とは、どの様に接するべきかを悟っていただけたら幸いです。

実践編　源平盛衰記

【歴史】一一五九年　平治の乱

一一五六年に起きた保元の乱で崇徳上皇派を破り勝利した後白河天皇派の側近、信西《しんぜい》と藤原信頼が不仲で対立。信西には平氏がつき、信頼には源氏が加担してやがて平治の乱へと発展しました。事実上の源氏と平家の争いに発展し、源義朝（頼朝父）、源義平（頼朝兄）が擁立する二条天皇派が、平清盛が擁立する後白河上皇派を襲撃して争いが勃発。その結果。義朝は清盛派に破れ東国に落ち延びる途中、尾張で殺害されます。義平は都に戻り、清盛暗殺を狙うも失敗し殺害されます。

【占術的視点】

平清盛《たいらのきよもり》（雅星）壊　―　安（明星）源義朝《みなもとのよしとも》

平清盛（雅星）壊　―　安（将星）源義平《みなもとのよしひら》

源義朝（明星）胎　―　業（将星）源義平《みなもとのよしひら》

平清盛（雅星）親　―　栄（清星）後白河上皇

平治の乱における運命的な盛衰の歴史は、占術で読み解くことができます。平清盛が熊野詣をして都を留守にしている間に起きた義朝らによる襲撃事件は、清盛が都に戻り後白河上皇と二条天皇を御所から脱出させて平氏の陣営に迎えることに成功します。二条天皇から、信頼、義朝追討の宣旨《せんじ》を出させて、信頼、義朝は賊軍となり、官軍となった清盛勢が信頼、義朝、義平勢を討伐しました。

ここで平清盛と源義朝による平家と源氏の争いは、義朝にとって『破壊星』となる清盛に戦いを挑むことになり、最初から負けが見えている相性運になります。『雅星』の清盛が『明星』の義朝を破壊する星になっています。『安壊』の相性は普段はお互いが持っていない魅力を備えており、よい関係でいられますが、ひとたび利害が絡んでこじれると破壊し合う相性になります。義朝と清盛の場合も保元の乱では味方となって勝利したものの、恩賞の差に嫉妬心《しっとしん》を燃やし、結局義朝の方から破壊の引き金を引くことになります。

多くの場合、安壊の関係における破壊作用は、利害がからんだときに発動され、その引き金は破壊される側の『安』の相性に立つ者が引き起こす運命をもっています。こうして義朝は清盛の破壊作用を引出し、破滅の道へ突き進みました。

義朝の長子である源義平は遊女の子とも言われていますが、父義朝と行動を共にし、平治の乱で敗れてもなお、京に舞い戻り、清盛の首を最後まで狙って捉えられ斬首されました。武将の子で武運の誉高い源氏一族にあり、父と子の関係で言えば命を共にするというのは当時当たり前ではありますが、この父子による戦闘の歴史には、ただの父子以上の絆が見て取れます。それは義朝の『明星』と義平の『将星』は『業胎』の関係にあり、運命共同体の切っても切れない相性になっています。良ければ命を懸けて守り。悪ければ殺害もあり得る数奇な運命も宿しています。

義平は通称『鎌倉悪源太』と呼ばれるほど剛猛な強者でした。義平の『将星』は『十二宮』の『弓宮』に属し武人の星と言われ、狙った獲物は逃さない狩人の星とも言われています。最後は清盛方に捕らえられ六条河原で斬首されるときに、平氏方の難波経房《なにわつねふさ》に「貴様は俺ほどの者を斬るほどの男か。名誉なことだぞ、上手く切れ。」と、武将らしい言葉を残したと伝えられています。

平治の乱では平清盛は後白河上皇派について宮中に取り入り、やがて権勢を振るうようになります。なぜ清盛は後白河上皇と太いパイプを築けたのでしょうか。自分の娘である平徳子を高倉天皇に嫁がせることにも成功しています。

平清盛『雅星』、後白河上皇『清星』は隣り合う近距離で『栄親』の関係になっています。星の距離が近く引き合う力が強い関係で、なおかつ『栄親』の関係という最高の良い相性になっています。必然的に両者は深く関係しあう運命になっており、それが歴史にも表れています。

【歴史】一一六〇年　源の頼朝、伊豆国蛭ヶ小島郷に流刑

平治の乱で敗れた頼朝（十三歳）は、清盛に捕らえられ、処刑されそうになった時、池禅尼《いけのぜんに》（藤原宗子）に助けられます。池禅尼は亡き子・家盛によく似ていることで清盛に対して助命を嘆願《たんがん》するも清盛からは拒絶されてしまいます。そこで池禅尼がとった行動は断食による嘆願でした。そのかいあって頼朝は伊豆への流罪に減刑されたと言われています。池禅尼は平清盛の継母にあたり藤原家の出身。平忠盛《たいらのただもり》（清盛の父）と結婚し、

清盛と腹違いの平家盛《たいらのいえもり》、平頼盛《たいらのよりもり》を産んでいます。

【占術的視点】

池禅尼『賢星』と頼朝『玲星』は『栄親』の関係で、共に栄え合う相性になっており、かばいあってしまう運命にあります。とはいえ敵の子供は根絶やしにするのが、当時の武家社会の常道。子供とはいえ打ち首は免れないのが当り前の世界です。

池禅尼はなぜ断食までして敵の子を助けてしまったのでしょうか。断食による嘆願は自分の命まで賭けた半端ではない行動です。一歩間違えると自らに処罰さえ及びかねない状況です。これは前代未聞の出来事と言えるでしょう、ある意味歴史上の謎でもあります。この謎には様々な運命が働いていることが分ります。

池禅尼（賢星）親　―　栄（玲星）源頼朝

池禅尼は『賢星』の星で直感力と霊感が鋭く、強い闘争心を秘めて忍耐強く闘う星の下に生まれています。強いものに対して負けない強さを持っています。そのような人が、亡くなった自分の子供と姿をだぶらせ、命乞いの嘆願になったのです。さすがの『剛猛にして他を顧みざる』と言われる『雅星』の清盛も手を焼いたのです。この『賢星』と『雅星』の衝突は、ガチンコ衝突でそのままではどちらも折れません。

ところがここにもう一つの数奇な運命が働きます。それは清盛の嫡男《ちゃくなん》で平重盛《たいらのしげもり》の存在でした。重盛は清盛の後を継いで平氏を統率する期待を担っていました。その重盛が断食で助命を嘆願する池禅尼を「見殺しにしたら平家の恥になりますよ」と清盛に進言したのです。

こうして清盛は源頼朝を流刑へと減刑して助ける運命になってしまったのです。この助命が後に頼朝によって平家が滅ぼされることになろうとは夢にも思わなかったことでしょう。重盛はなぜ池禅尼に助け船を出し、敵の子頼朝を救って、父清盛もろとも平家一族を破滅させる運命の引き金を引いてしまったのでしょうか。

重盛は父清盛を破壊する星であり、池禅尼とは『栄親』の関係でかばい合う星でした。

平重盛（泰星）壊 ― 安（雅星）平清盛

平重盛（泰星）栄　―　親（賢星）池禅尼
平重盛（泰星）業　―　胎（玲星）源頼朝

重盛の中では断食して倒れるかもしれない池禅尼を見殺しにできない無意識の深層心理が相性運からやってくるのです。これは池禅尼が頼朝を見殺しにできないことと同じ『栄親』の相性による運命的行動の一つなのです。このように重盛は期せずして池禅尼を助け、父を破壊に導く進言をして敵将の子頼朝を助けてしまうなんて、因果なドラマを演じさせられた重盛でしたが、頼朝とは深い因縁で結ばれた『業胎』の関係で『業』に位置する重盛は『胎』に位置する頼朝を、何かと助けてしまう運命を背負っています。こうして後に平家は頼朝に滅ぼされてしまうことになるのです。

もう一つ大きな運命が働いています。それは、清盛は頼朝を殺すことができない関係にあります。つまり清盛は頼朝に破壊される側なので、通常では頼朝を殺すことができない運命になっているのです。

源頼朝（玲星）壊　―　安（雅星）平清盛

頼朝は、このときの池禅尼の恩を忘れずに彼女の息子である頼盛の系統だけは、平氏滅亡後も存続を許したのでした。

源頼朝（玲星）親　―　栄（範星）平頼盛《たいらのよりもり》

ここにも敵として別れた平氏一族の池禅尼とその息子平頼盛を、頼朝はなぜ助けてしまうのか、そこには恩義だけでは片づけられない『栄親』の相性という運命が頼盛親子との間にあるのです。『玲星』の頼朝は『賢星』の池禅尼と隣り合う近距離の『栄親』の関係であり、その引き合う力は強いものがあります。『範星』の頼盛とも『栄親』の相性だったのです。『栄親』の相性は、相手を気遣い、助け合い、かばい合って支え合うという運命が働く最高の相性です。

ここでもっと奥の深い運命の動きがあります。池禅尼と清盛の関係ですが、二人は『危成』の相性といって、切磋琢磨して競い合う関係で、摩擦も多いですが基本的に良い相性になります。

池禅尼（賢星）成　―　危（雅星）平清盛

池禅尼（藤原宗子）にとって清盛は『危』の相手になり危険をもたらす星、逆に清盛側から見た池禅尼は『成』の関係となり、池禅尼を使って清盛は成就できる関係にあります。ところが断食をして清盛を困らせ、平家の恥になるかもしれないダダをこねている状況は、どう見ても清盛にとって池禅尼は危険をもたらしているように見えます。相性が逆転しているように見えるのです。

　ここで相性というものは何かと言いますと、その人の人生に於ける本質的な相性運を表しているということなのです。つまり清盛は池禅尼を使って成就できる本質的な運命を持っているということが相性運に示されているのです。それを物語る出来事があります。

　平治の乱により頼朝の裁きから遡ること一一五六年に保元の乱がありました。これは崇徳上皇とその弟後白河天皇の勢力争いで、鳥羽法皇の崩御により朝廷内の争いに摂関家の争いも絡んで勃発した内乱でした。

　この時に平氏一門は池禅尼が崇徳上皇皇子・重仁親王（しげひとしんのう）の乳母に

任ぜられていたため、苦境に立たされます。そこで池禅尼は『賢星』持ち前の直観力で、崇徳上皇方の敗北を予測し、我が子の平頼盛に後白河天皇方の清盛に味方をするように命じます。その結果清盛は後白河天皇方を勝利に導き、平家一門の安泰と朝廷への介入を深めていくことに成功します。

これらの事は占術に照らし合わせ、清盛は池禅尼を使って成就したという相性運の通りになっています。池禅尼の一言が平家を救っているのです。保元の乱で選択を間違えなかった池禅尼のインスピレーションが二人の最大の運命的場面を支えていたのです。

【歴史】常盤御前《ときわごぜん》（源義朝の側室）清盛に助命嘆願

平治の乱で義朝が清盛に敗れて死亡したため二十三歳で未亡人となり、波乱の生涯を余儀なくされた常盤御前（側室）は、母が捕らえられたことを知り、清盛に助命嘆願を申し出ます。常盤には母と三人の子供（今若、乙若、牛若）がいました。頼朝の義理の母にあたります。

都中千人の中から選ばれた一番の美女といわれる、常盤の美貌に負けた清盛は、助命の代わりに常盤を妾にし、一女をもうけることになります。こうして牛若（義経）を助けることになり、後にその子義経に平家が滅ぼされる、という運命に発展していきます。

【占術的視点】

常盤が二十三歳で未亡人となり三人の子供を連れて路頭に迷う運命に遭遇したのは、夫の義朝による破壊作用の運命が働いています。『明星』の義朝は『泰星』の常盤を破壊する星。しかし『泰星』という星はとても強い星で、忍耐もあり外からの破壊作用には運命的に耐える力を授かっています。

本来であれば常盤と子供達は、謀反を起こして清盛の命を狙った敵の一族であるため、処刑されても当たり前の境遇でした。なにゆえ清盛は常盤を助けたのでしょうか。

源義朝（明星）壊　—　安（泰星）常盤御前

常盤御前（泰星）壊　—　安（雅星）平清盛

常盤と清盛は『安壊』の関係で常盤は清盛を破壊する星。期せずして清盛は平氏一門の中枢に破壊星を迎い入れてしまったのです。これは本来、密教占星術における高等戦術の一つで敵陣営の中枢に破壊星を送り込んで、敵の勢力を運命的に弱めていくという手法があり、裏舞台で使われてきた手法に合致します。清盛の場合は、戦術としてではなく運命の巡り合わせで図らずも破壊星を迎い入れることになってしまったのです。
（※　この手法を意識的に使用してはなりません。仕掛けた者にも因果応報が来ます。）

清盛はなぜ敵の一族である頼朝、常盤とその子を助けてしまうのでしょうか。それは清盛の『雅星』の星が持つ性格運によるもので、ガサツ、無骨を特徴としたエネルギッシュな性格でありながら実は無駄な摩擦を起こさない、「正義、律儀」裏表なく義理・人情のあるさっぱりした性格が常盤親子を助ける運命へと導いています。

そしてさらに清盛は常盤に破壊される側の星なので、常盤から破壊の引き金を引かない限り、清盛から常盤を破壊するような運命にはならないのです。後に常盤の子供義経（牛若）が平家を亡ぼすとは知らずに、清盛は常盤を寵愛《ちょうあい》し、義経を我が子のようにして育てたのでした。

【歴史】一一六五年　牛若（義経）七歳

源義経（旺星）は幼少の時代を清盛の子供、平重衡《たいらのしげひら》と兄弟のように仲良く過しました。そして義経はながいこと清盛を父のように思って育ちます。敵の子を処刑するどころか我が子と兄弟のようにして育てたのです。なぜこのような事が起きたのでしょうか、清盛が常盤に惚れていたからでしょうか。それだけでは説明がつきません、歴史の謎です。そこには常識では説明のつかない歴史的出来事を、相性がもつ運命でひも解くことができます。

【占術的視点】

源義経（旺星）胎　―　業（雅星）平清盛

源義経（旺星）命　―　命（旺星）平重衡

義経と清盛は『業胎』の相性といって深い因縁で結ばれ、切っても切れない縁で結ばれています。清盛にとって義経は『胎』の関係に当り、義経から見たら『業』の関係に位置する清盛は、何かと『胎』の義経を助けてしまう運命をもっています。また重衡は義経と同じ『旺星』の星であり、義経とは『命』の相性になっています。この二人は前世から一緒のソウルメイトと言ってよく、出会った瞬間から違和感なく仲の良い関係になります。こうして義経の数奇な運命は、相性が導く運命によって敵の子供同士でありながら兄弟のようにして育つことになったのです。

その後、あまりにも子供同士の仲がよいため平家内で、敵の子を寵愛することに批判が上がり、義経は鞍馬寺へあずけられることになります。

【歴史】一一七四年　義経十六歳

一一七四年、義経十六歳のおり、鞍馬寺を抜け出し奥州平泉の藤原秀衡《ふじわらのひでひら》を頼って下りました。秀衡は義経を手厚く保護して義経の人格形成に影響を与えたと言われています。

【占術的視点】

藤原秀衡が義経を手厚く迎えた理由は運命的に見ると『栄親』の相性が関係しています。それは運命によって導かれています。『栄親』の相性は出逢った瞬間からまるで空気のような存在として感じられることが多く居心地もよく身近な存在になれる関係です。お互いの魂は車の両輪のようになって、助け合いながら、支え合うことができることを知っているのです。

藤原秀衡（洋星）栄　―　親（旺星）源義経

【歴史】一一七七年　恋に落ちた北条政子と源頼朝

一一六〇年、伊豆国蛭《ひる》ケ《が》小島《こじま》に流刑となった源頼朝は、平家方の監視役である北条時政の娘政子と恋に落ちます。それに激怒した北条時政は政子を、伊豆目代の山木兼隆と結婚させようとしますが、政子は逃げ出し頼朝のもとへと逃避するのでした。時政は監視役の身でありながら、最終的に政子と頼朝の婚姻を認め、政子と共に頼朝の重要な後援者となり鎌倉幕府成立の立役者となるのでした。

一一八〇年、後白河法皇の皇子以仁王《もちひとおう》が、平家追討の令旨を諸国の源氏に出したことにより、頼朝にも届きます。ところが権勢を牛耳っていた奢れる平家により、令旨《りょうじ》を受けた源氏討伐がもち上がり、頼朝も挙兵せざるをえませんでした。同年、頼朝は時政と共に伊豆目代の山木兼隆を襲撃して伊豆国を制圧しますが、続く石橋山の戦いで敗れ、真鶴岬から安房国《あわこく》（千葉南部）へと逃れ、源氏に協力する豪族を集めて挙兵を立て直します。石橋山の戦いで北条時政は嫡男の北条宗時を失うことになります。

【占術的視点】

政子と頼朝はなぜこうも引き合ったのでしょうか。無理やり結婚させられそうになりその晩に逃げ出し、暗い夜道を山を越え頼朝のもとへ逃避するのです。まるでどこかの映画のようなドラマです。政子は『紀星』の星、思い込んだら一途です。頼朝は『玲星』の星、この星の男性は女性に対してフレンドリーで女性の中にポツンと一人でいてもその中に溶け込むことができます。そして何よりもお互い隣り合う星なので『栄親』の近距離、その引き合う力は強く働きます。

頼朝は流人、政子は監視役の娘、敵対する勢力であっても、『栄親』の運命の前では関係ありません。池禅尼が頼朝を助けたのと同じです。とりわけ年頃の男女で目の前にいたら、婚姻の確立は高くなります。特に『玲星』『紀星』の組合せは数ある組合せの中でもとても良い相性で、その引力は強いのです。

源頼朝（玲星）親　―　栄（紀星）北条政子

源頼朝（玲星）親　―　栄（紀星）北条時政

北条時政はなぜ二人の婚姻を許したのでしょうか、また一度は政子を結婚させようとした山木兼隆を流人の頼朝と共謀して味方の平家を襲撃してしまうのですから、このエネルギーはどこから来るのでしょうか。当時、朝廷をも動かしていた平氏側です。

北条時政は政子と同じ『紀星』の星、政子とおなじように頼朝とも強く引き合います。恐らく普段から監視役をしながらも頼朝のファンになっていたに違いありません。そして政子とは同じ星同士の『命』の相性になります。一心同体の親子です。娘が「あっち」と言えば、あっちへ付いて行ってしまう親になります。敵味方など関係ありません。この三人のトライアングルには誰も割り込むことはできないのです。これ以上は無いという最強の組合せで巡り合っています。

時政は味方の平家を裏切り、政子を結婚させようとした山木兼隆をも討ち取り、後継ぎの長男宗時《むねとき》まで戦死させてまで、頼朝を支えていくのでした。命を懸けて頼朝に忠誠をつくした宗時は『泰星』の星、『玲星』の頼朝とは因縁で結ばれた『業胎』の相性。『業』に位置する宗時は頼朝に命を賭してもつくしてしまう関係になります。時政と政子の『紀星』とは『栄親』の相性。何の迷いもなく闘って死んでいったことでしょう。

源頼朝は、北条家の普通ではありえない相性で囲まれ、鎌倉幕府を開くのでした。まさに天運をほしいままにした希代の武将だったのです。

源頼朝（玲星）胎 ― 業（泰星）北条宗時

【歴史】一一八〇年　安徳天皇（清盛の孫）即位

清盛は自らの娘である平徳子（建礼門院）を嫁がせていた高倉天皇を退位させて、安徳天皇（徳子の子、清盛の孫）一歳四ヶ月になろうかという赤子のまま、天皇に即位させたのです。前年に清盛の嫡男で平家を継ぐと思われていた平重盛が四十二歳で病死します。清盛は娘の盛子《もりこ》、長男重盛と相次いで亡くし大変落胆していたところへ、後白河法皇が清盛になんの相談もなく、盛子、重盛の領地を没収してしまいます。これに激怒した清盛はクーデターを起こし、後白河法皇を鳥羽殿に幽閉して、安徳天皇を即位させることになったのです。奢れる平家、権勢の極みを迎えたのでした。

一一八〇年、この平家の横暴なふるまいを見かねた後白河法皇の第三皇子、以仁王が平家討伐の令旨を密かに各地の源氏へ発します。頼朝はしばらく静観するのですが、この動きを察知した清盛は源氏討伐の動きに出ます。

【占術的視点】

「平家にあらずんば人にあらず」当時の奢れる平家を表す有名な言葉ですが、朝廷をも自在に仕切っていた平家は傍若無人《ぼうじゃくぶじん》を極めた平清盛の終焉と共に源氏により滅ぼされます。頼朝が挙兵する原因をつくったのは、以仁王の令旨を受け取った源氏に対して、討伐の動きに出た清盛の行動が原因でした。ここで初めて清盛は頼朝による破壊作用の引き金を引くことになります。

『安壊』の関係は『壊』の星が『安』の星を破壊する運を秘めていますが、多くの場合破壊の引き金を引くのは破壊される側の『安』の星が引いてしまいます。引き金さえ引かなければ『安壊』の関係は、お互いに持っていないものを持っている魅力的な相手となります。

平清盛（雅星）安　―　壊（玲星）源頼朝

源平盛衰記は組織の在り方を教えてくれます。これは現代においてもかわりません。

企業活動で組織を統括する人、経営者などは心して向き合われるとよいでしょう。

事業の成功者ほど周囲の人事には気を付けなければなりません。何を気を付けるかと申しますと、『自分のいう事をきく人』、『自分にとって都合のよい人』ばかりを配置して剛腕をふるうと自分の周囲には『安壊』の関係が増え、あるときにその引き金が引かれて組織が崩壊し、最終的にその応報を受けることになります。

平家の滅亡はその典型を見せてくれます。勢いに乗って謙虚さを忘れ、奢り高ぶるとその運命は表面化します。

平清盛（雅星）壊　―　安（佑星）平時子　二位尼、清盛の継室
平清盛（雅星）壊　―　安（佑星）平徳子　建礼門院、清盛の娘
平清盛（雅星）壊　―　安（明星）安徳天皇　高倉天皇と徳子の子、清盛の孫

『雅星』の清盛と『佑星』の妻時子とは『安壊』の関係で清盛は時子を破壊する星。
高倉天皇の皇后になった建礼門院徳子は時子と同じ『佑星』の星で、時子と徳子は同じ星の『命』の相性です。この相性はソウルメイトで一心同体。同じ運命をたどりやすい

関係なのです。これも清盛に破壊され同じ運命をたどることになります。その子安徳天皇も『明星』で清盛に破壊される星。時子、徳子、安徳天皇と三代にわたる清盛の家族は、頼朝の挙兵を誘引したことで、家族破壊の引き金が引かれてしまったのです。

【歴史】一一八一年　平の清盛死す

その後清盛は源氏討伐のおり、病に倒れ、鴨川東岸にて死亡しました。享年六十四歳。清盛は死の直前に三男である平宗盛《たいらのむねもり》を総帥として遺言を残します。「葬儀などは無用。頼朝の首を我が墓前に供えよ」と。この一言がさらに平家滅亡へと引き金を引くことになります。

同年の夏、頼朝はひそかに朝廷を介して平家との和睦《わぼく》を打診します。しかし宗盛は清盛の遺言に従い「我の子、孫は一人生き残る者といえども、骸《むくろ》を頼朝の前に晒すべし」と述べてこれを拒否、激しい憎悪を示したと言われています。

【占術的視点】

平宗盛は清盛の遺言にしたがうしか選択肢は無かったのでしょうか。宗盛は『智星』の星、清盛は『雅星』の星。二人は深い因縁で結ばれた『業胎』の相性。『業』に立つ宗盛は『胎』に位置する清盛を何かと助けてしまう因縁の関係。清盛の遺言の重さは、宗盛の中では、普通には理解できないほど重要なものとして受け止められているのです。

平清盛（雅星）胎　―　業（智星）平宗盛

宗盛のこの決断は、やがて頼朝の破壊作用の引き金を引くことになります。清盛は頼朝の破壊作用を誘引し、宗盛は和睦のチャンスを蹴ってさらに頼朝の破壊作用を引出します。清盛親子は破壊の連鎖を引出してしまうのです。これにより後に壇ノ浦の悲劇を招く決定的な運命のシナリオへと進んでいきます。

源頼朝（玲星）壊　―　安（雅星）平清盛

【歴史】一一八三年　木曽義仲（源義仲）

一一八三年、木曽義仲は倶利伽羅峠《くりからとうげ》の戦いで平維盛率いる十万騎の軍を破り、京へ入京を果たします。木曽義仲は幼少のころ河内源氏の一門に生まれましたが父源義賢《みなもとのよしかた》が頼朝の父義朝と対立したため、頼朝の兄義平によって父義賢は大蔵合戦で義平に破れています。頼朝と義仲の父はお互いに異母兄弟でありながら争ったのです。頼朝と義仲には父同士が争った遺恨もあるのでした。

田舎育ちの義仲は京に入るも、乱暴狼藉《らんぼうろうぜき》が多く人望を失い、貴族世界とうまく渡り合う事ができませんでした。朝廷人事まで口を出したため、悪評をかってしまい、西国へ落ち延びた平家の討伐を行うも、水島の合戦（備中国水島、現在の倉敷市玉島）で惨敗します。平家軍指揮官は平重衡《たいらのしげひら》、平知盛《たいらのとももり》でした。

一一八四年、宇治川の戦いで義仲は範頼、義経の軍に破れ敗退します。

【占術的視点】

知盛と義仲はともに『将星』という『命』の関係で運命的に対等ですが、重衡の『旺星』は義仲の『将星』を破壊する星。京を追われて劣勢の平家でしたが、水島の合戦では平家方の破壊星に惨敗し義仲は多くの腹心を失っています。この戦いで平家は勢いづき、義仲は立場を悪くしていきます。

平重衡（旺星）壊　―　安（将星）木曽義仲　（源義仲）
平知盛（将星）命　―　命（将星）木曽義仲　（源義仲）

平家の横暴が去ったら、源義仲の横暴を受け朝廷は困り果てていました。一時期は源氏の討伐をかかげていた朝廷も、折よく頼朝から後白河法皇へ申状が届きます。平家に取られた神社仏寺領や朝廷領の返還を約束するもので、朝廷を大いに喜ばす内容でした。

これにより、後白河法皇は頼朝を赦免（しゃめん）して東海・東山両道諸国の支配権を与える宣旨を下します。頼朝は朝廷の意をうける形で横暴を極めている源義仲を討伐するのでした。

源頼朝（玲星）安　―　壊（将星）木曽義仲　（源義仲）

頼朝は義仲討伐にあたり自ら京へと入りませんでした。頼朝が直接義仲と交戦した場合、頼朝は義仲に破壊される星であるため負ける可能性が高くなります。そこで義仲討伐にあたった武将は源義経、源範頼でした。

源範頼（智星）壊　―　安（将星）木曽義仲　（源義仲）
源義経（旺星）壊　―　安（将星）木曽義仲　（源義仲）

範頼は『智星』の星、感情に流されないクールな知将、義経は『旺星』の星、先見の明と変わり身の早さは天下一品で意表をついた合戦に性格がよく表れています。両者ともに義仲を破壊する星。この二人の武将は平家に対しても破壊運をもたらし、ことごとく打ち破っていきます。

頼朝の戦闘の歴史は非常に計算されているように見えます。北条時政と頼朝は、流刑地の伊豆三嶋神社の境内で宿曜経を学んだといわれています。密教占星法は時の指導者たちが裏世界で敵を倒すために用いられてきた兵法であり勝敗を占う占法でした。平家を滅ぼし武功著しい弟範頼、義経さえも最後には範頼は流刑、義経は討伐されてしまいます。

　このあたりの不可解な歴史の動きは、裏で北条時政が天台宗高層の教えもあって占星術を戦法として駆使したのではないかと思われます。義経は弟でありながら、頼朝とは『安壊』の関係、いずれ頼朝に弓を引くと占ったことは十分想定されます。

　こうして追いつめられた源義仲は京を逃れるも近江国粟津（現在の滋賀県大津市）あたりで討ち死にしています。

　剛腕な武将であった義仲は幼少のころよりいつも傍にいて側室でもあった巴御前と共に一緒に京を落ち延びています。「一騎当千の強者」と称された巴はなぜ最後まで義仲と一緒に戦ったのでしょうか、またいつも傍にいて女だてらに武者となり、それも秀でた武者ぶりは尋常ではありませんでした。

源義仲（将星）親　―　栄（陽星）巴御前（近距離）

巴は平家物語に「色白く髪長く、容顔まことに優れたり。強弓精兵《つよゆみせいびょう》、一人《いちにん》当千の兵者《つわもの》なり」と記され最後まで討たれませんでした。なぜそれほどまでに武芸に秀でて強かったのでしょうか。

『陽星』の巴は『将星』の義仲と共に、十二宮の『弓宮』に属し、二人とも武人の星に生まれています。狙った獲物は逃さない、剛腕で女だてらに強弓を引くほどの異才を放っていたのもうなずけます。

陽星の女性はひとたび戦いに突入すると強いエネルギーを発し、男勝りの成果をだします。また二人は隣り合う『栄親』で『近距離』の関係にあり、引き合う力は強くいつも一緒なのです。ちょうど頼朝と政子の関係に重なります。

【歴史】一一八三年　丹後局《たんごのつぼね》の暗躍

木曽義仲の軍が京都に迫ると、平氏は安徳天皇と神器をもって西国へ落ち延びます。

後白河法皇は京都に残り、清盛の孫である安徳天皇を廃し、寵愛の深かった、丹後局の進言もあって若き後鳥羽天皇を即位させます。丹後局は法皇の側近であった平業房《たいらのなりふさ》の妻でした。業房は清盛が後白河法皇を鳥羽殿に幽閉した際に、伊豆国へ流罪となります。

その途中、業房は脱走して捕まり処刑されます。夫の死後、後白河法皇を世話していた丹後局は寵愛を受けるようになります。そして瞬く間に信任を得て第一人者にのぼりつめ、政治に介入するようになったのです。

丹後局の出世は非常識極まりなく、また当時女性が政治に口出しするなどもっての他で前代未聞のできごとでした。九条兼実はこのころの政治が彼女の唇一つで左右されると嘆き、貴族のあいだではまるで楊貴妃《ようきひ》のようであると不満が飛び交うのでした。

【占術的視点】

後白河法皇『清星』と丹後局『雅星』はなぜこんなにも引き合ってしまったのでしょうか。両者は星が隣り合う『栄親』の『近距離』、引き合う力がとても強く働きます。その関係は『頼朝―政子』『義仲―巴』に見られるように、とても強く引き合うのです。

また安徳天皇を廃して後鳥羽天皇を推挙したのには、丹後局と後鳥羽天皇は同じ星の『雅星』同士で『命』の相性が強く関係しており深い因縁で結ばれているからなのです。

一方、丹後局の『雅星』は安徳天皇の『明星』を破壊する星であるため、安徳天皇に対しては、その地位を下ろす方向へ法皇に働きかけることになったのです。全て相性運がもたらす運命のとおりに動いたのです。

後白河法皇（清星）栄　―　親（雅星）丹後局（近距離）
後鳥羽天皇（雅星）命　―　命（雅星）丹後局
安徳天皇（明星）安　―　壊（雅星）丹後局

丹後局は鎌倉とも通じて頼朝の顔役を果たしていましたが、頼朝が娘の大姫を後鳥羽天皇に入内《じゅだい》させようとした時に消極的で、その後頼朝が後ろ盾となっていた、九条兼実の失脚に加担して、頼朝の朝廷進出を妨害しています。

丹後局は大姫『佑星』を破壊する星、当然入内はスムーズに行かないことになります。

また、大姫は頼朝を破壊する星、頼朝の思うような運命にはなりません。頼朝と丹後局は「安壊」の関係で利害が絡むと破壊作用を生じ、二人の間の事案はうまく行かなくなります。

源頼朝（玲星）壊　―　安（雅星）丹後局
源頼朝（玲星）安　―　壊（佑星）大姫
丹後局（雅星）壊　―　安（佑星）大姫

頼朝の長女大姫『佑星』は頼朝『玲星』を破壊する星。頼朝の野望に反して後鳥羽天皇に入内できなかったことは大姫の破壊作用を受けたことになります。頼朝は大姫が六歳のときに、対立していた源義仲の長男源義高十一歳を、鎌倉へ人質として大姫の婿に迎い入れます。しかし義仲との決裂により、頼朝の送った軍によって義仲は討伐されてしまいます。

頼朝は禍根を残さないためにその子義高を討とうとしますが、大姫に察知され、大姫は義高を裏からそっと逃がすのでした。頼朝は激怒し追っ手の藤内《とうない》光澄《みつずみ》によって入間河原で義高を打ち取ります。この事態は大姫の知るところとなり、大姫は悲鳴を上げて打ちひしがれ、精神異常をきたします。

これに怒ったのが政子で、大姫が憔悴《しょうすい》してしまったのはないないに配慮をしなかった藤内光澄が原因だと責め立て。やむなく光澄はさらし首にされてしまいます。頼朝は深い『業』を背負うのでした。そして頼朝の深い『業』はこれに留まりませんでした。

こうして頼朝は大姫による破壊の引き金を引いてしまったのです。丹後局は大姫を破壊し、大姫は頼朝を破壊するので、このラインを使った頼朝の野望は成就しなかったのです。頼朝はかつて後白河法皇が亡くなるとき、丹後局が国の荘園をわがものにしようとしたところ、九条兼実が後ろ盾の頼朝と共に、強硬に元へ戻させた経緯があります。

頼朝の『玲星』は丹後局の『雅星』を破壊する星。頼朝に邪魔されてしまいます。

その後何度も大姫の朝廷入内を試みる頼朝の野望は、丹後局に、大姫を利用されて失敗します。さらに九条兼実と頼朝の分断工作から兼実を失脚させ、病気から回復しない大姫は二十歳でこの世を去り、頼朝は失策の運命を余儀なくされました。狡猾な『雅星』の丹後局にしてやられたかたちになったのです。

【歴史】一一八五年　壇ノ浦の合戦

幼い安徳天皇と三種の神器を持って西国へと落ち延びていった平家は、平宗盛を総大将として、源範頼、源義経軍と一ノ谷の合戦（摂津国福原・須磨）で敗れます。平家軍一万騎、鎌倉軍五万六千騎の戦いでした。

安徳天皇、建礼門院、平宗盛は敗北を悟って屋島へと逃れます。平家は讃岐国屋島、長門国彦島（山口県下関市）に拠点を構えます。

一ノ谷の合戦で鵯越《ひよどりごえ》の奇襲をかけ、つぎは屋島に奇襲をかけた義経によって、壇ノ浦の合戦へと突入していきます。

追い詰められた平氏、勢いに乗る源氏、両軍は水軍による最終決戦となりました。

・源氏軍：源義経（水軍八百隻）、源範頼（陸軍三万騎）。
・平氏軍：平宗盛（総大将）、平氏方水軍五百隻。

合戦は平氏一門の滅亡で幕をとじました。平時子（二位ノ尼、清盛の妻）が孫の安徳天皇や建礼門院、三種の神器、女官らとともに入水自殺を図り、平家の武将らも次々と入水するという壮絶にして悲劇的な最後を遂げたのでした。

平宗盛《たいらのむねもり》、教盛《のりもり》、経盛《つねもり》、資盛《すけもり》、有盛《ありもり》、行盛《ゆきもり》らの武将も次々と入水しましたが、建礼門院、宗盛は引き上げられ捕らえられています。三種の神器のうち天叢雲剣《あめのむらくものつるぎ》は安徳天皇とともに海中に沈んだともいわれていますが、本体は熱田神宮にあるという説もあります。

その後、源義経は平宗盛を鎌倉へ護送するのですが、鎌倉入りを許されず郊外に留めおかれました。ここから頼朝と義経の対立が顕在化していきます。平宗盛は後に鎌倉へ護送され近江国篠原にて斬首され平氏は滅亡しました。

【占術的視点】

壇ノ浦の戦いの前哨戦である一ノ谷の合戦では源範頼・義経軍が平忠度《たいらのただのり》を討取ります。

平忠度『佑星』は義経『旺星』、範頼『智星』に破壊される星。

源範頼（智星）壊　―　安（佑星）平忠度

源義経（旺星）壊　―　安（佑星）平忠度

平家の滅亡は占術の視点で見るとよくわかります。幼い安徳天皇『明星』とその母建礼門院『佑星』、時子『佑星』とは『業胎』の相性。深い因縁で結ばれ、切っても切れない関係。生死を共にする運命は相性からも理解できる関係性になっています。

建礼門院は高倉天皇の皇后として入内するもしばらく世継ぎが生まれませんでした。その間に高倉天皇は、乳母や後宮の小督局《こごうのつぼね》との間に子供をもうけます。清盛は平氏の権力基盤を脅かされるのを恐れて、強引に小督らを排除しました。そして待望の安徳天皇が誕生し、清盛は高倉天皇を廃して、孫となる安徳天皇をたてるのでした。

それにより建礼門院とその母時子の朝廷での立場が強力なものになっています。安徳天皇の『明星』は建礼門院の『佑星』を助ける星に生まれています。

建礼門院と母時子はお互いに『佑星』の『命』の相性。ソウルメイトで運命をともにします。『命』の相性には同じ運命をたどりやすいという共時性（シンクロニシティ、意味のある偶然の一致）があります。特に他人同士より親兄弟、さらには一卵性双生児になるほどその共時性は強くでます。時子と建礼門院は同時に入水自殺をしなければならないという、同じ運命をたどった共時性が現れています。

この三代にわたる親子の滅亡によって平家の栄華盛衰は幕を閉じます。なぜこのような事になったのでしょうか。

安徳天皇親子は味方の平氏総大将平宗盛『智星』から破壊される星。それに遡る事、平清盛『雅星』からも破壊される星で、清盛が高倉天皇を廃して、孫の安徳天皇を即位させた時点で、清盛の三人に対する破壊の運命は始まっています。

また壇ノ浦で三人の敵となる源義経『旺星』と源範頼『智星』は三人を破壊する星。つまりこの三代親子は味方からも敵からも、破壊の運命を受ける星で、どちらを向いても破壊がまっているという、悲劇中の悲劇としか言いようのないドラマチックな運命を背負っていたのです。その結果逃げ場を失い入水へと追い込まれてしまったのです。

平宗盛（智星）壊　―　安（佑星）平時子　二位尼、清盛の継室
平宗盛（智星）壊　―　安（佑星）平徳子　建礼門院、清盛と時子の娘
平宗盛（智星）壊　―　安（明星）安徳天皇　高倉天皇と建礼門院の子、清盛の孫
平清盛（雅星）壊　―　安（佑星）平徳子

平清盛（雅星）壊　―　安（佑星）平時子
平清盛（雅星）壊　―　安（明星）安徳天皇
源義経（旺星）壊　―　安（佑星）平時子
源範頼（智星）壊　―　安（佑星）平時子
源義経（旺星）壊　―　安（佑星）平徳子
源範頼（智星）壊　―　安（佑星）平徳子
源義経（旺星）壊　―　安（明星）安徳天皇
源範頼（智星）壊　―　安（明星）安徳天皇

義経はなぜ鎌倉入りを許されず郊外に留め置かれたのでしょうか。歴史的には後白河法皇から鎌倉に相談なく、かってに左衛門少尉《さえもんのじょう》、検非違使《けんびいし》の宣旨を受け頼朝の逆鱗《げきりん》に触れたためと言われています。そのようなことになってしまったのも運命的な理由があるのです。まず『清星』の後白河法皇と『旺星』義経とは、『栄親』相性でお互いに引き合い助け合ってしまいます、二人にとってはごく自然な成り行きなのです。

頼朝の逆鱗は何でしょうか。頼朝は『玲星』で『旺星』の義経を破壊する星。後白河法皇と義経の行いは癇に障るのです。そして発動された破壊作用が、義経を郊外で足止めさせた処分となって表れます。『安壊』の破壊作用は破壊される側が破壊する側の引き金を引いてしまうことに始まります。義経はその典型にはまってしまいました。

頼朝はなぜ義経に厳しかったのか、それはこのような『安壊』の関係であったことと、そのことは伊豆三嶋神社で宿曜を習ったと言われる北条時政は、その時から弟義経と頼朝は争う事を当然のこどく予見していたと思われます。そうでないと偉大な功績を果たした義経に対する厳しい仕打ちは説明がつきません。

頼朝の『玲星』は女性の大将星。男性は策略家で裏で糸を引くドン的なリーダーの器。頼朝はその性格がよくでています。もともと『女宿』と言われ女性と関わりの深い星。政子を悩ます頼朝の女性関係は、この『女宿(玲星)』の男性が授かっている運命なのです。

源義経（旺星）親　―　栄（清星）後白河法皇
源義経（旺星）安　―　壊（玲星）源頼朝
源頼朝（玲星）壊　―　安（智星）平宗盛　平氏軍総大将

頼朝によって斬首された平宗盛は『智星』の星で『玲星』の頼朝によって破壊される星。その通りになっています。

哀れな時子と建礼門院は『佑星』の星。この星は本来多彩な才能の持ち主で、明るく誰からも好かれ人気があります。『君子に使えて賢く勤む』と言われ、時子は夫の清盛があちらこちらで子供をつくってくると、その子供達を引き取りよく面倒をみるほどのお人好しでした。

しかし平治の乱で敵対した源義朝の妻、常盤だけは許さなかったと言われています。時子は常盤を破壊する星だったのです、遺恨が、残ります。

平時子（佑星）壊　―　安（泰星）常盤

『佑星』のお人好しは娘の建礼門院徳子にも同じように表れています。自分の夫、高倉天皇が最愛の侍女を亡くして悲嘆に暮れていた時、建礼門院は美貌と箏《こと》の名手で名高い小督局《こごうのつぼね》を高倉天皇に引き合わせます。天皇は小督局に夢中になり、その寵愛ぶりに危機感を抱いた清盛に追放されてしまいます。

建礼門院のお人好しはここからで、小督局がいなくなると高倉天皇はまたしても悲嘆にくれる毎日になります。建礼門院はこれを見かねて配下の者に小督局を探させて見つけます。清盛を恐れて嵯峨に身を隠していた小督局を説得して、密かに呼び戻したのです。

これがまた清盛にバレて、今度は出家をさせられてしまいます。建礼門院は夫が愛する浮気相手を紹介し、追放されると、悲嘆にくれる夫を慰めるために愛人を説得までして呼び戻しているのです。

この『佑星』の憎めない愛されるべきお人好しは、通常では理解できないものがありますが、これは現代においても多々見受けられることで、お人好しが過ぎて、自身が苦労を背負い込むことが多く見受けられます。

この『佑星』というお人好しの時子に嫌われた常盤は、後に（一一八六年）頼朝による義経追放の折に、京都の一条河崎観音堂（鴨川西岸の感応寺）の辺りで義経の妹と共に鎌倉方に捕らえられています。

常盤は義経が岩倉にいると証言し、捜索が行われましたが、すでに逃げた後で僧侶のみが捕えられています。常盤は夫の義朝が平治の乱で敗れ、義経ら三人の子を連れ清盛に命に代えて助命を嘆願し子供を救ったのですが、保身のため我が子義経の情報を漏らしてしまうということが起きています。常盤は義経を破壊する星、この時に破壊作用がでています。

常盤御前（泰星）壊　―　安（旺星）源義経

【歴史】壇ノ浦のエピソード

壇ノ浦の戦いで、劣勢の平家にあってただ一人、義経を苦しめた平家随一の猛将がいます、平教経《たいらののりつね》です。数々の合戦で武勲《ぶくん》をあげている無敗の王者です。教経は義経に組みかかろうとしますが、さすがの義経も教経を見るや、舟から舟へ飛び渡り逃げたといわれています。これが有名な義経の八艘飛《はっそうとび》と語りつがれているのです。身軽な義経に逃げられてしまい、教経は源氏兵二人を抱えて海に沈んだとされています。

【占術的視点】

源氏軍を苦しめ義経のライバルと語りつがれる教経『陽星』は、義経『旺星』と『危成』の相性になります、その関係は文字通りの切磋琢磨するライバル関係です。義経にとって教経は『危』に位置するため危険な相手となります。また教経の『陽星』は十二宮の『弓宮』に属する武人の星です。木曽義仲に最後まで連れ添った女傑であり無敗の王者巴御前と同じ武人の星の下に生まれています。『陽星』の武人は強いのです。

源義経（旺星）成　―　危（陽星）平教経

壇ノ浦の戦いで捕虜になった平時忠《たいらのときただ》は、神器である八咫鏡《やたのかがみ》を守った功績で義経に減刑を願い出ます。そして義経に娘を差し出し嫁がせて、身の安全を確保しようとします。あろうことか義経はこれを承諾してしまいます。おまけに源氏の機密文書まで渡しているのです。そのおかげで時忠は死罪一等を減じられ、能登国へ流罪となりますが、義経の庇護《ひご》を受けてしたたかに京都に留まり続けてしまいます。この義経の不信な動きに梶原景時《かじわらのかげとき》が京都へ行き、時忠が京都に留まっていることを確認し、朝廷に配流を促します。

義経がなぜ時忠の申し出を承諾してしまったのか現在も謎となっています。ただ単にさしだされた女に目がくらんだだけなのか、ましてやなにゆえ機密文書まで漏らしたのか、歴史の謎なのです。

時忠は『清星』の星、義経は『旺星』の星、両者は栄親の関係。助け合い、支え合い、車の両輪のようになって栄え合う関係なのです。出会ったその瞬間から、以前から一緒にいたような感覚でお互いを受け入れます。それは池禅尼が頼朝を助けたように、また平重盛が断食をしている池禅尼を見かねたように、敵味方関係なく助けてしまうのが『栄親』の相性なのです。

源義経（旺星）親　―　栄（清星）平時忠

この出来事には二人の星がもつ性格も深く関係しています。義経はなぜ女に目がくらんだのか!?『旺星』の男性は女性に人気があり『愛の狩人』といわれる星です。初対面の女性に対しても声をかけなければ失礼にあたると考えるぐらい女性には優しい面があります。そのため現代でも女性遍歴の多い人をよく見受けます。基本的に初対面の女、ウェルカムなのです。

時忠の『清星』は冷静沈着で不思議と敵をつくらない星です。周りの場を自身に有利な状況へ作り上げる能力が抜群で目的のためにまず周囲を有利な形に作り込んでいく才能にたけています。後白河法皇の『清星』も同様に、周りに対して自身が有利になるようにシコシコと工作を画策していくところは同じなのです。

源義経・源行家が関東政権の内規に違反したことを契機に、頼朝は両者追討の院宣を後白河法皇から獲得し、義経討伐の破壊活動がはじまるのでした。

源頼朝（玲星）壊 ― 安（旺星）源義経

【歴史】後白河院、建春門院（平滋子）、平時忠のエピソード

壇ノ浦の合戦から遡ること二十四年前の一一六一年、平滋子《たいらのしげこ》は身分が低いにもかかわ

らず、後白河院の他の妃を押しのけ破格の寵愛を受けました。そして一一六九年、後白河院より建春門院の院号を宣下《せんげ》されるのでした。以降、建春門院は政事の面でも後白河院の代行を務めるほど辣腕《らつわん》をふるい、その役割は異例中の異例でありました。

後白河院は建春門院と共に、熊野参詣に行ったりしています。そのころ天皇または院が后妃《こうひ》を連れて遠方へ旅行することなど前代未聞の行為といわれていました。朝廷内部でも周囲が呆れ果てた記録が残っています。

【占術的視点】

後白河院と建春門院はなぜ歴史に残るほど前代未聞の行いが生じてしまったのでしょうか。後白河院の『清星』は、行いが過度になると変人と言われやすい星です。『妙星』の建春門院とは隣り合う『栄親』の相性、『近距離』の関係になります。いつも一緒、何処へ行くにも一緒で行動を共にすることが多くなる相性です。二人の引力の間には第三者が割って入ることはできません。頼朝、政子の関係と同様です。

後白河院（清星）親　―　栄（妙星）建春門院（近距離）

また『清星』は『妙星』には逆らわないほうがよいとされる特別な関係があります。後白河院は建春門院の大胆な政事介入を許してしまったのは星同士がもつ運命にあったのです。建春門院は後白河院と平清盛の間を取り持つことによって朝廷とのパイプ役を果たしています。

その結果清盛は娘の平徳子（建礼門院）を、後白河院の嫡男である高倉天皇に嫁がせることに成功しました。そして安徳天皇が産まれると、建春門院は平家の隆盛に大きく貢献したのでした。『雅星』の清盛と『妙星』の建春門院は『友衰』の『近距離』の相性です。強く引き合い共通の価値観で理解し合える関係なのです。

平清盛（雅星）友　―　衰（妙星）建春門院　（近距離）

「平家にあらずんば人にあらず」という奢《おご》れる平家を象徴した平時忠は二度の失脚の後、妹の建春門院に引立てられ政界へ返り咲いています。一一七一年、平宗盛など九人目の中納言が誕生するという驚きの出来事があった直後に、建春門院が弟の時忠を十人目の中納言に昇進させてしまいます。

この時の状況を九条兼実は「未曽有」の事だと非難したほど、異例中の異例のでき事がおきたのでした。一一七九年には時忠は史上初となる三回目の検非違使となり、前任の平忠親《たいらのただちか》は「希代の例なり」と驚愕し、九条兼実は「物狂いの至りなり、人臣の所為《しょい》にあらず」と激しく非難されたのでした。

歴史上の「物狂いの至りなり」とか「人臣の所為にあらず」、はたまた「希代の例なり」とか、いかに呆れた事態がおきたのかが想像できるほど珍事であったことが分ります。

どうしてこのような事態を引き起こしてしまったのでしょうか。後白河院と建春門院の『栄親』の『近距離』は引き合う力が強すぎて一歩間違うと世間の目などどこ吹く風になるような、あきれる事態も起きやすくなります。後白河院がいるときは食事も一緒にしていたと記録があり、当時の常識を遥かに超えていた様子がうかがえます。

平時忠は『清星』でこれがまた後白河院と同じ星、深い因縁で結ばれています。建春門院とは兄妹の絆の上に『栄親』の『近距離』となっているので、建春門院は右を見ても左を見ても、この二人しか目に入らない状況といえます。後白河院は建春門院が推挙してくる兄の非常識な復活劇にたいし、『清星』同士の相性から、何の違和感もなく受いれてしまうのです。この三人のトライアングルの関係こそが「稀代の例なり」そのものなのです。全て利害がからんだ時に脱線するのです。その脱線のしかたはハンパではない事態を引き起こしかねない関係だったのです。利害に捉われず良い方向に舵を切っていたら繁栄の未来へつながる最強の関係にあったのですが。

平　時忠（清星）親　―　栄（妙星）建春門院（近距離）

後白河院（清星）親　―　栄（妙星）建春門院（近距離）

【歴史】一一八六年　静御前　十九歳

後白河法皇は都に日照りが続いたときに、雨を降らせるため百人の白拍子に雨乞いをさせました。その中でただ一人、雨を降らせたのが静御前《しずかごぜん》でした。後白河法皇は静を「神の子か」と称して、引き立てることになります。

【占術的視点】

静は『雅星』、後白河院は『清星』、二人はとなりあう『栄親』の相性でした。たとえ雨が降らずとも二人は引き合い、静の出世に影響を及ぼしたことは想像にかたくありません。

静御前（雅星）親　―　栄（清星）後白河法皇（近距離）

静は法皇から「日本一」の宣旨を賜ります。その時に、静を見初めた源義経が召して妾にしたというところから悲恋の物語がはじまります。

義経は『旺星』、静は『雅星』両者は深い因縁で出逢っている『業胎』の相性。出会った瞬間に「ビビッ!!」とくるような運命的な出会いが想像されます。ひとたび出逢うと切っても切れない縁となります。

良ければもの凄く良い相性となり、悪ければもの凄く悪い関係にもなります。総じて良い相性となるケースがほとんどで『業胎』は少し異常性を感じさせるぐらいの関係になるところがあります。静が『業』に位置するため、何かと助ける側に回ります。したがって義経を追いかけるはめになってしまいます。

静御前（雅星）業　―　胎（旺星）源義経

義経が京を落ちて九州へ向かうとき静も同行しますが、海路の途中で嵐に遭い難破してしまいます。静は義経と別れ京へ戻る途中、山中で山僧に捕らえられ北条時政に引き渡されます。その後、母の磯禅師とともに鎌倉へ送られます。

静は頼朝に鶴岡八幡宮で白拍子の舞を舞うように命じられ、そこで義経を恋うる歌を詠んでしまうのでした。

『吉野山 峰の白雪 ふみわけて 入りにし人の 跡ぞ恋しき』

――吉野山の白雪をふみわけて姿を消したあの人が恋しい――

『しづやしづ しづのをだまき くり返し 昔を今に なすよしもがな』

――しず布を織る麻糸の（お）だまきから糸が繰り出されるように、

どうか昔を今にもどせたら　――

これに頼朝は激怒します。このとき静は義経の子を身ごもっていたのでした。その怒りを妻の政子が何とかとりなして、頼朝は静に、生まれてくる子供が女子なら助けるが男子なら殺すと命じたのでした。そして生まれてきた運命の子は男子だったのです。

赤子を抱いてはなさず泣き叫ぶ静から、安達清常《あだちきよつね》が赤子を受け取ることができませんでした。静かが疲れて眠る間に母の磯禅師が赤子をとりあげ清常に渡します。こうして赤子は由比ヶ浜に沈められました。頼朝の『玲星』は『雅星』の静を破壊する星。

源頼朝（玲星）壊　―　安（雅星）静御前

静と磯禅師は京に帰されます。二人を哀れんだ政子と大姫は、多くの重宝を持たせて帰したといわれています。

頼朝の怒りをかったときに、政子は頼朝の元へ逃げてきたときのことを持ち出し、「暗夜をさ迷い、雨をしのいで貴方の所にまいりました」と語ったと言われています。

『紀星』の政子と『雅星』の静は『友哀』の相性。まるで友達のように共通の価値観で理解し合える関係なのです。相手の痛みを我が痛みとして感じ取れるのです。

と、ここまでは表の正史ではそのようになっていますが、取り上げられた赤子は後に静と磯善師が鎌倉を離れ出た時に、安達清常によってそっと二人に返されたと言われています。その後、二人の消息は歴史の表舞台から途絶えます。

静御前（雅星）哀　―　友（紀星）北条政子

【歴史】一一八七年　義経と藤原秀衡《ふじわらのひでひら》

源義経は京を追われ、藤原秀衡を頼って奥州へ下ります。秀衡は義経を助け、子供達にも義経を、助けるように言いきかせます。

秀衡の死後、息子の藤原泰衡は頼朝の要求を拒みきれず、義経を自殺に追い込み、義経の首を頼朝に引き渡します。

【占術的視点】

藤原秀衡は『洋星』の星でその性格は、明るく楽天的な自由人、束縛や圧迫を嫌います。困っている人を見過ごすことができない人情家の星です。義経の『旺星』と秀衡の『洋星』とは『栄親』の『中距離』の関係です。お互いに尊敬しあって助け合い、支え合います。『洋星』は基本的に争い事を好まず、平和を望みます。源義仲や平氏から兵隊の動員を要請されても動かなかったのは、交戦を嫌う性格によるところが大きく影響しています。

藤原秀衡（洋星）栄　―　親（旺星）源義経

一一八九年、秀衡の死後家督を継いだ藤原泰衡《ふじわらのやすひら》は父秀衡の「頼朝から義経の引き渡しを求められても、それを無視せよ。義経を兄と思い、兄弟力を併せて、義経を盛り立て、奥州を守れ。それが奥州が生き残る唯一の道なり」という遺言に反して、鎌倉の圧力に屈して義経を裏切り衣川で自害に追い込んだとされています。

泰衡と義経は『業胎』の相性で、深い因縁で結ばれている関係です。命をかけて守ってしまう方向へ運命は働きます。占術的には義経生存説を裏付ける関係になっています。

藤原泰衡（智星）胎 ― 業（旺星）源義経
藤原国衡（恵星）栄 ― 親（旺星）源義経（近距離）
藤原国衡（恵星）栄 ― 親（智星）藤原泰衡
藤原秀衡（洋星）胎 ― 業（恵星）藤原国衡
藤原秀衡（洋星）栄 ― 親（智星）藤原泰衡（近距離）

秀衡は嫡男である国衡《くにひら》に家督を継がせず次男の泰衡に継がせました。国衡、泰衡兄弟は互いに『栄親』で支えあう運命にあります。泰衡は義経と『業胎』の相性。国衡と義経は『栄親』の相性。父秀衡は泰衡とは『栄親』、国衡とは『業胎』、義経とは『栄親』で、この四人はこれ以上ないという最強の相性で支えられており、義経を守り、頼朝に反抗するのはごく自然な運命なのです。泰衡と国衡とは仲が良くなかったとされていますが、相性による運命に大きく左右されます。

義経の首をとるという運命的な動きは四人の相性からは、どこをどう見ても出てこないのです。ましてや父秀衡の「義経の指示を仰いで奥州を守れ」という遺言に背くことにもなり不自然な出来事になっています。義経の首は四十三日間もかけて鎌倉へ送られました。まるで判別がつかなくなるのを待っていたかのようです。義経の首が到着後すぐに奥州合戦がおきます。

源頼朝（玲星）壊　―　安（智星）藤原泰衡

秀衡の死後二年で頼朝により、泰衡は責められて奥州藤原氏は滅亡したのです。『玲星』の頼朝は『智星』の泰衡を破壊する星。奥州藤原氏と義経の間には非常に歴史上の謎も多く、父秀衡が生きているときは、子供達や義経を牽引していくのに非常によい関係で藤原王国を築いていました。

秀衡の死後家督を継いだ泰衡は、あっという間に頼朝という破壊星にやられてしまいます。義経を叩き、藤原氏を分裂に追い込み、その頂点を破壊星で攻勢に出るという策士ぶりは『玲星』頼朝の真骨頂と言えるでしょう。

【歴史】一一九二年　頼朝・征夷大将軍、鎌倉幕府を開く

奥州藤原氏を制圧した源頼朝は、北条時政と共に朝廷から独立した初めての武家政権である鎌倉幕府を誕生させました。

【占術的視点】

頼朝は北条時政や政子父娘とは『栄親』の相性。『近距離』の星で縁が強く、これ以上ないという強固な相性を背景に幕府が組織されます。

源頼朝（玲星）親　―　栄（紀星）北条時政
源頼朝（玲星）親　―　栄（紀星）北条政子

義経と共に源氏の総大将として、数々の功績を打ち立てた源範頼は、曽我兄弟の仇討ちで、頼朝が討たれたという誤報が舞い込んだ時に勇み足をして失態が問題になります。

この時頼朝の不測の事態に嘆く政子に範頼は「後にはそれがしが控えておりまする」と述べたとされ、後にこの発言で頼朝から謀反の疑いをかけられたと言われています。範頼は頼朝への忠誠文で「源範頼」と源姓《みなもとせい》を名乗った事が、過分として頼朝の怒りをかい、伊豆国へ流されました。その後、幽閉され隠れ住んだという説と誅殺されたという説があります。いずれにしても最後は頼朝の破壊作用を受けてしまいます。

【占術的視点】

頼朝は範頼を破壊する星。義経同様、何事もなく見過せる行為も、『安壊』の相性であるが故に、猜疑心《さいぎしん》を駆り立て大問題へと発展してしまいました。頼朝は結局、義経と範頼という平氏討伐の最大の功労者を破壊することになってしまったのです。義経や範頼にしてみれば、頼朝に因縁をつけられて理不尽な仕打ちを受けたと感じたかもしれません。それほどに『安壊』の関係は誤解を生じさせ、事態をあらぬ方向へと導く運命を抱えています。

源頼朝（玲星）壊　―　安（旺星）源義経
源頼朝（玲星）壊　―　安（智星）源範頼

【歴史】一一九九年　源頼家《みなもとのよりいえ》　第二代将軍

源頼朝が急死したため、源頼家は第二代将軍となります。頼家は独裁色が強く、有力御家人十三人の合議制が敷かれましたがこれに反対し、乳母一族である比企氏を重用したため、危機感をもった北条氏によって比企能員《ひきよしかず》をはじめとする一族はことごとく滅ぼされてしまいます。結局、頼朝の乳母として流人時代を二十年以上に渡り支えてきた比企尼にとって、頼朝の死後における権力闘争で北条時政、政子らによって運命の衰退を余儀なくされてしまうのでした。

【占術的視点】

『紀星』の時政、政子は『賢星』の比企尼を衰退させる星であるため、権力闘争になると北条氏から衰退運をもらってしまいます。また比企尼はなぜ伊豆国へ流罪になっていた頼朝を二十年もの間支えることができたのでしょうか。『賢星』の比企尼は『玲星』の頼朝を栄えさせる星で隣り合う『栄親』の『近距離』の関係にあります。身をとして頼朝を助けてしまう運命にあります。

比企尼（賢星）友　―　衰（紀星）北条時政
比企尼（賢星）友　―　衰（紀星）北条政子
比企尼（賢星）親　―　栄（玲星）源頼朝　（近距離）

【歴史】一二〇四年　源実朝《みなもとのさねとも》　第三代将軍

頼朝家の乳母として重要な役割を果たしてきた比企一族は滅亡し、将軍源頼家は追放されます。一二〇四年、頼家は弟の実朝を擁立する北条氏の手兵によって入浴中を襲われ殺害されてしまいます。そして弟の実朝が第三代将軍に即位し、北条時政が執権となります。これにより北条時政は幕府の実権をにぎることになりました。

【占術的視点】

実朝は『寛星』の星、兄頼家の『和星』を破壊する星。両者は頼朝、政子を親に持つ血を分けた兄弟でしたが、権力闘争になると実朝は破壊星としての破壊運を発揮します。また北条時政はなぜ実朝を擁立したのでしょうか。『紀星』の時政と『寛星』の実朝はとなりあう『栄親』の『近距離』の相性、強く引き合い助け合い支え合います。また実朝は兄頼家を破壊する星でした。

源実朝（寛星）壊 ― 安（和星）源頼家
北条時政（紀星）親 ― 栄（寛星）源実朝
北条政子（紀星）親 ― 栄（寛星）源実朝

一二一九年、実朝は鶴岡八幡宮を参拝しますが、頼家の次男であった公暁《くぎょう》に襲われ、命を落とします。実朝の死により河内源氏の嫡流《ちゃくりゅう》が途絶えてしまったのです。

源頼朝は平治の乱で父義朝が敗戦し、平清盛に捕らえられて、本来であれば処刑されるところを池禅尼に命を救われました。

流罪になると比企尼に支えられ、北条時政、政子親子にも助けられて、源氏の棟梁にのぼりつめていったのです。平氏を倒すために弟義経、範頼の武運にも助けられたのに、義経を討ち、範頼も討ち、娘大姫の許嫁《いいなずけ》源義高を殺して大姫の精神異常を招いた深い業を背負って享年五十三歳で人生の幕を閉じます。

戦乱の世とはいえあまりにも深すぎる業は子孫が兄弟で殺し合い、子の代で滅亡してしまう波乱の生涯となりました。因果応報を感じずにはいられません。私たちは頼朝の歴史から、人としての在り方を学ばなければならないでしょう。

【歴史】一二三二年　北条泰時《ほうじょうやすとき》、評定衆・御成敗式目制定

実朝の死後政子が尼将軍となり執権を支えます。一二二五年、大江広元、北条政子が相次いでこの世を去りました。北条泰時はこれまでの専制政治から、集団指導制・合議政治を打ち出します。そして御家人・執権十三人からなる評定衆を制定したのです。

一二三二年、承久の乱以降、各地で頻発した紛争などを解決する必要があり、武士社

会の基本法となる五十一ヶ条からなる御成敗式目《ごせいばいしきもく》を制定しました。強者と弱者、身分の上下、えこひいきなどの不公平がなく裁かれるような庶民的な内容でありました。

【占術的視点】

北条泰時は当時の武家社会では想像もできないような珍しい、平等、えこひいきのない御成敗式目を制定するのですが、なぜこのような庶民的な法律をつくったのでしょうか。そして、なぜ集団合議制など実行することができたのでしょうか。そこには二十七星の星が持っている、生まれながらの性格運というものが大いに影響をしているのです。

北条泰時は『泰星』の星で、その性格は庶民派というのが持ち味で、いつも心の中に自らの理想郷を抱いていると言われる星です。理想に向かって頑固な性格に後押しされ忍耐強くその実現を果たそうとします。泰時の『泰星』の性格はそのまま政治にも色濃く表れていたのでした。

乱世の世にあって、覇権を争いながら命のやり取りの歴史のなかで、突然と表れた自由と平等を想起させるような合議制、御成敗式目出現の謎は、北条泰時の『泰星』の星にあったのです。

その真骨頂といえるものは御成敗式目には女性の御家人が認められ女性の城主が誕生したのです。井伊直虎、おつやの方、立花誾千代《たちばなぎんちょ》、淀殿など、女性の指導者が出現し御成敗式目の法令としての有効性とその精神は明治以降の近代法が成立するまで続いたと言われています。

『泰星』の理想郷は人間世界の普遍性に触れるものが多く、そこに我欲が絡むと失敗の扉も一緒に開いてしまうのです。

【源平盛衰記　人物一覧】

【朝廷】

後白河法皇―清星―第七十七代天皇。保元・平治の乱、治承・寿永の乱を経験。

安徳天皇　―明星―父高倉天皇、母建礼門院、八歳にて壇ノ浦で入水崩御。

後鳥羽上皇―雅星―第八十二代天皇。丹後局が法皇へ進言、神器無き即位。

丹後局　　―雅星―後白河法皇の側近平業房の妻。夫死後法皇の子を生む。

【平氏】

平清盛　　―雅星―平家の全盛を極め朝廷に影響力を持った。平治の乱勝利。

平重盛　　―泰星―清盛の嫡男。清盛を諫めることができた唯一の人物。若死。

平宗盛　　―智星―清盛と時子の次男。壇ノ浦で平家滅亡時の総大将。

平知盛　　―将星―清盛の三男。一の谷、壇ノ浦の合戦での中心人物。

平重衡　　―旺星―清盛の四男。興福寺・東大寺焼討ちの責めを負う。

平頼盛　―範星―清盛の継母池禅尼の子。後に頼朝に引き立てられる。
平忠度　―佑星―清盛の末弟。歌人。一の谷の合戦で義経に敗れ討死。
平教経　―陽星―清盛の弟平教盛の次男。平家随一の猛将。義経のライバル。
平時忠　―清星―平時子の弟。平滋子の兄。〝平家にあらずんば人にあらず〟の名言。
平時子　―佑星―二位の尼。清盛の妻。壇ノ浦で孫の安徳天皇を抱えて入水。
平滋子　―妙星―建春門院。後白河天皇の后。高倉帝の母。平時忠の妹。
平徳子　―佑星―清盛・時子の娘。高倉帝の后。安徳天皇の母。建礼門院。
池禅尼　―賢星―平忠盛の正室。清盛の継母。清盛に頼朝の助命を嘆願した。

【源氏】

源頼義　―和星―河内源氏二代目。八幡太郎義家は嫡男。鶴岡八幡宮創建。
源義家　―賢星―八幡太郎義家。義朝は孫に当る。源頼朝、足利尊氏の祖先。
源義朝　―明星―頼朝、義経の父。保元の乱で戦功、平時の乱で清盛に敗戦。
源為朝　―陽星―保元の乱で崇徳上皇方で、義朝に敗れ伊豆大島に流される。
源義平　―将星―義朝の子、頼朝の異母兄。平治の乱で義朝と共に敗戦。

源義仲　―将星―木曾義仲。頼朝・義経と従兄弟。後白河法皇を幽閉。

源頼朝　―玲星―清盛に伊豆へ流される。北条時宗・政子と鎌倉幕府創設。

源範頼　―智星―頼朝の異母弟、義経の異母兄。義経と共に平氏を討伐。

源義経　―旺星―頼朝の異母弟。常盤御前と義朝の子。範頼と平氏を討伐。

源頼家　―和星―鎌倉幕府第二代将軍。頼朝の嫡男。北条氏に暗殺される。

源実朝　―寛星―鎌倉幕府第三代将軍。頼朝の次男。頼家の子公暁に暗殺される。

常盤御前―泰星―源義朝の側室。義経の母。平時乱以降清盛の妾となる。

巴御前　―陽星―木曾義仲の妾。「一人当千の兵」と言われた女武将。

静御前　―雅星―義経の妾。後白河法皇が雨乞いをさせた白拍子から抜擢した。

大姫　　―佑星―頼朝・政子の長女。朝廷入内の話も早世して頼朝を落胆させる。

比企尼　―賢星―頼朝の乳母。頼朝が流罪になった時二十年間仕送りで支えた。

【北条氏】

北条時方―賢星―北条時政の父と言われている。伊豆国の在庁官人。

北条時政―紀星―北条政子の父。頼朝が伊豆国に流されたときの平氏方の監視役。

北条宗時　―泰星―北条時政の嫡男。頼朝が石橋山の戦いに敗れ敗走中に討たれる。
北条義時　―央星―時政の次男。政子の弟。鎌倉幕府第二代執権。源氏の正統を一掃。
北条泰時　―泰星―北条義時の長男。鎌倉幕府第三代執権。合議制、御成敗式目制定。
北条正子　―紀星―頼朝の正妻。父北条時政と共に鎌倉幕府を執権。尼将軍と呼ばれた。

【藤原氏】
藤原清衡　―玲星―奥州藤原氏の祖。平泉中尊寺を造営。奥州藤原氏百年の祖となる。
藤原秀衡　―洋星―奥州藤原氏三代目。出羽国・陸奥国押領使十七万騎。
藤原基成　―妙星―鎮守府将軍在任中、奥州藤原基衡と融和。嫡男秀衡に娘を嫁ぐ。
藤原国衡　―恵星―秀衡の長男。母の身分が低く後継者は泰衡。頼朝軍に討たれる。
藤原泰衡　―智星―秀衡の嫡男。父の遺言に反し頼朝の圧力に屈し義経を討った。

命星表

1932年～2035年

1932年（昭和7年）

12月	11月	10月	9月	8月	7月	6月	5月	4月	3月	2月	1月	
寛	賢	恵	範	英	彩	総	妙	雅	玲	陽	恵	1
雅	玲	和	康	華	智	泰	佑	清	紀	賢	和	2
清	紀	将	旺	博	洋	理	央	妙	寛	玲	将	3
妙	寛	陽	恵	法	洋	彩	総	佑	雅	紀	陽	4
佑	雅	賢	和	範	英	智	泰	央	清	寛	賢	5
央	清	玲	将	康	明	洋	泰	央	妙	雅	玲	6
総	妙	紀	陽	旺	華	英	理	総	妙	清	紀	7
泰	佑	寛	賢	恵	博	明	彩	泰	佑	妙	紀	8
理	央	雅	玲	和	法	華	智	理	央	佑	寛	9
彩	総	清	紀	将	範	博	洋	彩	総	央	雅	10
智	泰	妙	寛	陽	康	法	英	智	泰	総	清	11
洋	理	佑	雅	賢	旺	範	明	洋	理	泰	妙	12
英	彩	央	清	玲	恵	康	華	英	彩	理	佑	13
明	智	総	妙	紀	和	旺	博	明	智	彩	央	14
華	洋	泰	佑	寛	将	恵	法	華	洋	智	総	15
博	英	理	央	雅	陽	和	範	博	英	洋	泰	16
法	明	彩	総	清	賢	将	康	法	明	英	理	17
範	華	智	泰	妙	玲	陽	旺	範	華	明	彩	18
康	博	洋	理	佑	紀	賢	恵	康	博	華	智	19
旺	法	英	彩	央	寛	玲	和	旺	法	博	洋	20
恵	範	明	智	総	雅	紀	将	恵	範	法	英	21
和	康	華	洋	泰	清	寛	陽	和	康	範	明	22
将	旺	博	英	理	妙	雅	賢	将	旺	康	華	23
陽	恵	法	明	彩	佑	清	玲	陽	恵	旺	博	24
賢	和	範	華	智	央	妙	紀	賢	和	恵	法	25
玲	将	康	博	洋	総	佑	寛	玲	将	和	範	26
紀	陽	旺	法	英	泰	央	雅	紀	陽	将	康	27
寛	賢	恵	範	明	理	総	清	寛	賢	陽	旺	28
雅	玲	和	康	華	彩	泰	妙	雅	玲	賢	恵	29
清	紀	将	旺	博	智	理	佑	清	紀		和	30
妙		陽		法	洋		央		寛		将	31

1933年（昭和8年）

12月	11月	10月	9月	8月	7月	6月	5月	4月	3月	2月	1月	
泰	央	雅	玲	恵	範	範	明	洋	理	泰	佑	1
理	総	清	紀	和	康	康	華	英	彩	理	央	2
彩	泰	妙	寛	将	旺	旺	博	明	智	彩	総	3
智	理	佑	雅	陽	恵	恵	法	華	洋	智	泰	4
洋	彩	央	清	賢	和	和	範	博	英	洋	理	5
英	智	総	妙	玲	将	将	康	法	明	英	彩	6
明	洋	泰	佑	紀	陽	陽	旺	範	華	明	智	7
華	英	理	央	寛	賢	賢	恵	康	博	華	洋	8
博	明	彩	総	雅	玲	玲	和	旺	法	博	英	9
法	華	智	泰	清	紀	紀	将	恵	範	法	明	10
範	博	洋	理	妙	寛	寛	陽	和	康	範	華	11
康	法	英	彩	佑	雅	雅	賢	将	旺	康	博	12
旺	範	明	智	央	清	清	玲	陽	恵	旺	法	13
恵	康	華	洋	総	妙	妙	紀	賢	和	恵	範	14
和	旺	博	英	泰	佑	佑	寛	玲	将	和	康	15
将	恵	法	明	理	央	央	雅	紀	陽	将	旺	16
賢	和	範	華	彩	総	総	清	寛	賢	陽	恵	17
玲	和	康	博	智	泰	泰	妙	雅	玲	賢	和	18
紀	将	旺	法	洋	理	理	佑	清	紀	玲	将	19
寛	陽	恵	範	英	彩	彩	央	妙	寛	紀	陽	20
雅	賢	和	康	華	智	智	総	佑	雅	寛	賢	21
清	玲	将	旺	博	洋	洋	泰	央	清	雅	玲	22
妙	紀	陽	恵	法	洋	彩	理	総	妙	清	紀	23
佑	寛	賢	和	範	英	智	彩	泰	佑	妙	寛	24
央	雅	玲	将	康	明	洋	智	泰	央	佑	雅	25
総	清	紀	陽	旺	華	英	洋	理	央	央	雅	26
泰	妙	寛	賢	恵	博	明	英	彩	総	総	清	27
理	佑	雅	玲	和	法	華	明	智	泰	泰	妙	28
彩	央	清	紀	将	範	博	華	洋	理		佑	29
智	総	妙	寛	陽	康	法	博	英	彩		央	30
洋		佑		賢	旺		法		智		総	31

1935年（昭和10年）

12月	11月	10月	9月	8月	7月	6月	5月	4月	3月	2月	1月	
清	紀	将	恵	法	洋	彩	総	妙	紀	紀	将	1
妙	寛	陽	和	範	英	智	泰	佑	寛	寛	陽	2
佑	雅	賢	将	康	明	洋	泰	央	雅	雅	賢	3
央	清	玲	陽	旺	華	英	理	総	清	雅	玲	4
総	妙	紀	賢	恵	博	明	彩	泰	妙	清	紀	5
泰	佑	寛	玲	和	法	華	智	理	佑	妙	寛	6
理	央	雅	紀	将	範	博	洋	彩	央	佑	雅	7
彩	総	清	寛	陽	康	法	英	智	総	央	清	8
智	泰	妙	雅	賢	旺	範	明	洋	泰	総	妙	9
洋	理	佑	清	玲	恵	康	華	英	理	泰	佑	10
英	彩	央	妙	紀	和	旺	博	明	彩	理	央	11
明	智	総	佑	寛	将	恵	法	華	智	彩	総	12
華	洋	泰	央	雅	陽	和	範	博	洋	智	泰	13
博	英	理	総	清	賢	将	康	法	英	洋	理	14
法	明	彩	泰	妙	玲	陽	旺	範	明	英	彩	15
範	華	智	理	佑	紀	賢	恵	康	華	明	智	16
康	博	洋	彩	央	寛	玲	和	旺	博	華	洋	17
旺	法	英	智	総	雅	紀	将	恵	法	博	英	18
恵	範	明	洋	泰	清	寛	陽	和	範	法	明	19
和	康	華	英	理	妙	雅	賢	将	康	範	華	20
将	旺	博	明	彩	佑	清	玲	陽	旺	康	博	21
陽	恵	法	華	智	央	妙	紀	賢	恵	旺	法	22
賢	和	範	博	洋	総	佑	寛	玲	和	恵	範	23
玲	将	康	法	英	泰	央	雅	紀	将	和	康	24
紀	陽	旺	範	明	理	総	清	寛	陽	将	旺	25
紀	賢	恵	康	華	彩	泰	妙	雅	賢	陽	恵	26
寛	玲	和	旺	博	智	理	佑	清	玲	賢	和	27
雅	紀	将	旺	法	洋	彩	央	妙	紀	玲	将	28
清	寛	陽	恵	範	英	智	総	佑	寛		陽	29
妙	雅	賢	和	康	華	洋	泰	央	雅		賢	30
佑		玲		旺	博		理		清		玲	31

1934年（昭和9年）

12月	11月	10月	9月	8月	7月	6月	5月	4月	3月	2月	1月	
康	博	英	彩	佑	雅	紀	将	恵	法	法	英	1
旺	法	明	智	央	清	寛	陽	和	範	範	明	2
恵	範	華	洋	総	妙	雅	賢	将	康	康	華	3
和	康	博	英	泰	佑	清	玲	陽	旺	旺	博	4
将	旺	法	明	理	央	妙	紀	賢	恵	恵	法	5
陽	恵	範	華	彩	総	佑	寛	玲	和	和	範	6
賢	和	康	博	智	泰	央	雅	紀	将	将	康	7
玲	将	旺	法	洋	理	総	清	寛	陽	陽	旺	8
紀	陽	旺	範	英	彩	泰	妙	雅	賢	賢	恵	9
寛	賢	恵	康	華	智	理	佑	清	玲	玲	和	10
雅	玲	和	旺	博	洋	彩	央	妙	紀	紀	将	11
清	紀	将	恵	法	洋	彩	総	佑	寛	寛	陽	12
妙	寛	陽	和	範	英	智	泰	央	雅	雅	賢	13
佑	雅	賢	将	康	明	洋	理	央	清	雅	玲	14
央	清	玲	陽	旺	華	英	彩	総	妙	清	紀	15
総	妙	紀	賢	恵	博	明	智	泰	佑	妙	寛	16
泰	佑	寛	玲	和	法	華	洋	理	央	佑	雅	17
理	央	雅	紀	将	範	博	英	彩	総	央	清	18
彩	総	清	寛	陽	康	法	明	智	泰	総	妙	19
智	泰	妙	雅	賢	旺	範	華	洋	理	泰	佑	20
洋	理	佑	清	玲	恵	康	博	英	彩	理	央	21
英	彩	央	妙	紀	和	旺	法	明	智	彩	総	22
明	智	総	佑	寛	将	恵	範	華	洋	智	泰	23
華	洋	泰	央	雅	陽	和	康	博	英	洋	理	24
博	英	理	総	清	賢	将	旺	法	明	英	彩	25
法	明	彩	泰	妙	玲	陽	恵	範	華	明	智	26
範	華	智	理	佑	紀	賢	和	康	博	華	洋	27
康	博	洋	彩	央	寛	玲	将	旺	法	博	英	28
旺	法	英	智	総	雅	紀	陽	恵	範		明	29
恵	範	明	洋	泰	清	寛	賢	和	康		華	30
和		華		理	妙		玲		旺		博	31

1936年（昭和11年）

12月	11月	10月	9月	8月	7月	6月	5月	4月	3月	2月	1月	
洋	彩	央	清	賢	和	康	博	華	智	彩	央	1
英	智	総	妙	玲	将	旺	法	博	洋	智	総	2
明	洋	泰	佑	紀	陽	恵	範	法	英	洋	泰	3
華	英	理	央	寛	賢	和	康	範	明	英	理	4
博	明	彩	総	雅	玲	将	旺	康	華	明	彩	5
法	華	智	泰	清	紀	陽	恵	旺	博	華	智	6
範	博	洋	理	妙	寛	賢	和	恵	法	博	洋	7
康	法	英	彩	佑	雅	玲	将	和	範	法	英	8
旺	範	明	智	央	清	紀	陽	将	康	範	明	9
恵	康	華	洋	総	妙	寛	賢	陽	旺	康	華	10
和	旺	博	英	泰	佑	雅	玲	賢	恵	旺	博	11
将	恵	法	明	理	央	清	紀	玲	和	恵	法	12
陽	和	範	華	彩	総	妙	寛	紀	将	和	範	13
賢	和	康	博	智	泰	佑	雅	寛	陽	将	康	14
玲	将	旺	法	洋	理	央	清	雅	賢	陽	旺	15
紀	陽	恵	範	英	彩	総	妙	清	玲	賢	恵	16
寛	賢	和	康	華	智	泰	佑	妙	紀	玲	和	17
雅	玲	将	旺	博	洋	理	央	佑	寛	紀	将	18
清	紀	陽	恵	法	洋	彩	総	央	雅	寛	陽	19
妙	寛	賢	和	範	英	智	泰	総	清	雅	賢	20
佑	雅	玲	将	康	明	洋	泰	央	妙	清	玲	21
央	清	紀	陽	旺	華	英	理	総	佑	妙	紀	22
総	妙	寛	賢	恵	博	明	彩	泰	央	妙	寛	23
泰	佑	雅	玲	和	法	華	智	理	総	佑	雅	24
理	央	清	紀	将	範	博	洋	彩	泰	央	清	25
彩	総	妙	寛	陽	康	法	英	智	理	総	妙	26
智	泰	佑	雅	賢	旺	範	明	洋	彩	泰	佑	27
洋	理	央	清	玲	恵	康	華	英	智	理	央	28
英	彩	総	妙	紀	和	旺	博	明	洋	彩	総	29
明	智	泰	佑	寛	将	恵	法	華	英		泰	30
華		理		雅	陽		範		明		理	31

1937年（昭和12年）

12月	11月	10月	9月	8月	7月	6月	5月	4月	3月	2月	1月	
将	恵	法	明	理	佑	清	玲	将	旺	康	博	1
陽	和	範	華	彩	央	妙	紀	陽	恵	旺	法	2
賢	和	康	博	智	総	佑	寛	賢	和	恵	範	3
玲	将	旺	法	洋	泰	央	雅	玲	将	和	康	4
紀	陽	恵	範	英	理	総	清	紀	陽	将	旺	5
寛	賢	和	康	華	彩	泰	妙	寛	賢	陽	恵	6
雅	玲	将	旺	博	智	理	佑	雅	玲	賢	和	7
清	紀	陽	恵	法	洋	彩	央	清	紀	玲	将	8
妙	寛	賢	和	範	英	彩	総	妙	寛	紀	陽	9
佑	雅	玲	将	康	明	智	泰	佑	雅	寛	賢	10
央	清	紀	陽	旺	華	洋	理	央	清	雅	玲	11
総	妙	寛	賢	恵	博	英	彩	総	妙	清	紀	12
泰	佑	雅	玲	和	法	明	智	泰	妙	妙	紀	13
理	央	清	紀	将	範	華	洋	理	佑	佑	寛	14
彩	総	妙	寛	陽	康	博	英	彩	央	央	雅	15
智	泰	佑	雅	賢	旺	法	明	智	総	総	清	16
洋	理	央	清	玲	恵	範	華	洋	泰	泰	妙	17
英	彩	総	妙	紀	和	康	博	英	理	理	佑	18
明	智	泰	佑	寛	将	旺	法	明	彩	彩	央	19
華	洋	理	央	雅	陽	恵	範	華	智	智	総	20
博	英	彩	総	清	賢	和	康	博	洋	洋	泰	21
法	明	智	泰	妙	玲	将	旺	法	英	英	理	22
範	華	洋	理	佑	紀	陽	恵	範	明	明	彩	23
康	博	英	彩	央	寛	賢	和	康	華	華	智	24
旺	法	明	智	総	雅	玲	将	旺	博	博	洋	25
恵	範	華	洋	泰	清	紀	陽	恵	法	法	英	26
和	康	博	英	理	妙	寛	賢	和	範	範	明	27
将	旺	法	明	彩	佑	雅	玲	将	康	康	華	28
陽	恵	範	華	智	央	清	紀	陽	旺		博	29
賢	和	康	博	洋	総	妙	寛	賢	恵		法	30
玲		旺		英	泰		雅		和		範	31

1939年（昭和14年）

12月	11月	10月	9月	8月	7月	6月	5月	4月	3月	2月	1月	
華	洋	理	佑	紀	陽	恵	法	華	洋	洋	泰	1
博	英	彩	央	寛	賢	和	範	博	英	英	理	2
法	明	智	総	雅	玲	将	康	法	明	明	彩	3
範	華	洋	泰	清	紀	陽	旺	範	華	華	智	4
康	博	英	理	妙	寛	賢	恵	康	博	博	洋	5
旺	法	明	彩	佑	雅	玲	和	旺	法	法	英	6
恵	範	華	智	央	清	紀	将	恵	範	範	明	7
和	康	博	洋	総	妙	寛	陽	和	康	康	華	8
将	旺	法	英	泰	佑	雅	賢	将	旺	旺	博	9
陽	恵	範	明	理	央	清	玲	陽	恵	恵	法	10
賢	和	康	華	彩	総	妙	紀	賢	和	和	範	11
玲	将	旺	博	智	泰	佑	寛	玲	将	将	康	12
紀	陽	旺	範	洋	理	央	雅	紀	陽	陽	旺	13
寛	賢	恵	康	英	彩	総	清	寛	賢	賢	恵	14
雅	玲	和	旺	華	智	泰	妙	雅	玲	玲	和	15
清	紀	将	恵	博	洋	理	佑	清	紀	紀	将	16
妙	寛	陽	和	法	洋	彩	央	妙	寛	寛	陽	17
佑	雅	賢	将	範	英	智	総	佑	雅	雅	賢	18
央	清	玲	陽	康	明	洋	泰	央	清	雅	玲	19
総	妙	紀	賢	旺	華	英	理	央	妙	清	紀	20
泰	佑	寛	玲	恵	博	明	彩	総	妙	妙	寛	21
理	央	雅	紀	和	法	華	智	泰	佑	佑	雅	22
彩	総	清	寛	将	範	博	洋	理	央	央	清	23
智	泰	妙	雅	陽	康	法	英	彩	総	総	妙	24
洋	理	佑	清	賢	旺	範	明	智	泰	泰	佑	25
英	彩	央	妙	玲	恵	康	華	洋	理	理	央	26
明	智	総	佑	紀	和	旺	博	英	彩	彩	総	27
華	洋	泰	央	寛	将	恵	法	明	智	智	泰	28
博	英	理	総	雅	陽	和	範	華	洋		理	29
法	明	彩	泰	清	賢	将	康	博	英		彩	30
範		智		妙	玲		旺		明		智	31

1938年（昭和13年）

12月	11月	10月	9月	8月	7月	6月	5月	4月	3月	2月	1月	
妙	雅	賢	和	旺	華	英	理	央	妙	清	紀	1
佑	清	玲	将	恵	博	明	彩	総	妙	妙	紀	2
央	妙	紀	陽	和	法	華	智	泰	佑	佑	寛	3
総	佑	寛	賢	将	範	博	洋	理	央	央	雅	4
泰	央	雅	玲	陽	康	法	英	彩	総	総	清	5
理	総	清	紀	賢	旺	範	明	智	泰	泰	妙	6
彩	泰	妙	寛	玲	恵	康	華	洋	理	理	佑	7
智	理	佑	雅	紀	和	旺	博	英	彩	彩	央	8
洋	彩	央	清	寛	将	恵	法	明	智	智	総	9
英	智	総	妙	雅	陽	和	範	華	洋	洋	泰	10
明	洋	泰	佑	清	賢	将	康	博	英	英	理	11
華	英	理	央	妙	玲	陽	旺	法	明	明	彩	12
博	明	彩	総	佑	紀	賢	恵	範	華	華	智	13
法	華	智	泰	央	寛	玲	和	康	博	博	洋	14
範	博	洋	理	総	雅	紀	将	旺	法	法	英	15
康	法	英	彩	泰	清	寛	陽	恵	範	範	明	16
旺	範	明	智	理	妙	雅	賢	和	康	康	華	17
恵	康	華	洋	彩	佑	清	玲	将	旺	旺	博	18
和	旺	博	英	智	央	妙	紀	陽	恵	恵	法	19
将	恵	法	明	洋	総	佑	寛	賢	和	和	範	20
陽	和	範	華	英	泰	央	雅	玲	将	将	康	21
賢	和	康	博	明	理	総	清	紀	陽	陽	旺	22
玲	将	旺	法	華	彩	泰	妙	寛	賢	賢	恵	23
紀	陽	恵	範	博	智	理	佑	雅	玲	玲	和	24
寛	賢	和	康	華	洋	彩	央	清	紀	紀	将	25
雅	玲	将	旺	博	英	智	総	妙	寛	寛	陽	26
清	紀	陽	恵	法	華	洋	泰	佑	雅	雅	賢	27
妙	寛	賢	和	範	博	洋	理	央	清	清	玲	28
佑	雅	玲	将	康	法	英	彩	総	妙		紀	29
央	清	紀	陽	旺	範	明	智	泰	佑		寛	30
総		寛		恵	康		洋		央		雅	31

1940年（昭和15年）

12月	11月	10月	9月	8月	7月	6月	5月	4月	3月	2月	1月	
紀	将	旺	博	洋	泰	央	雅	紀	陽	将	康	1
寛	陽	恵	範	英	理	総	清	寛	賢	陽	旺	2
雅	賢	和	康	明	彩	泰	妙	雅	玲	賢	恵	3
清	玲	将	旺	華	智	理	佑	清	紀	玲	和	4
妙	紀	陽	恵	博	洋	彩	央	妙	寛	紀	将	5
佑	寛	賢	和	法	英	彩	総	佑	雅	寛	陽	6
央	雅	玲	将	範	明	智	泰	央	清	雅	賢	7
総	清	紀	陽	康	華	洋	理	央	妙	雅	玲	8
泰	妙	寛	賢	旺	博	英	彩	総	妙	清	紀	9
理	佑	雅	玲	恵	法	明	智	泰	佑	妙	寛	10
彩	央	清	紀	和	範	華	洋	理	央	佑	雅	11
智	総	妙	寛	将	康	博	英	彩	総	央	清	12
洋	泰	佑	雅	陽	旺	法	明	智	泰	総	妙	13
英	理	央	清	賢	恵	範	華	洋	理	泰	佑	14
明	彩	総	妙	玲	和	康	博	英	彩	理	央	15
華	智	泰	佑	紀	将	旺	法	明	智	彩	総	16
博	洋	理	央	寛	陽	恵	範	華	洋	智	泰	17
法	英	彩	総	雅	賢	和	康	博	英	洋	理	18
範	明	智	泰	清	玲	将	旺	法	明	英	彩	19
康	華	洋	理	妙	紀	陽	恵	範	華	明	智	20
旺	博	英	彩	佑	寛	賢	和	康	博	華	洋	21
恵	法	明	智	央	雅	玲	将	旺	法	博	英	22
和	範	華	洋	総	清	紀	陽	恵	範	法	明	23
将	康	博	英	泰	妙	寛	賢	和	康	範	華	24
陽	旺	法	明	理	佑	雅	玲	将	旺	康	博	25
賢	恵	範	華	彩	央	清	紀	陽	恵	旺	法	26
玲	和	康	博	智	総	妙	寛	賢	和	恵	範	27
紀	将	旺	法	洋	泰	佑	雅	玲	将	和	康	28
紀	賢	恵	範	英	理	央	清	紀	陽	将	旺	29
寛	玲	和	康	明	彩	総	妙	寛	賢		恵	30
雅		和		華	智		佑		玲		和	31

1941年（昭和16年）

12月	11月	10月	9月	8月	7月	6月	5月	4月	3月	2月	1月	
総	佑	寛	陽	旺	範	博	英	彩	総	総	清	1
泰	央	雅	賢	恵	康	法	明	智	泰	泰	妙	2
理	総	清	玲	和	旺	範	華	洋	理	理	佑	3
彩	泰	妙	紀	将	恵	康	博	英	彩	彩	央	4
智	理	佑	寛	陽	和	旺	法	明	智	智	総	5
洋	彩	央	雅	賢	将	恵	範	華	洋	洋	泰	6
英	智	総	清	玲	陽	和	康	博	英	英	理	7
明	洋	泰	妙	紀	賢	将	旺	法	明	明	彩	8
華	英	理	佑	寛	玲	陽	恵	範	華	華	智	9
博	明	彩	央	雅	紀	賢	和	康	博	博	洋	10
法	華	智	総	清	寛	玲	将	旺	法	法	英	11
範	博	洋	泰	妙	雅	紀	陽	恵	範	範	明	12
康	法	英	理	佑	清	寛	賢	和	康	康	華	13
旺	範	明	彩	央	妙	雅	玲	将	旺	旺	博	14
恵	康	華	智	総	佑	清	紀	陽	恵	恵	法	15
和	旺	博	洋	泰	央	妙	寛	賢	和	和	範	16
将	恵	法	英	理	総	佑	雅	玲	将	将	康	17
賢	和	範	明	彩	泰	央	清	紀	陽	陽	旺	18
玲	和	康	華	智	理	総	妙	寛	賢	賢	恵	19
紀	将	旺	博	洋	彩	泰	佑	雅	玲	玲	和	20
寛	陽	恵	範	英	智	理	央	清	紀	紀	将	21
雅	賢	和	康	明	洋	彩	総	妙	寛	寛	陽	22
清	玲	将	旺	華	英	智	泰	佑	雅	雅	賢	23
妙	紀	陽	恵	博	洋	洋	理	央	清	清	玲	24
佑	寛	賢	和	法	英	洋	彩	総	妙	妙	紀	25
央	雅	玲	将	範	明	英	彩	泰	佑	妙	寛	26
総	清	紀	陽	康	華	明	智	理	央	佑	雅	27
泰	妙	寛	賢	旺	博	華	洋	彩	央	央	清	28
理	佑	雅	玲	恵	法	博	英	智	総		妙	29
彩	央	清	紀	和	範	法	明	洋	泰		佑	30
智		妙		将	康		華		理		央	31

1943年（昭和18年）

12月	11月	10月	9月	8月	7月	6月	5月	4月	3月	2月	1月	
寛	賢	和	康	華	智	理	佑	清	玲	玲	和	1
雅	玲	将	旺	博	洋	彩	央	妙	紀	紀	将	2
清	紀	陽	恵	法	英	彩	総	佑	寛	寛	陽	3
妙	寛	賢	和	範	明	智	泰	央	雅	雅	賢	4
佑	雅	玲	将	康	華	洋	理	央	清	雅	玲	5
央	清	紀	陽	旺	博	英	彩	総	妙	清	紀	6
総	妙	寛	賢	恵	法	明	智	泰	佑	妙	寛	7
泰	佑	雅	玲	和	範	華	洋	理	央	佑	雅	8
理	央	清	紀	将	康	博	英	彩	総	央	清	9
彩	総	妙	寛	陽	旺	法	明	智	泰	総	妙	10
智	泰	佑	雅	賢	恵	範	華	洋	理	泰	佑	11
洋	理	央	清	玲	和	康	博	英	彩	理	央	12
英	彩	総	妙	紀	将	旺	法	明	智	彩	総	13
明	智	泰	佑	寛	陽	恵	範	華	洋	智	泰	14
華	洋	理	央	雅	賢	和	康	博	英	洋	理	15
博	英	彩	総	清	玲	将	旺	法	明	英	彩	16
法	明	智	泰	妙	紀	陽	恵	範	華	明	智	17
範	華	洋	理	佑	寛	賢	和	康	博	華	洋	18
康	博	英	彩	央	雅	玲	将	旺	法	博	英	19
旺	法	明	智	総	清	紀	陽	恵	範	法	明	20
恵	範	華	洋	泰	妙	寛	賢	和	康	範	華	21
和	康	博	英	理	佑	雅	玲	将	旺	康	博	22
将	旺	法	明	彩	央	清	紀	陽	恵	旺	法	23
陽	恵	範	華	智	総	妙	寛	賢	和	恵	範	24
賢	和	康	博	洋	泰	佑	雅	玲	将	和	康	25
玲	将	旺	法	英	理	央	清	紀	陽	将	旺	26
紀	陽	恵	範	明	彩	総	妙	寛	賢	陽	恵	27
寛	賢	和	康	華	智	泰	佑	雅	玲	賢	和	28
雅	玲	和	旺	博	洋	理	央	清	紀		将	29
清	紀	将	恵	法	英	彩	総	妙	寛		陽	30
妙		陽		範	明		泰		雅		賢	31

1942年（昭和17年）

12月	11月	10月	9月	8月	7月	6月	5月	4月	3月	2月	1月	
法	華	智	泰	妙	紀	賢	和	康	博	華	洋	1
範	博	洋	理	佑	寛	玲	将	旺	法	博	英	2
康	法	英	彩	央	雅	紀	陽	恵	範	法	明	3
旺	範	明	智	総	清	寛	賢	和	康	範	華	4
恵	康	華	洋	泰	妙	雅	玲	将	旺	康	博	5
和	旺	博	英	理	佑	清	紀	陽	恵	旺	法	6
将	恵	法	明	彩	央	妙	寛	賢	和	恵	範	7
賢	和	範	華	智	総	佑	雅	玲	将	和	康	8
玲	和	康	博	洋	泰	央	清	紀	陽	将	旺	9
紀	将	旺	法	英	理	総	妙	寛	賢	陽	恵	10
寛	陽	恵	範	明	彩	泰	佑	雅	玲	賢	和	11
雅	賢	和	康	華	智	理	央	清	紀	玲	将	12
清	玲	将	旺	博	洋	彩	総	妙	寛	紀	陽	13
妙	紀	陽	恵	法	英	彩	泰	佑	雅	寛	賢	14
佑	寛	賢	和	範	明	智	泰	央	清	雅	玲	15
央	雅	玲	将	康	華	洋	理	総	妙	清	紀	16
総	清	紀	陽	旺	博	英	彩	泰	妙	妙	紀	17
泰	妙	寛	賢	恵	法	明	智	理	佑	佑	寛	18
理	佑	雅	玲	和	範	華	洋	彩	央	央	雅	19
彩	央	清	紀	将	康	博	英	智	総	総	清	20
智	総	妙	寛	陽	旺	法	明	洋	泰	泰	妙	21
洋	泰	佑	雅	賢	恵	範	華	英	理	理	佑	22
英	理	央	清	玲	和	康	博	明	彩	彩	央	23
明	彩	総	妙	紀	将	旺	法	華	智	智	総	24
華	智	泰	佑	寛	陽	恵	範	博	洋	洋	泰	25
博	洋	理	央	雅	賢	和	康	法	英	英	理	26
法	英	彩	総	清	玲	将	旺	範	明	明	彩	27
範	明	智	泰	妙	紀	陽	恵	康	華	華	智	28
康	華	洋	理	佑	寛	賢	和	旺	博		洋	29
旺	博	英	彩	央	雅	玲	将	恵	法		英	30
恵		明		総	清		陽		範		明	31

1945年（昭和20年）

12月	11月	10月	9月	8月	7月	6月	5月	4月	3月	2月	1月	
恵	康	博	洋	泰	妙	寛	賢	和	範	範	華	1
和	旺	法	英	理	佑	雅	玲	将	康	康	博	2
将	恵	範	明	彩	央	清	紀	陽	旺	旺	法	3
陽	和	康	華	智	総	妙	寛	賢	恵	恵	範	4
賢	和	旺	博	洋	泰	佑	雅	玲	和	和	康	5
玲	将	旺	範	英	理	央	清	紀	将	将	旺	6
紀	陽	恵	康	明	彩	総	妙	寛	陽	陽	恵	7
寛	賢	和	旺	華	智	泰	佑	雅	賢	賢	和	8
雅	玲	将	恵	博	洋	理	央	清	玲	玲	将	9
清	紀	陽	和	法	英	彩	総	妙	紀	紀	陽	10
妙	寛	賢	将	範	明	智	泰	佑	寛	寛	賢	11
佑	雅	玲	陽	康	華	洋	泰	央	雅	雅	玲	12
央	清	紀	賢	旺	博	英	理	総	清	雅	紀	13
総	妙	寛	玲	恵	法	明	彩	泰	妙	清	紀	14
泰	佑	雅	紀	和	範	華	智	理	佑	妙	寛	15
理	央	清	寛	将	康	博	洋	彩	央	佑	雅	16
彩	総	妙	雅	陽	旺	法	英	智	総	央	清	17
智	泰	佑	清	賢	恵	範	明	洋	泰	総	妙	18
洋	理	央	妙	玲	和	康	華	英	理	泰	佑	19
英	彩	総	佑	紀	将	旺	博	明	彩	理	央	20
明	智	泰	央	寛	陽	恵	法	華	智	彩	総	21
華	洋	理	総	雅	賢	和	範	博	洋	智	泰	22
博	英	彩	泰	清	玲	将	康	法	英	洋	理	23
法	明	智	理	妙	紀	陽	旺	範	明	英	彩	24
範	華	洋	彩	佑	寛	賢	恵	康	華	明	智	25
康	博	英	智	央	雅	玲	和	旺	博	華	洋	26
旺	法	明	洋	総	清	紀	将	恵	法	博	英	27
恵	範	華	英	泰	妙	寛	陽	和	範	法	明	28
和	康	博	明	理	佑	雅	賢	将	康		華	29
将	旺	法	華	彩	央	清	玲	陽	旺		博	30
陽		範		智	総		紀		恵		法	31

1944年（昭和19年）

12月	11月	10月	9月	8月	7月	6月	5月	4月	3月	2月	1月	
彩	泰	佑	寛	陽	旺	範	博	明	彩	泰	佑	1
智	理	央	雅	賢	恵	康	法	華	智	理	央	2
洋	彩	総	清	玲	和	旺	範	博	洋	彩	総	3
英	智	泰	妙	紀	将	恵	康	法	英	智	泰	4
明	洋	理	佑	寛	陽	和	旺	範	明	洋	理	5
華	英	彩	央	雅	賢	将	恵	康	華	英	彩	6
博	明	智	総	清	玲	陽	和	旺	博	明	智	7
法	華	洋	泰	妙	紀	賢	将	恵	法	華	洋	8
範	博	英	理	佑	寛	玲	陽	和	範	博	英	9
康	法	明	彩	央	雅	紀	賢	将	康	法	明	10
旺	範	華	智	総	清	寛	玲	陽	旺	範	華	11
恵	康	博	洋	泰	妙	雅	紀	賢	恵	康	博	12
和	旺	法	英	理	佑	清	寛	玲	和	旺	法	13
将	恵	範	明	彩	央	妙	雅	紀	将	恵	範	14
賢	和	康	華	智	総	佑	清	寛	陽	和	康	15
玲	和	旺	博	洋	泰	央	妙	雅	賢	将	旺	16
紀	将	旺	範	英	理	総	佑	清	玲	陽	恵	17
寛	陽	恵	康	明	彩	泰	央	妙	紀	賢	和	18
雅	賢	和	旺	華	智	理	総	佑	寛	玲	将	19
清	玲	将	恵	博	洋	彩	泰	央	雅	紀	陽	20
妙	紀	陽	和	法	英	彩	理	総	清	寛	賢	21
佑	寛	賢	将	範	明	智	泰	泰	妙	雅	玲	22
央	雅	玲	陽	康	華	洋	理	泰	佑	清	紀	23
総	清	紀	賢	旺	博	英	彩	理	央	妙	寛	24
泰	妙	寛	玲	恵	法	明	智	彩	総	佑	雅	25
理	佑	雅	紀	和	範	華	洋	智	泰	央	雅	26
彩	央	清	寛	将	康	博	英	洋	理	総	清	27
智	総	妙	雅	陽	旺	法	明	英	彩	泰	妙	28
洋	泰	佑	清	賢	恵	範	華	明	智	理	佑	29
英	理	央	妙	玲	和	康	博	華	洋		央	30
明		総		紀	将		法		英		総	31

1947年（昭和22年）

12月	11月	10月	9月	8月	7月	6月	5月	4月	3月	2月	1月	
英	智	総	妙	玲	和	旺	博	英	洋	洋	理	1
明	洋	泰	佑	紀	将	恵	法	明	英	英	彩	2
華	英	理	央	寛	陽	和	範	華	明	明	智	3
博	明	彩	総	雅	賢	将	康	博	華	華	洋	4
法	華	智	泰	清	玲	陽	旺	法	博	博	英	5
範	博	洋	理	妙	紀	賢	恵	範	法	法	明	6
康	法	英	彩	佑	寛	玲	和	康	範	範	華	7
旺	範	明	智	央	雅	紀	将	旺	康	康	博	8
恵	康	華	洋	総	清	寛	陽	恵	旺	旺	法	9
和	旺	博	英	泰	妙	雅	賢	和	恵	恵	範	10
将	恵	法	明	理	佑	清	玲	将	和	和	康	11
賢	和	範	華	彩	央	妙	紀	陽	将	将	旺	12
玲	和	康	博	智	総	佑	寛	賢	陽	陽	恵	13
紀	将	旺	法	洋	泰	央	雅	玲	賢	賢	和	14
寛	陽	恵	範	英	理	総	清	紀	玲	玲	将	15
雅	賢	和	康	華	彩	泰	妙	寛	紀	紀	陽	16
清	玲	将	旺	博	智	理	佑	雅	寛	寛	賢	17
妙	紀	陽	恵	法	洋	彩	央	清	雅	雅	玲	18
佑	寛	賢	和	範	英	彩	総	妙	清	清	紀	19
央	雅	玲	将	康	明	智	泰	佑	妙	妙	寛	20
総	清	紀	陽	旺	華	洋	理	央	佑	妙	雅	21
泰	妙	寛	賢	恵	博	英	彩	総	央	佑	雅	22
理	佑	雅	玲	和	法	明	智	泰	妙	央	清	23
彩	央	清	紀	将	範	華	洋	理	佑	総	妙	24
智	総	妙	寛	陽	康	博	英	彩	央	泰	佑	25
洋	泰	佑	雅	賢	旺	法	明	智	総	理	央	26
英	理	央	清	玲	恵	範	華	洋	泰	彩	総	27
明	彩	総	妙	紀	和	康	博	英	理	智	泰	28
華	智	泰	佑	寛	将	旺	法	明	彩		理	29
博	洋	理	央	雅	陽	恵	範	華	智		彩	30
法		彩		清	賢		康		洋		智	31

1946年（昭和21年）

12月	11月	10月	9月	8月	7月	6月	5月	4月	3月	2月	1月	
佑	雅	玲	将	康	明	智	泰	佑	雅	雅	賢	1
央	清	紀	陽	旺	華	洋	理	央	清	雅	玲	2
総	妙	寛	賢	恵	博	英	彩	総	妙	清	紀	3
泰	佑	雅	玲	和	法	明	智	泰	妙	妙	寛	4
理	央	清	紀	将	範	華	洋	理	佑	佑	雅	5
彩	総	妙	寛	陽	康	博	英	彩	央	央	清	6
智	泰	佑	雅	賢	旺	法	明	智	総	総	妙	7
洋	理	央	清	玲	恵	範	華	洋	泰	泰	佑	8
英	彩	総	妙	紀	和	康	博	英	理	理	央	9
明	智	泰	佑	寛	将	旺	法	明	彩	彩	総	10
華	洋	理	央	雅	陽	恵	範	華	智	智	泰	11
博	英	彩	総	清	賢	和	康	博	洋	洋	理	12
法	明	智	泰	妙	玲	将	旺	法	英	英	彩	13
範	華	洋	理	佑	紀	陽	恵	範	明	明	智	14
康	博	英	彩	央	寛	賢	和	康	華	華	洋	15
旺	法	明	智	総	雅	玲	将	旺	博	博	英	16
恵	範	華	洋	泰	清	紀	陽	恵	法	法	明	17
和	康	博	英	理	妙	寛	賢	和	範	範	華	18
将	旺	法	明	彩	佑	雅	玲	将	康	康	博	19
陽	恵	範	華	智	央	清	紀	陽	旺	旺	法	20
賢	和	康	博	洋	総	妙	寛	賢	恵	恵	範	21
玲	将	旺	法	英	泰	佑	雅	玲	和	和	康	22
紀	陽	恵	範	明	理	央	清	紀	将	将	旺	23
寛	賢	和	康	華	彩	総	妙	寛	陽	陽	恵	24
雅	玲	和	旺	博	智	泰	佑	雅	賢	賢	和	25
清	紀	将	恵	法	洋	理	央	清	玲	玲	将	26
妙	寛	陽	和	範	英	彩	総	妙	紀	紀	陽	27
佑	雅	賢	将	康	華	智	泰	佑	寛	寛	賢	28
央	清	玲	陽	旺	博	洋	理	央	雅		玲	29
総	妙	紀	賢	恵	法	英	彩	総	清		紀	30
泰		寛		和	範		彩		妙		寛	31

1949年（昭和24年）

12月	11月	10月	9月	8月	7月	6月	5月	4月	3月	2月	1月	
央	清	紀	将	恵	法	明	智	泰	佑	佑	雅	1
総	妙	寛	陽	和	範	華	洋	理	央	央	清	2
泰	佑	雅	賢	将	康	博	英	彩	総	総	妙	3
理	央	清	玲	陽	旺	法	明	智	泰	泰	佑	4
彩	総	妙	紀	賢	恵	範	華	洋	理	理	央	5
智	泰	佑	寛	玲	和	康	博	英	彩	彩	総	6
洋	理	央	雅	紀	将	旺	法	明	智	智	泰	7
英	彩	総	清	寛	陽	恵	範	華	洋	洋	理	8
明	智	泰	妙	雅	賢	和	康	博	英	英	彩	9
華	洋	理	佑	清	玲	将	旺	法	明	明	智	10
博	英	彩	央	妙	紀	陽	恵	範	華	華	洋	11
法	明	智	総	佑	寛	賢	和	康	博	博	英	12
範	華	洋	泰	央	雅	玲	将	旺	法	法	明	13
康	博	英	理	総	清	紀	陽	恵	範	範	華	14
旺	法	明	彩	泰	妙	寛	賢	和	康	康	博	15
恵	範	華	智	理	佑	雅	玲	将	旺	旺	法	16
和	康	博	洋	彩	央	清	紀	陽	恵	恵	範	17
将	旺	法	英	智	総	妙	寛	賢	和	和	康	18
陽	恵	範	明	洋	泰	佑	雅	玲	将	将	旺	19
賢	和	康	華	英	理	央	清	紀	陽	陽	恵	20
玲	将	旺	博	明	彩	総	妙	寛	賢	賢	和	21
紀	陽	旺	範	華	智	泰	佑	雅	玲	玲	将	22
寛	賢	恵	康	博	洋	理	央	清	紀	紀	陽	23
雅	玲	和	旺	華	英	彩	総	妙	寛	寛	賢	24
清	紀	将	恵	博	明	智	泰	佑	雅	雅	玲	25
妙	寛	陽	和	法	華	洋	理	央	清	清	紀	26
佑	雅	賢	将	範	博	英	彩	総	妙	妙	寛	27
央	清	玲	陽	康	法	明	彩	泰	佑	妙	雅	28
総	妙	紀	賢	旺	範	華	智	理	央		雅	29
泰	佑	寛	玲	恵	康	博	洋	彩	央		清	30
理		雅		和	旺		英		総		妙	31

1948年（昭和23年）

12月	11月	10月	9月	8月	7月	6月	5月	4月	3月	2月	1月	
賢	和	康	華	彩	総	妙	寛	賢	和	恵	範	1
玲	将	旺	博	智	泰	佑	雅	玲	将	和	康	2
紀	陽	旺	範	洋	理	央	清	紀	陽	将	旺	3
寛	賢	恵	康	英	彩	総	妙	寛	賢	陽	恵	4
雅	玲	和	旺	華	智	泰	佑	雅	玲	賢	和	5
清	紀	将	恵	博	洋	理	央	清	紀	玲	将	6
妙	寛	陽	和	法	洋	彩	総	妙	寛	紀	陽	7
佑	雅	賢	将	範	英	智	泰	佑	雅	寛	賢	8
央	清	玲	陽	康	明	洋	泰	央	清	雅	玲	9
総	妙	紀	賢	旺	華	英	理	総	妙	雅	紀	10
泰	佑	寛	玲	恵	博	明	彩	泰	妙	清	紀	11
理	央	雅	紀	和	法	華	智	理	佑	妙	寛	12
彩	総	清	寛	将	範	博	洋	彩	央	佑	雅	13
智	泰	妙	雅	陽	康	法	英	智	総	央	清	14
洋	理	佑	清	賢	旺	範	明	洋	泰	総	妙	15
英	彩	央	妙	玲	恵	康	華	英	理	泰	佑	16
明	智	総	佑	紀	和	旺	博	明	彩	理	央	17
華	洋	泰	央	寛	将	恵	法	華	智	彩	総	18
博	英	理	総	雅	陽	和	範	博	洋	智	泰	19
法	明	彩	泰	清	賢	将	康	法	英	洋	理	20
範	華	智	理	妙	玲	陽	旺	範	明	英	彩	21
康	博	洋	彩	佑	紀	賢	恵	康	華	明	智	22
旺	法	英	智	央	寛	玲	和	旺	博	華	洋	23
恵	範	明	洋	総	雅	紀	将	恵	法	博	英	24
和	康	華	英	泰	清	寛	陽	和	範	法	明	25
将	旺	博	明	理	妙	雅	賢	将	康	範	華	26
陽	恵	法	華	彩	佑	清	玲	陽	旺	康	博	27
賢	和	範	博	智	央	妙	紀	賢	恵	旺	法	28
玲	将	康	法	洋	総	佑	寛	玲	和	恵	範	29
紀	陽	旺	範	英	泰	央	雅	紀	将		康	30
寛		恵		明	理		清		陽		旺	31

1951年（昭和26年）

12月	11月	10月	9月	8月	7月	6月	5月	4月	3月	2月	1月	
紀	陽	旺	範	英	理	総	妙	寛	賢	陽	恵	1
寛	賢	恵	康	明	彩	泰	佑	雅	玲	賢	和	2
雅	玲	和	旺	華	智	理	央	清	紀	玲	将	3
清	紀	将	恵	博	洋	彩	総	妙	寛	紀	陽	4
妙	寛	陽	和	法	英	彩	泰	佑	雅	寛	賢	5
佑	雅	賢	将	範	明	智	泰	央	清	雅	玲	6
央	清	玲	陽	康	華	洋	理	総	妙	清	紀	7
総	妙	紀	賢	旺	博	英	彩	泰	妙	妙	紀	8
泰	佑	寛	玲	恵	法	明	智	理	佑	佑	寛	9
理	央	雅	紀	和	範	華	洋	彩	央	央	雅	10
彩	総	清	寛	将	康	博	英	智	総	総	清	11
智	泰	妙	雅	陽	旺	法	明	洋	泰	泰	妙	12
洋	理	佑	清	賢	恵	範	華	英	理	理	佑	13
英	彩	央	妙	玲	和	康	博	明	彩	彩	央	14
明	智	総	佑	紀	将	旺	法	華	智	智	総	15
華	洋	泰	央	寛	陽	恵	範	博	洋	洋	泰	16
博	英	理	総	雅	賢	和	康	法	英	英	理	17
法	明	彩	泰	清	玲	将	旺	範	明	明	彩	18
範	華	智	理	妙	紀	陽	恵	康	華	華	智	19
康	博	洋	彩	佑	寛	賢	和	旺	博	博	洋	20
旺	法	英	智	央	雅	玲	将	恵	法	法	英	21
恵	範	明	洋	総	清	紀	陽	和	範	範	明	22
和	康	華	英	泰	妙	寛	賢	将	康	康	華	23
将	旺	博	明	理	佑	雅	玲	陽	旺	旺	博	24
陽	恵	法	華	彩	央	清	紀	賢	恵	恵	法	25
賢	和	範	博	智	総	妙	寛	玲	和	和	範	26
玲	将	康	法	洋	泰	佑	雅	紀	将	将	康	27
紀	陽	旺	範	英	理	央	清	寛	陽	陽	旺	28
寛	賢	恵	康	明	彩	総	妙	雅	賢		恵	29
雅	玲	和	旺	華	智	泰	佑	清	玲		和	30
清		将		博	洋		央		紀		将	31

1950年（昭和25年）

12月	11月	10月	9月	8月	7月	6月	5月	4月	3月	2月	1月	
博	明	彩	央	雅	賢	将	旺	法	明	明	彩	1
法	華	智	総	清	玲	陽	恵	範	華	華	智	2
範	博	洋	泰	妙	紀	賢	和	康	博	博	洋	3
康	法	英	理	佑	寛	玲	将	旺	法	法	英	4
旺	範	明	彩	央	雅	紀	陽	恵	範	範	明	5
恵	康	華	智	総	清	寛	賢	和	康	康	華	6
和	旺	博	洋	泰	妙	雅	玲	将	旺	旺	博	7
将	恵	法	英	理	佑	清	紀	陽	恵	恵	法	8
賢	和	範	明	彩	央	妙	寛	賢	和	和	範	9
玲	和	康	華	智	総	佑	雅	玲	将	将	康	10
紀	将	旺	博	洋	泰	央	清	紀	陽	陽	旺	11
寛	陽	恵	範	英	理	総	妙	寛	賢	賢	恵	12
雅	賢	和	康	明	彩	泰	佑	雅	玲	玲	和	13
清	玲	将	旺	華	智	理	央	清	紀	紀	将	14
妙	紀	陽	恵	博	洋	彩	総	妙	寛	寛	陽	15
佑	寛	賢	和	法	英	彩	泰	佑	雅	雅	賢	16
央	雅	玲	将	範	明	智	泰	央	清	雅	玲	17
総	清	紀	陽	康	華	洋	理	総	妙	清	紀	18
泰	妙	寛	賢	旺	博	英	彩	泰	妙	妙	寛	19
理	佑	雅	玲	恵	法	明	智	理	佑	佑	雅	20
彩	央	清	紀	和	範	華	洋	彩	央	央	清	21
智	総	妙	寛	将	康	博	英	智	総	総	妙	22
洋	泰	佑	雅	陽	旺	法	明	洋	泰	泰	佑	23
英	理	央	清	賢	恵	範	華	英	理	理	央	24
明	彩	総	妙	玲	和	康	博	明	彩	彩	総	25
華	智	泰	佑	紀	将	旺	法	華	智	智	泰	26
博	洋	理	央	寛	陽	恵	範	博	洋	洋	理	27
法	英	彩	総	雅	賢	和	康	法	英	英	彩	28
範	明	智	泰	清	玲	将	旺	範	明		智	29
康	華	洋	理	妙	紀	陽	恵	康	華		洋	30
旺		英		佑	寛		和		博		英	31

1953年（昭和28年）

12月	11月	10月	9月	8月	7月	6月	5月	4月	3月	2月	1月	
康	法	明	彩	央	清	紀	将	恵	法	法	英	1
旺	範	華	智	総	妙	寛	陽	和	範	範	明	2
恵	康	博	洋	泰	佑	雅	賢	将	康	康	華	3
和	旺	法	英	理	央	清	玲	陽	旺	旺	博	4
将	恵	範	明	彩	総	妙	紀	賢	恵	恵	法	5
賢	和	康	華	智	泰	佑	寛	玲	和	和	範	6
玲	和	旺	博	洋	理	央	雅	紀	将	将	康	7
紀	将	旺	範	英	彩	総	清	寛	陽	陽	旺	8
寛	陽	恵	康	明	智	泰	妙	雅	賢	賢	恵	9
雅	賢	和	旺	華	洋	理	佑	清	玲	玲	和	10
清	玲	将	恵	博	洋	彩	央	妙	紀	紀	将	11
妙	紀	陽	和	法	英	智	総	佑	寛	寛	陽	12
佑	寛	賢	将	範	明	洋	泰	央	雅	雅	賢	13
央	雅	玲	陽	康	華	英	理	央	清	雅	玲	14
総	清	紀	賢	旺	博	明	彩	総	妙	清	紀	15
泰	妙	寛	玲	恵	法	華	智	泰	佑	妙	寛	16
理	佑	雅	紀	和	範	博	洋	理	央	佑	雅	17
彩	央	清	寛	将	康	法	英	彩	総	央	清	18
智	総	妙	雅	陽	旺	範	明	智	泰	総	妙	19
洋	泰	佑	清	賢	恵	康	華	洋	理	泰	佑	20
英	理	央	妙	玲	和	旺	博	英	彩	理	央	21
明	彩	総	佑	紀	将	恵	法	明	智	彩	総	22
華	智	泰	央	寛	陽	和	範	華	洋	智	泰	23
博	洋	理	総	雅	賢	将	康	博	英	洋	理	24
法	英	彩	泰	清	玲	陽	旺	法	明	英	彩	25
範	明	智	理	妙	紀	賢	恵	範	華	明	智	26
康	華	洋	彩	佑	寛	玲	和	康	博	華	洋	27
旺	博	英	智	央	雅	紀	将	旺	法	博	英	28
恵	法	明	洋	総	清	寛	陽	恵	範		明	29
和	範	華	英	泰	妙	雅	賢	和	康		華	30
将		博		理	佑		玲		旺		博	31

1952年（昭和27年）

12月	11月	10月	9月	8月	7月	6月	5月	4月	3月	2月	1月	
理	央	清	玲	和	康	範	華	洋	理	総	妙	1
彩	総	妙	紀	将	旺	康	博	英	彩	泰	佑	2
智	泰	佑	寛	陽	恵	旺	法	明	智	理	央	3
洋	理	央	雅	賢	和	恵	範	華	洋	彩	総	4
英	彩	総	清	玲	将	和	康	博	英	智	泰	5
明	智	泰	妙	紀	陽	将	旺	法	明	洋	理	6
華	洋	理	佑	寛	賢	陽	恵	範	華	英	彩	7
博	英	彩	央	雅	玲	賢	和	康	博	明	智	8
法	明	智	総	清	紀	玲	将	旺	法	華	洋	9
範	華	洋	泰	妙	寛	紀	陽	恵	範	博	英	10
康	博	英	理	佑	雅	寛	賢	和	康	法	明	11
旺	法	明	彩	央	清	雅	玲	将	旺	範	華	12
恵	範	華	智	総	妙	清	紀	陽	恵	康	博	13
和	康	博	洋	泰	佑	妙	寛	賢	和	旺	法	14
将	旺	法	英	理	央	佑	雅	玲	将	恵	範	15
陽	恵	範	明	彩	総	央	清	紀	陽	和	康	16
賢	和	康	華	智	泰	総	妙	寛	賢	将	旺	17
玲	将	旺	博	洋	理	泰	佑	雅	玲	陽	恵	18
紀	陽	旺	範	英	彩	理	央	清	紀	賢	和	19
寛	賢	恵	康	明	智	彩	総	妙	寛	玲	将	20
雅	玲	和	旺	華	洋	智	泰	佑	雅	紀	陽	21
清	紀	将	恵	博	洋	彩	理	央	清	寛	賢	22
妙	寛	陽	和	法	英	智	彩	総	妙	雅	玲	23
佑	雅	賢	将	範	明	洋	彩	泰	佑	清	紀	24
央	清	玲	陽	康	華	英	智	理	央	妙	寛	25
総	妙	紀	賢	旺	博	明	洋	彩	央	佑	雅	26
泰	佑	寛	玲	恵	法	華	英	智	総	央	雅	27
理	央	雅	紀	和	範	博	明	洋	泰	総	清	28
彩	総	清	寛	将	康	法	華	英	理	泰	妙	29
智	泰	妙	雅	陽	旺	範	博	明	彩		佑	30
洋		佑		賢	恵		法		智		央	31

1955年（昭和30年）

12月	11月	10月	9月	8月	7月	6月	5月	4月	3月	2月	1月	
洋	理	央	雅	賢	恵	範	華	明	彩	彩	総	1
英	彩	総	清	玲	和	康	博	華	智	智	泰	2
明	智	泰	妙	紀	将	旺	法	博	洋	洋	理	3
華	洋	理	佑	寛	陽	恵	範	法	英	英	彩	4
博	英	彩	央	雅	賢	和	康	範	明	明	智	5
法	明	智	総	清	玲	将	旺	康	華	華	洋	6
範	華	洋	泰	妙	紀	陽	恵	旺	博	博	英	7
康	博	英	理	佑	寛	賢	和	恵	法	法	明	8
旺	法	明	彩	央	雅	玲	将	和	範	範	華	9
恵	範	華	智	総	清	紀	陽	将	康	康	博	10
和	康	博	洋	泰	妙	寛	賢	陽	旺	旺	法	11
将	旺	法	英	理	佑	雅	玲	賢	恵	恵	範	12
陽	恵	範	明	彩	央	清	紀	玲	和	和	康	13
賢	和	康	華	智	総	妙	寛	紀	将	将	旺	14
玲	将	旺	博	洋	泰	佑	雅	寛	陽	陽	恵	15
紀	陽	旺	範	英	理	央	清	雅	賢	賢	和	16
寛	賢	恵	康	明	彩	総	妙	清	玲	玲	将	17
雅	玲	和	旺	華	智	泰	佑	妙	紀	紀	陽	18
清	紀	将	恵	博	洋	理	央	佑	寛	寛	賢	19
妙	寛	陽	和	法	英	彩	総	央	雅	雅	玲	20
佑	雅	賢	将	範	明	智	泰	総	清	清	紀	21
央	清	玲	陽	康	華	洋	泰	央	妙	妙	寛	22
総	妙	紀	賢	旺	博	英	理	総	佑	妙	雅	23
泰	佑	寛	玲	恵	法	明	彩	泰	央	佑	雅	24
理	央	雅	紀	和	範	華	智	理	総	央	清	25
彩	総	清	寛	将	康	博	洋	彩	泰	総	妙	26
智	泰	妙	雅	陽	旺	法	英	智	理	泰	佑	27
洋	理	佑	清	賢	恵	範	明	洋	彩	理	央	28
英	彩	央	妙	玲	和	康	華	英	智		総	29
明	智	総	佑	紀	将	旺	博	明	洋		泰	30
華		泰		寛	陽		法		英		理	31

1954年（昭和29年）

12月	11月	10月	9月	8月	7月	6月	5月	4月	3月	2月	1月	
妙	紀	陽	和	法	英	彩	総	妙	紀	紀	陽	1
佑	寛	賢	将	範	明	智	泰	佑	寛	寛	賢	2
央	雅	玲	陽	康	華	洋	泰	央	雅	雅	玲	3
総	清	紀	賢	旺	博	英	理	総	清	雅	紀	4
泰	妙	寛	玲	恵	法	明	彩	泰	妙	清	紀	5
理	佑	雅	紀	和	範	華	智	理	佑	妙	寛	6
彩	央	清	寛	将	康	博	洋	彩	央	佑	雅	7
智	総	妙	雅	陽	旺	法	英	智	総	央	清	8
洋	泰	佑	清	賢	恵	範	明	洋	泰	総	妙	9
英	理	央	妙	玲	和	康	華	英	理	泰	佑	10
明	彩	総	佑	紀	将	旺	博	明	彩	理	央	11
華	智	泰	央	寛	陽	恵	法	華	智	彩	総	12
博	洋	理	総	雅	賢	和	範	博	洋	智	泰	13
法	英	彩	泰	清	玲	将	康	法	英	洋	理	14
範	明	智	理	妙	紀	陽	旺	範	明	英	彩	15
康	華	洋	彩	佑	寛	賢	恵	康	華	明	智	16
旺	博	英	智	央	雅	玲	和	旺	博	華	洋	17
恵	法	明	洋	総	清	紀	将	恵	法	博	英	18
和	範	華	英	泰	妙	寛	陽	和	範	法	明	19
将	康	博	明	理	佑	雅	賢	将	康	範	華	20
陽	旺	法	華	彩	央	清	玲	陽	旺	康	博	21
賢	恵	範	博	智	総	妙	紀	賢	恵	旺	法	22
玲	和	康	法	洋	泰	佑	寛	玲	和	恵	範	23
紀	将	旺	範	英	理	央	雅	紀	将	和	康	24
紀	賢	恵	康	明	彩	総	清	寛	陽	将	旺	25
寛	玲	和	旺	華	智	泰	妙	雅	賢	陽	恵	26
雅	紀	和	旺	博	洋	理	佑	清	玲	賢	和	27
清	寛	将	恵	範	英	彩	央	妙	紀	玲	将	28
妙	雅	陽	和	康	明	智	総	佑	寛		陽	29
佑	清	賢	将	旺	華	洋	泰	央	雅		賢	30
央		玲		恵	博		理		清		玲	31

1957年（昭和32年）

12月	11月	10月	9月	8月	7月	6月	5月	4月	3月	2月	1月	
妙	雅	賢	賢	旺	華	英	理	総	妙	清	紀	1
佑	清	玲	玲	恵	博	明	彩	泰	妙	妙	寛	2
央	妙	紀	紀	和	法	華	智	理	佑	佑	雅	3
総	佑	寛	寛	将	範	博	洋	彩	央	央	清	4
泰	央	雅	雅	陽	康	法	英	智	総	総	妙	5
理	総	清	清	賢	旺	範	明	洋	泰	泰	佑	6
彩	泰	妙	妙	玲	恵	康	華	英	理	理	央	7
智	理	佑	佑	紀	和	旺	博	明	彩	彩	総	8
洋	彩	央	央	寛	将	恵	法	華	智	智	泰	9
英	智	総	総	雅	陽	和	範	博	洋	洋	理	10
明	洋	泰	泰	清	賢	将	康	法	英	英	彩	11
華	英	理	理	妙	玲	陽	旺	範	明	明	智	12
博	明	彩	彩	佑	紀	賢	恵	康	華	華	洋	13
法	華	智	智	央	寛	玲	和	旺	博	博	英	14
範	博	洋	洋	総	雅	紀	将	恵	法	法	明	15
康	法	英	英	泰	清	寛	陽	和	範	範	華	16
旺	範	明	明	理	妙	雅	賢	将	康	康	博	17
恵	康	華	華	彩	佑	清	玲	陽	旺	旺	法	18
和	旺	博	博	智	央	妙	紀	賢	恵	恵	範	19
将	恵	法	法	洋	総	佑	寛	玲	和	和	康	20
賢	和	範	範	英	泰	央	雅	紀	将	将	旺	21
玲	和	康	康	明	理	総	清	寛	陽	陽	恵	22
紀	将	旺	旺	華	彩	泰	妙	雅	賢	賢	和	23
寛	陽	恵	範	博	智	理	佑	清	玲	玲	将	24
雅	賢	和	康	範	洋	彩	央	妙	紀	紀	陽	25
清	玲	将	旺	康	英	智	総	佑	寛	寛	賢	26
妙	紀	陽	恵	旺	華	洋	泰	央	雅	雅	玲	27
佑	寛	賢	和	恵	博	洋	理	総	清	清	紀	28
央	雅	玲	将	和	法	英	彩	泰	妙		寛	29
総	清	紀	陽	将	範	明	智	泰	佑		雅	30
泰		寛		陽	康		洋		央		雅	31

1956年（昭和31年）

12月	11月	10月	9月	8月	7月	6月	5月	4月	3月	2月	1月	
将	恵	法	明	理	佑	清	玲	陽	旺	康	博	1
賢	和	範	華	彩	央	妙	紀	賢	恵	旺	法	2
玲	和	康	博	智	総	佑	寛	玲	和	恵	範	3
紀	将	旺	法	洋	泰	央	雅	紀	将	和	康	4
寛	陽	恵	範	英	理	総	清	寛	陽	将	旺	5
雅	賢	和	康	華	彩	泰	妙	雅	賢	陽	恵	6
清	玲	将	旺	博	智	理	佑	清	玲	賢	和	7
妙	紀	陽	恵	法	洋	彩	央	妙	紀	玲	将	8
佑	寛	賢	和	範	英	彩	総	佑	寛	紀	陽	9
央	雅	玲	将	康	明	智	泰	央	雅	寛	賢	10
総	清	紀	陽	旺	華	洋	理	央	清	雅	玲	11
泰	妙	寛	賢	恵	博	英	彩	総	妙	雅	紀	12
理	佑	雅	玲	和	法	明	智	泰	佑	清	紀	13
彩	央	清	紀	将	範	華	洋	理	央	妙	寛	14
智	総	妙	寛	陽	康	博	英	彩	総	佑	雅	15
洋	泰	佑	雅	賢	旺	法	明	智	泰	央	清	16
英	理	央	清	玲	恵	範	華	洋	理	総	妙	17
明	彩	総	妙	紀	和	康	博	英	彩	泰	佑	18
華	智	泰	佑	寛	将	旺	法	明	智	理	央	19
博	洋	理	央	雅	陽	恵	範	華	洋	彩	総	20
法	英	彩	総	清	賢	和	康	博	英	智	泰	21
範	明	智	泰	妙	玲	将	旺	法	明	洋	理	22
康	華	洋	理	佑	紀	陽	恵	範	華	英	彩	23
旺	博	英	彩	央	寛	賢	和	康	博	明	智	24
恵	法	明	智	総	雅	玲	将	旺	法	華	洋	25
和	範	華	洋	泰	清	紀	陽	恵	範	博	英	26
将	康	博	英	理	妙	寛	賢	和	康	法	明	27
陽	旺	法	明	彩	佑	雅	玲	将	旺	範	華	28
賢	恵	範	華	智	央	清	紀	陽	恵	康	博	29
玲	和	康	博	洋	総	妙	寛	賢	和		法	30
紀		旺		英	泰		雅		将		範	31

1959年（昭和34年）

12月	11月	10月	9月	8月	7月	6月	5月	4月	3月	2月	1月	
玲	和	康	博	智	泰	佑	雅	紀	将	将	康	1
紀	将	旺	法	洋	理	央	清	寛	陽	陽	旺	2
寛	陽	恵	範	英	彩	総	妙	雅	賢	賢	恵	3
雅	賢	和	康	華	智	泰	佑	清	玲	玲	和	4
清	玲	将	旺	博	洋	理	央	妙	紀	紀	将	5
妙	紀	陽	恵	法	洋	彩	総	佑	寛	寛	陽	6
佑	寛	賢	和	範	英	智	泰	央	雅	雅	賢	7
央	雅	玲	将	康	明	洋	泰	央	清	雅	玲	8
総	清	紀	陽	旺	華	英	理	総	妙	清	紀	9
泰	妙	寛	賢	恵	博	明	彩	泰	佑	妙	寛	10
理	佑	雅	玲	和	法	華	智	理	央	佑	雅	11
彩	央	清	紀	将	範	博	洋	彩	総	央	清	12
智	総	妙	寛	陽	康	法	英	智	泰	総	妙	13
洋	泰	佑	雅	賢	旺	範	明	洋	理	泰	佑	14
英	理	央	清	玲	恵	康	華	英	彩	理	央	15
明	彩	総	妙	紀	和	旺	博	明	智	彩	総	16
華	智	泰	佑	寛	将	恵	法	華	洋	智	泰	17
博	洋	理	央	雅	陽	和	範	博	英	洋	理	18
法	英	彩	総	清	賢	将	康	法	明	英	彩	19
範	明	智	泰	妙	玲	陽	旺	範	華	明	智	20
康	華	洋	理	佑	紀	賢	恵	康	博	華	洋	21
旺	博	英	彩	央	寛	玲	和	旺	法	博	英	22
恵	法	明	智	総	雅	紀	将	恵	範	法	明	23
和	範	華	洋	泰	清	寛	陽	和	康	範	華	24
将	康	博	英	理	妙	雅	賢	将	旺	康	博	25
陽	旺	法	明	彩	佑	清	玲	陽	恵	旺	法	26
賢	恵	範	華	智	央	妙	紀	賢	和	恵	範	27
玲	和	康	博	洋	総	佑	寛	玲	将	和	康	28
紀	将	旺	法	英	泰	央	雅	紀	陽		旺	29
紀	賢	恵	範	明	理	総	清	寛	賢		恵	30
寛		和		華	彩		妙		玲		和	31

1958年（昭和33年）

12月	11月	10月	9月	8月	7月	6月	5月	4月	3月	2月	1月	
華	洋	理	佑	紀	陽	恵	範	博	洋	洋	理	1
博	英	彩	央	寛	賢	和	康	法	英	英	彩	2
法	明	智	総	雅	玲	将	旺	範	明	明	智	3
範	華	洋	泰	清	紀	陽	恵	康	華	華	洋	4
康	博	英	理	妙	寛	賢	和	旺	博	博	英	5
旺	法	明	彩	佑	雅	玲	将	恵	法	法	明	6
恵	範	華	智	央	清	紀	陽	和	範	範	華	7
和	康	博	洋	総	妙	寛	賢	将	康	康	博	8
将	旺	法	英	泰	佑	雅	玲	陽	旺	旺	法	9
陽	恵	範	明	理	央	清	紀	賢	恵	恵	範	10
賢	和	康	華	彩	総	妙	寛	玲	和	和	康	11
玲	将	旺	博	智	泰	佑	雅	紀	将	将	旺	12
紀	陽	旺	範	洋	理	央	清	寛	陽	陽	恵	13
寛	賢	恵	康	英	彩	総	妙	雅	賢	賢	和	14
雅	玲	和	旺	華	智	泰	佑	清	玲	玲	将	15
清	紀	将	恵	博	洋	理	央	妙	紀	紀	陽	16
妙	寛	陽	和	法	洋	彩	総	佑	寛	寛	賢	17
佑	雅	賢	将	範	英	智	泰	央	雅	雅	玲	18
央	清	玲	陽	康	明	洋	泰	央	清	雅	紀	19
総	妙	紀	賢	旺	華	英	理	総	妙	清	紀	20
泰	佑	寛	玲	恵	博	明	彩	泰	佑	妙	寛	21
理	央	雅	紀	和	法	華	智	理	央	佑	雅	22
彩	総	清	寛	将	範	博	洋	彩	総	央	清	23
智	泰	妙	雅	陽	康	法	英	智	泰	総	妙	24
洋	理	佑	清	賢	旺	範	明	洋	理	泰	佑	25
英	彩	央	妙	玲	恵	康	華	英	彩	理	央	26
明	智	総	佑	紀	和	旺	博	明	智	彩	総	27
華	洋	泰	央	寛	将	恵	法	華	洋	智	泰	28
博	英	理	総	雅	陽	和	範	博	英		理	29
法	明	彩	泰	清	賢	将	康	法	明		彩	30
範		智		妙	玲		旺		華		智	31

1961年（昭和36年）

12月	11月	10月	9月	8月	7月	6月	5月	4月	3月	2月	1月	
範	華	洋	理	妙	寛	賢	和	康	博	華	洋	1
康	博	英	彩	佑	雅	玲	将	旺	法	博	英	2
旺	法	明	智	央	清	紀	陽	恵	範	法	明	3
恵	範	華	洋	総	妙	寛	賢	和	康	範	華	4
和	康	博	英	泰	佑	雅	玲	将	旺	康	博	5
将	旺	法	明	理	央	清	紀	陽	恵	旺	法	6
陽	恵	範	華	彩	総	妙	寛	賢	和	恵	範	7
賢	和	康	博	智	泰	佑	雅	玲	将	和	康	8
玲	将	旺	法	洋	理	央	清	紀	陽	将	旺	9
紀	陽	旺	範	英	彩	総	妙	寛	賢	陽	恵	10
寛	賢	恵	康	華	智	泰	佑	雅	玲	賢	和	11
雅	玲	和	旺	博	洋	理	央	清	紀	玲	将	12
清	紀	将	恵	法	洋	彩	総	妙	寛	紀	陽	13
妙	寛	陽	和	範	英	智	泰	佑	雅	寛	賢	14
佑	雅	賢	将	康	明	洋	泰	央	清	雅	玲	15
央	清	玲	陽	旺	華	英	理	総	妙	清	紀	16
総	妙	紀	賢	恵	博	明	彩	泰	妙	妙	紀	17
泰	佑	寛	玲	和	法	華	智	理	佑	佑	寛	18
理	央	雅	紀	将	範	博	洋	彩	央	央	雅	19
彩	総	清	寛	陽	康	法	英	智	総	総	清	20
智	泰	妙	雅	賢	旺	範	明	洋	泰	泰	妙	21
洋	理	佑	清	玲	恵	康	華	英	理	理	佑	22
英	彩	央	妙	紀	和	旺	博	明	彩	彩	央	23
明	智	総	佑	寛	将	恵	法	華	智	智	総	24
華	洋	泰	央	雅	陽	和	範	博	洋	洋	泰	25
博	英	理	総	清	賢	将	康	法	英	英	理	26
法	明	彩	泰	妙	玲	陽	旺	範	明	明	彩	27
範	華	智	理	佑	紀	賢	恵	康	華	華	智	28
康	博	洋	彩	央	寛	玲	和	旺	博		洋	29
旺	法	英	智	総	雅	紀	将	恵	法		英	30
恵		明		泰	清		陽		範		明	31

1960年（昭和35年）

12月	11月	10月	9月	8月	7月	6月	5月	4月	3月	2月	1月	
総	佑	寛	賢	旺	康	法	英	智	総	央	雅	1
泰	央	雅	玲	恵	旺	範	明	洋	泰	総	清	2
理	総	清	紀	和	恵	康	華	英	理	泰	妙	3
彩	泰	妙	寛	将	和	旺	博	明	彩	理	佑	4
智	理	佑	雅	陽	将	恵	法	華	智	彩	央	5
洋	彩	央	清	賢	陽	和	範	博	洋	智	総	6
英	智	総	妙	玲	賢	将	康	法	英	洋	泰	7
明	洋	泰	佑	紀	玲	陽	旺	範	明	英	理	8
華	英	理	央	寛	紀	賢	恵	康	華	明	彩	9
博	明	彩	総	雅	寛	玲	和	旺	博	華	智	10
法	華	智	泰	清	雅	紀	将	恵	法	博	洋	11
範	博	洋	理	妙	清	寛	陽	和	範	法	英	12
康	法	英	彩	佑	妙	雅	賢	将	康	範	明	13
旺	範	明	智	央	佑	清	玲	陽	旺	康	華	14
恵	康	華	洋	総	央	妙	紀	賢	恵	旺	博	15
和	旺	博	英	泰	総	佑	寛	玲	和	恵	法	16
将	恵	法	明	理	泰	央	雅	紀	将	和	範	17
賢	和	範	華	彩	理	総	清	寛	陽	将	康	18
玲	和	康	博	智	彩	泰	妙	雅	賢	陽	旺	19
紀	将	旺	法	洋	智	理	佑	清	玲	賢	恵	20
寛	陽	恵	範	英	洋	彩	央	妙	紀	玲	和	21
雅	賢	和	康	華	英	智	総	佑	寛	紀	将	22
清	玲	将	旺	博	明	洋	泰	央	雅	寛	陽	23
妙	紀	陽	恵	法	洋	洋	理	総	清	雅	賢	24
佑	寛	賢	和	範	英	英	彩	泰	妙	清	玲	25
央	雅	玲	将	康	明	明	智	泰	佑	妙	紀	26
総	清	紀	陽	旺	華	華	洋	理	央	妙	寛	27
泰	妙	寛	賢	恵	博	博	英	彩	総	佑	雅	28
理	佑	雅	玲	和	法	法	明	智	泰	央	清	29
彩	央	清	紀	将	範	範	華	洋	理		妙	30
智		妙		陽	康		博		彩		佑	31

1963年（昭和38年）

12月	11月	10月	9月	8月	7月	6月	5月	4月	3月	2月	1月	
彩	泰	妙	寛	将	旺	法	華	英	理	理	佑	1
智	理	佑	雅	陽	恵	範	博	明	彩	彩	央	2
洋	彩	央	清	賢	和	康	法	華	智	智	総	3
英	智	総	妙	玲	将	旺	範	博	洋	洋	泰	4
明	洋	泰	佑	紀	陽	恵	康	法	英	英	理	5
華	英	理	央	寛	賢	和	旺	範	明	明	彩	6
博	明	彩	総	雅	玲	将	恵	康	華	華	智	7
法	華	智	泰	清	紀	陽	和	旺	博	博	洋	8
範	博	洋	理	妙	寛	賢	将	恵	法	法	英	9
康	法	英	彩	佑	雅	玲	陽	和	範	範	明	10
旺	範	明	智	央	清	紀	賢	将	康	康	華	11
恵	康	華	洋	総	妙	寛	玲	陽	旺	旺	博	12
和	旺	博	英	泰	佑	雅	紀	賢	恵	恵	法	13
将	恵	法	明	理	央	清	寛	玲	和	和	範	14
陽	和	範	華	彩	総	妙	雅	紀	将	将	康	15
賢	和	康	博	智	泰	佑	清	寛	陽	陽	旺	16
玲	将	旺	法	洋	理	央	妙	雅	賢	賢	恵	17
紀	陽	恵	範	英	彩	総	佑	清	玲	玲	和	18
寛	賢	和	康	華	智	泰	央	妙	紀	紀	将	19
雅	玲	将	旺	博	洋	理	総	佑	寛	寛	陽	20
清	紀	陽	恵	法	洋	彩	泰	央	雅	雅	賢	21
妙	寛	賢	和	範	英	智	理	総	清	清	玲	22
佑	雅	玲	将	康	明	洋	泰	泰	妙	妙	紀	23
央	清	紀	陽	旺	華	英	理	泰	佑	妙	寛	24
総	妙	寛	賢	恵	博	明	彩	理	央	佑	雅	25
泰	佑	雅	玲	和	法	華	智	彩	総	央	清	26
理	央	清	紀	将	範	博	洋	智	泰	総	妙	27
彩	総	妙	寛	陽	康	法	英	洋	理	泰	佑	28
智	泰	佑	雅	賢	旺	範	明	英	彩		央	29
洋	理	央	清	玲	恵	康	華	明	智		総	30
英		総		紀	和		博		洋		泰	31

1962年（昭和37年）

12月	11月	10月	9月	8月	7月	6月	5月	4月	3月	2月	1月	
雅	玲	和	旺	博	洋	理	佑	清	玲	玲	和	1
清	紀	将	恵	法	洋	彩	央	妙	紀	紀	将	2
妙	寛	陽	和	範	英	智	総	佑	寛	寛	陽	3
佑	雅	賢	将	康	明	洋	泰	央	雅	雅	賢	4
央	清	玲	陽	旺	華	英	理	央	清	雅	玲	5
総	妙	紀	賢	恵	博	明	彩	総	妙	清	紀	6
泰	佑	寛	玲	和	法	華	智	泰	佑	妙	寛	7
理	央	雅	紀	将	範	博	洋	理	央	佑	雅	8
彩	総	清	寛	陽	康	法	英	彩	総	央	清	9
智	泰	妙	雅	賢	旺	範	明	智	泰	総	妙	10
洋	理	佑	清	玲	恵	康	華	洋	理	泰	佑	11
英	彩	央	妙	紀	和	旺	博	英	彩	理	央	12
明	智	総	佑	寛	将	恵	法	明	智	彩	総	13
華	洋	泰	央	雅	陽	和	範	華	洋	智	泰	14
博	英	理	総	清	賢	将	康	博	英	洋	理	15
法	明	彩	泰	妙	玲	陽	旺	法	明	英	彩	16
範	華	智	理	佑	紀	賢	恵	範	華	明	智	17
康	博	洋	彩	央	寛	玲	和	康	博	華	洋	18
旺	法	英	智	総	雅	紀	将	旺	法	博	英	19
恵	範	明	洋	泰	清	寛	陽	恵	範	法	明	20
和	康	華	英	理	妙	雅	賢	和	康	範	華	21
将	旺	博	明	彩	佑	清	玲	将	旺	康	博	22
陽	恵	法	華	智	央	妙	紀	陽	恵	旺	法	23
賢	和	範	博	洋	総	佑	寛	賢	和	恵	範	24
玲	将	康	法	英	泰	央	雅	玲	将	和	康	25
紀	陽	旺	範	明	理	総	清	紀	陽	将	旺	26
紀	賢	恵	康	華	彩	泰	妙	寛	賢	陽	恵	27
寛	玲	和	旺	博	智	理	佑	雅	玲	賢	和	28
雅	紀	将	旺	法	洋	彩	央	清	紀		将	29
清	寛	陽	恵	範	英	智	総	妙	寛		陽	30
妙		賢		康	華		泰		雅		賢	31

1965年（昭和40年）

12月	11月	10月	9月	8月	7月	6月	5月	4月	3月	2月	1月	
央	清	玲	将	康	明	智	泰	央	雅	雅	玲	1
総	妙	紀	陽	旺	華	洋	理	央	清	雅	紀	2
泰	佑	寛	賢	恵	博	英	彩	総	妙	清	紀	3
理	央	雅	玲	和	法	明	智	泰	佑	妙	寛	4
彩	総	清	紀	将	範	華	洋	理	央	佑	雅	5
智	泰	妙	寛	陽	康	博	英	彩	総	央	清	6
洋	理	佑	雅	賢	旺	法	明	智	泰	総	妙	7
英	彩	央	清	玲	恵	範	華	洋	理	泰	佑	8
明	智	総	妙	紀	和	康	博	英	彩	理	央	9
華	洋	泰	佑	寛	将	旺	法	明	智	彩	総	10
博	英	理	央	雅	陽	恵	範	華	洋	智	泰	11
法	明	彩	総	清	賢	和	康	博	英	洋	理	12
範	華	智	泰	妙	玲	将	旺	法	明	英	彩	13
康	博	洋	理	佑	紀	陽	恵	範	華	明	智	14
旺	法	英	彩	央	寛	賢	和	康	博	華	洋	15
恵	範	明	智	総	雅	玲	将	旺	法	博	英	16
和	康	華	洋	泰	清	紀	陽	恵	範	法	明	17
将	旺	博	英	理	妙	寛	賢	和	康	範	華	18
陽	恵	法	明	彩	佑	雅	玲	将	旺	康	博	19
賢	和	範	華	智	央	清	紀	陽	恵	旺	法	20
玲	将	康	博	洋	総	妙	寛	賢	和	恵	範	21
紀	陽	旺	法	英	泰	佑	雅	玲	将	和	康	22
紀	賢	恵	範	明	理	央	清	紀	陽	将	旺	23
寛	玲	和	康	華	彩	総	妙	寛	賢	陽	恵	24
雅	紀	将	旺	博	智	泰	佑	雅	玲	賢	和	25
清	寛	陽	恵	法	洋	理	央	清	紀	玲	将	26
妙	雅	賢	和	範	英	彩	総	妙	寛	紀	陽	27
佑	清	玲	将	康	華	智	泰	佑	雅	寛	賢	28
央	妙	紀	陽	旺	博	洋	理	央	清		玲	29
総	佑	寛	賢	恵	法	英	彩	総	妙		紀	30
泰		雅		和	範		彩		佑		寛	31

1964年（昭和39年）

12月	11月	10月	9月	8月	7月	6月	5月	4月	3月	2月	1月	
和	康	博	洋	泰	妙	寛	賢	和	康	法	明	1
将	旺	法	英	理	佑	雅	玲	将	旺	範	華	2
陽	恵	範	明	彩	央	清	紀	陽	恵	康	博	3
賢	和	康	華	智	総	妙	寛	賢	和	旺	法	4
玲	将	旺	博	洋	泰	佑	雅	玲	将	恵	範	5
紀	陽	旺	範	英	理	央	清	紀	陽	和	康	6
寛	賢	恵	康	明	彩	総	妙	寛	賢	将	旺	7
雅	玲	和	旺	華	智	泰	佑	雅	玲	陽	恵	8
清	紀	将	恵	博	洋	理	央	清	紀	賢	和	9
妙	寛	陽	和	法	英	彩	総	妙	寛	玲	将	10
佑	雅	賢	将	範	明	智	泰	佑	雅	紀	陽	11
央	清	玲	陽	康	華	洋	泰	央	清	寛	賢	12
総	妙	紀	賢	旺	博	英	理	総	妙	雅	玲	13
泰	佑	寛	玲	恵	法	明	彩	泰	妙	清	紀	14
理	央	雅	紀	和	範	華	智	理	佑	妙	紀	15
彩	総	清	寛	将	康	博	洋	彩	央	佑	寛	16
智	泰	妙	雅	陽	旺	法	英	智	総	央	雅	17
洋	理	佑	清	賢	恵	範	明	洋	泰	総	清	18
英	彩	央	妙	玲	和	康	華	英	理	泰	妙	19
明	智	総	佑	紀	将	旺	博	明	彩	理	佑	20
華	洋	泰	央	寛	陽	恵	法	華	智	彩	央	21
博	英	理	総	雅	賢	和	範	博	洋	智	総	22
法	明	彩	泰	清	玲	将	康	法	英	洋	泰	23
範	華	智	理	妙	紀	陽	旺	範	明	英	理	24
康	博	洋	彩	佑	寛	賢	恵	康	華	明	彩	25
旺	法	英	智	央	雅	玲	和	旺	博	華	智	26
恵	範	明	洋	総	清	紀	将	恵	法	博	洋	27
和	康	華	英	泰	妙	寛	陽	和	範	法	英	28
将	旺	博	明	理	佑	雅	賢	将	康	範	明	29
陽	恵	法	華	彩	央	清	玲	陽	旺		華	30
賢		範		智	総		紀		恵		博	31

1967年（昭和42年）

12月	11月	10月	9月	8月	7月	6月	5月	4月	3月	2月	1月	
陽	恵	範	明	理	央	妙	紀	賢	和	恵	範	1
賢	和	康	華	彩	総	佑	寛	玲	将	和	康	2
玲	将	旺	博	智	泰	央	雅	紀	陽	将	旺	3
紀	陽	旺	範	洋	理	総	清	寛	賢	陽	恵	4
寛	賢	恵	康	英	彩	泰	妙	雅	玲	賢	和	5
雅	玲	和	旺	華	智	理	佑	清	紀	玲	将	6
清	紀	将	恵	博	洋	彩	央	妙	寛	紀	陽	7
妙	寛	陽	和	法	洋	彩	総	佑	雅	寛	賢	8
佑	雅	賢	将	範	英	智	泰	央	清	雅	玲	9
央	清	玲	陽	康	明	洋	理	央	妙	清	紀	10
総	妙	紀	賢	旺	華	英	彩	総	妙	妙	紀	11
泰	佑	寛	玲	恵	博	明	智	泰	佑	佑	寛	12
理	央	雅	紀	和	法	華	洋	理	央	央	雅	13
彩	総	清	寛	将	範	博	英	彩	総	総	清	14
智	泰	妙	雅	陽	康	法	明	智	泰	泰	妙	15
洋	理	佑	清	賢	旺	範	華	洋	理	理	佑	16
英	彩	央	妙	玲	恵	康	博	英	彩	彩	央	17
明	智	総	佑	紀	和	旺	法	明	智	智	総	18
華	洋	泰	央	寛	将	恵	範	華	洋	洋	泰	19
博	英	理	総	雅	陽	和	康	博	英	英	理	20
法	明	彩	泰	清	賢	将	旺	法	明	明	彩	21
範	華	智	理	妙	玲	陽	恵	範	華	華	智	22
康	博	洋	彩	佑	紀	賢	和	康	博	博	洋	23
旺	法	英	智	央	寛	玲	将	旺	法	法	英	24
恵	範	明	洋	総	雅	紀	陽	恵	範	範	明	25
和	康	華	英	泰	清	寛	賢	和	康	康	華	26
将	旺	博	明	理	妙	雅	玲	将	旺	旺	博	27
陽	恵	法	華	彩	佑	清	紀	陽	恵	恵	法	28
賢	和	範	博	智	央	妙	寛	賢	和		範	29
玲	将	康	法	洋	総	佑	雅	玲	将		康	30
紀		旺		英	泰		清		陽		旺	31

1966年（昭和41年）

12月	11月	10月	9月	8月	7月	6月	5月	4月	3月	2月	1月	
明	智	総	妙	玲	和	旺	博	博	英	洋	理	1
華	洋	泰	佑	紀	将	恵	法	法	明	英	彩	2
博	英	理	央	寛	陽	和	範	範	華	明	智	3
法	明	彩	総	雅	賢	将	康	康	博	華	洋	4
範	華	智	泰	清	玲	陽	旺	旺	法	博	英	5
康	博	洋	理	妙	紀	賢	恵	恵	範	法	明	6
旺	法	英	彩	佑	寛	玲	和	和	康	範	華	7
恵	範	明	智	央	雅	紀	将	将	旺	康	博	8
和	康	華	洋	総	清	寛	陽	陽	恵	旺	法	9
将	旺	博	英	泰	妙	雅	賢	賢	和	恵	範	10
陽	恵	法	明	理	佑	清	玲	玲	将	和	康	11
賢	和	範	華	彩	央	妙	紀	紀	陽	将	旺	12
玲	将	康	博	智	総	佑	寛	寛	賢	陽	恵	13
紀	陽	旺	法	洋	泰	央	雅	雅	玲	賢	和	14
寛	賢	恵	範	英	理	総	清	清	紀	玲	将	15
雅	玲	和	康	華	彩	泰	妙	妙	寛	紀	陽	16
清	紀	将	旺	博	智	理	佑	佑	雅	寛	賢	17
妙	寛	陽	恵	法	洋	彩	央	央	清	雅	玲	18
佑	雅	賢	和	範	英	彩	総	総	妙	清	紀	19
央	清	玲	将	康	明	智	泰	泰	佑	妙	寛	20
総	妙	紀	陽	旺	華	洋	理	央	央	佑	雅	21
泰	佑	寛	賢	恵	博	英	彩	総	央	央	雅	22
理	央	雅	玲	和	法	明	智	泰	総	総	清	23
彩	総	清	紀	将	範	華	洋	理	泰	泰	妙	24
智	泰	妙	寛	陽	康	博	英	彩	理	理	佑	25
洋	理	佑	雅	賢	旺	法	明	智	彩	彩	央	26
英	彩	央	清	玲	恵	範	華	洋	智	智	総	27
明	智	総	妙	紀	和	康	博	英	洋	洋	泰	28
華	洋	泰	佑	寛	将	旺	法	明	英		理	29
博	英	理	央	雅	陽	恵	範	華	明		彩	30
法		彩		清	賢		康		華		智	31

1969年（昭和44年）

12月	11月	10月	9月	8月	7月	6月	5月	4月	3月	2月	1月	
博	明	彩	総	清	玲	陽	旺	範	明	明	彩	1
法	華	智	泰	妙	紀	賢	恵	康	華	華	智	2
範	博	洋	理	佑	寛	玲	和	旺	博	博	洋	3
康	法	英	彩	央	雅	紀	将	恵	法	法	英	4
旺	範	明	智	総	清	寛	陽	和	範	範	明	5
恵	康	華	洋	泰	妙	雅	賢	将	康	康	華	6
和	旺	博	英	理	佑	清	玲	陽	旺	旺	博	7
将	恵	法	明	彩	央	妙	紀	賢	恵	恵	法	8
賢	和	範	華	智	総	佑	寛	玲	和	和	範	9
玲	和	康	博	洋	泰	央	雅	紀	将	将	康	10
紀	将	旺	法	英	理	総	清	寛	陽	陽	旺	11
寛	陽	恵	範	明	彩	泰	妙	雅	賢	賢	恵	12
雅	賢	和	康	華	智	理	佑	清	玲	玲	和	13
清	玲	将	旺	博	洋	彩	央	妙	紀	紀	将	14
妙	紀	陽	恵	法	英	彩	総	佑	寛	寛	陽	15
佑	寛	賢	和	範	明	智	泰	央	雅	雅	賢	16
央	雅	玲	将	康	華	洋	理	央	清	雅	玲	17
総	清	紀	陽	旺	博	英	彩	総	妙	清	紀	18
泰	妙	寛	賢	恵	法	明	智	泰	佑	妙	寛	19
理	佑	雅	玲	和	範	華	洋	理	央	佑	雅	20
彩	央	清	紀	将	康	博	英	彩	総	央	清	21
智	総	妙	寛	陽	旺	法	明	智	泰	総	妙	22
洋	泰	佑	雅	賢	恵	範	華	洋	理	泰	佑	23
英	理	央	清	玲	和	康	博	英	彩	理	央	24
明	彩	総	妙	紀	将	旺	法	明	智	彩	総	25
華	智	泰	佑	寛	陽	恵	範	華	洋	智	泰	26
博	洋	理	央	雅	賢	和	康	博	英	洋	理	27
法	英	彩	総	清	玲	将	旺	法	明	英	彩	28
範	明	智	泰	妙	紀	陽	恵	範	華		智	29
康	華	洋	理	佑	寛	賢	和	康	博		洋	30
旺		英		央	雅		将		法		英	31

1968年（昭和43年）

12月	11月	10月	9月	8月	7月	6月	5月	4月	3月	2月	1月	
央	清	紀	将	和	法	華	智	理	央	妙	寛	1
総	妙	寛	陽	将	範	博	洋	彩	総	佑	雅	2
泰	佑	雅	賢	陽	康	法	英	智	泰	央	清	3
理	央	清	玲	賢	旺	範	明	洋	理	総	妙	4
彩	総	妙	紀	玲	恵	康	華	英	彩	泰	佑	5
智	泰	佑	寛	紀	和	旺	博	明	智	理	央	6
洋	理	央	雅	寛	将	恵	法	華	洋	彩	総	7
英	彩	総	清	雅	陽	和	範	博	英	智	泰	8
明	智	泰	妙	清	賢	将	康	法	明	洋	理	9
華	洋	理	佑	妙	玲	陽	旺	範	華	英	彩	10
博	英	彩	央	佑	紀	賢	恵	康	博	明	智	11
法	明	智	総	央	寛	玲	和	旺	法	華	洋	12
範	華	洋	泰	総	雅	紀	将	恵	範	博	英	13
康	博	英	理	泰	清	寛	陽	和	康	法	明	14
旺	法	明	彩	理	妙	雅	賢	将	旺	範	華	15
恵	範	華	智	彩	佑	清	玲	陽	恵	康	博	16
和	康	博	洋	智	央	妙	紀	賢	和	旺	法	17
将	旺	法	英	洋	総	佑	寛	玲	将	恵	範	18
陽	恵	範	明	英	泰	央	雅	紀	陽	和	康	19
賢	和	康	華	明	理	総	清	寛	賢	将	旺	20
玲	将	旺	博	華	彩	泰	妙	雅	玲	陽	恵	21
紀	陽	旺	範	博	智	理	佑	清	紀	賢	和	22
寛	賢	恵	康	法	洋	彩	央	妙	寛	玲	将	23
雅	玲	和	旺	華	英	智	総	佑	雅	紀	陽	24
清	紀	将	恵	博	華	洋	泰	央	清	寛	賢	25
妙	寛	陽	和	法	博	洋	理	総	妙	雅	玲	26
佑	雅	賢	将	範	法	英	彩	泰	佑	清	紀	27
央	清	玲	陽	康	範	明	智	泰	央	妙	寛	28
総	妙	紀	賢	旺	康	華	洋	理	央	佑	雅	29
泰	佑	寛	玲	恵	旺	博	英	彩	総		雅	30
理		雅		和	恵		明		泰		清	31

1971年（昭和46年）

12月	11月	10月	9月	8月	7月	6月	5月	4月	3月	2月	1月	
泰	央	清	玲	和	範	範	明	智	泰	総	妙	1
理	総	妙	紀	将	康	康	華	洋	理	泰	佑	2
彩	泰	佑	寛	陽	旺	旺	博	英	彩	理	央	3
智	理	央	雅	賢	恵	恵	法	明	智	彩	総	4
洋	彩	総	清	玲	和	和	範	華	洋	智	泰	5
英	智	泰	妙	紀	将	将	康	博	英	洋	理	6
明	洋	理	佑	寛	陽	陽	旺	法	明	英	彩	7
華	英	彩	央	雅	賢	賢	恵	範	華	明	智	8
博	明	智	総	清	玲	玲	和	康	博	華	洋	9
法	華	洋	泰	妙	紀	紀	将	旺	法	博	英	10
範	博	英	理	佑	寛	寛	陽	恵	範	法	明	11
康	法	明	彩	央	雅	雅	賢	和	康	範	華	12
旺	範	華	智	総	清	清	玲	将	旺	康	博	13
恵	康	博	洋	泰	妙	妙	紀	陽	恵	旺	法	14
和	旺	法	英	理	佑	佑	寛	賢	和	恵	範	15
将	恵	範	明	彩	央	央	雅	玲	将	和	康	16
陽	和	康	華	智	総	総	清	紀	陽	将	旺	17
賢	和	旺	博	洋	泰	泰	妙	寛	賢	陽	恵	18
玲	将	旺	範	英	理	理	佑	雅	玲	賢	和	19
紀	陽	恵	康	明	彩	彩	央	清	紀	玲	将	20
寛	賢	和	旺	華	智	智	総	妙	寛	紀	陽	21
雅	玲	将	恵	博	洋	洋	泰	佑	雅	寛	賢	22
清	紀	陽	和	法	英	彩	理	央	清	雅	玲	23
妙	寛	賢	将	範	明	智	彩	総	妙	清	紀	24
佑	雅	玲	陽	康	華	洋	智	泰	佑	妙	寛	25
央	清	紀	賢	旺	博	英	洋	理	央	佑	雅	26
総	妙	寛	玲	恵	法	明	英	彩	央	央	雅	27
泰	佑	雅	紀	和	範	華	明	智	総	総	清	28
理	央	清	寛	将	康	博	華	洋	泰		妙	29
彩	総	妙	雅	陽	旺	法	博	英	理		佑	30
智		佑		賢	恵		法		彩		央	31

1970年（昭和45年）

12月	11月	10月	9月	8月	7月	6月	5月	4月	3月	2月	1月	
紀	陽	恵	範	英	彩	泰	妙	寛	賢	陽	恵	1
寛	賢	和	康	華	智	理	佑	雅	玲	賢	和	2
雅	玲	将	旺	博	洋	彩	央	清	紀	玲	将	3
清	紀	陽	恵	法	洋	彩	総	妙	寛	紀	陽	4
妙	寛	賢	和	範	英	智	泰	佑	雅	寛	賢	5
佑	雅	玲	将	康	明	洋	理	央	清	雅	玲	6
央	清	紀	陽	旺	華	英	彩	総	妙	清	紀	7
総	妙	寛	賢	恵	博	明	智	泰	妙	妙	紀	8
泰	佑	雅	玲	和	法	華	洋	理	佑	佑	寛	9
理	央	清	紀	将	範	博	英	彩	央	央	雅	10
彩	総	妙	寛	陽	康	法	明	智	総	総	清	11
智	泰	佑	雅	賢	旺	範	華	洋	泰	泰	妙	12
洋	理	央	清	玲	恵	康	博	英	理	理	佑	13
英	彩	総	妙	紀	和	旺	法	明	彩	彩	央	14
明	智	泰	佑	寛	将	恵	範	華	智	智	総	15
華	洋	理	央	雅	陽	和	康	博	洋	洋	泰	16
博	英	彩	総	清	賢	将	旺	法	英	英	理	17
法	明	智	泰	妙	玲	陽	恵	範	明	明	彩	18
範	華	洋	理	佑	紀	賢	和	康	華	華	智	19
康	博	英	彩	央	寛	玲	将	旺	博	博	洋	20
旺	法	明	智	総	雅	紀	陽	恵	法	法	英	21
恵	範	華	洋	泰	清	寛	賢	和	範	範	明	22
和	康	博	英	理	妙	雅	玲	将	康	康	華	23
将	旺	法	明	彩	佑	清	紀	陽	旺	旺	博	24
陽	恵	範	華	智	央	妙	寛	賢	恵	恵	法	25
賢	和	康	博	洋	総	佑	雅	玲	和	和	範	26
玲	将	旺	法	英	泰	央	清	紀	将	将	康	27
紀	陽	恵	範	明	理	総	妙	寛	陽	陽	旺	28
寛	賢	和	康	華	彩	泰	佑	雅	賢		恵	29
雅	玲	和	旺	博	智	理	央	清	玲		和	30
清		将		法	洋		総		紀		将	31

1973年（昭和48年）

12月	11月	10月	9月	8月	7月	6月	5月	4月	3月	2月	1月	
妙	寛	賢	和	法	英	彩	総	妙	寛	紀	陽	1
佑	雅	玲	将	範	明	智	泰	佑	雅	寛	賢	2
央	清	紀	陽	康	華	洋	泰	央	清	雅	玲	3
総	妙	寛	賢	旺	博	英	理	総	妙	清	紀	4
泰	佑	雅	玲	恵	法	明	彩	泰	妙	妙	紀	5
理	央	清	紀	和	範	華	智	理	佑	佑	寛	6
彩	総	妙	寛	将	康	博	洋	彩	央	央	雅	7
智	泰	佑	雅	陽	旺	法	英	智	総	総	清	8
洋	理	央	清	賢	恵	範	明	洋	泰	泰	妙	9
英	彩	総	妙	玲	和	康	華	英	理	理	佑	10
明	智	泰	佑	紀	将	旺	博	明	彩	彩	央	11
華	洋	理	央	寛	陽	恵	法	華	智	智	総	12
博	英	彩	総	雅	賢	和	範	博	洋	洋	泰	13
法	明	智	泰	清	玲	将	康	法	英	英	理	14
範	華	洋	理	妙	紀	陽	旺	範	明	明	彩	15
康	博	英	彩	佑	寛	賢	恵	康	華	華	智	16
旺	法	明	智	央	雅	玲	和	旺	博	博	洋	17
恵	範	華	洋	総	清	紀	将	恵	法	法	英	18
和	康	博	英	泰	妙	寛	陽	和	範	範	明	19
将	旺	法	明	理	佑	雅	賢	将	康	康	華	20
陽	恵	範	華	彩	央	清	玲	陽	旺	旺	博	21
賢	和	康	博	智	総	妙	紀	賢	恵	恵	法	22
玲	将	旺	法	洋	泰	佑	寛	玲	和	和	範	23
紀	陽	恵	範	英	理	央	雅	紀	将	将	康	24
紀	賢	和	康	明	彩	総	清	寛	陽	陽	旺	25
寛	玲	和	旺	華	智	泰	妙	雅	賢	賢	恵	26
雅	紀	将	恵	博	洋	理	佑	清	玲	玲	和	27
清	寛	陽	和	範	英	彩	央	妙	紀	紀	将	28
妙	雅	賢	将	康	明	智	総	佑	寛		陽	29
佑	清	玲	陽	旺	華	洋	泰	央	雅		賢	30
央		紀		恵	博		理		清		玲	31

1972年（昭和47年）

12月	11月	10月	9月	8月	7月	6月	5月	4月	3月	2月	1月	
旺	範	明	智	央	清	紀	将	恵	法	博	洋	1
恵	康	華	洋	総	妙	寛	陽	和	範	法	英	2
和	旺	博	英	泰	佑	雅	賢	将	康	範	明	3
将	恵	法	明	理	央	清	玲	陽	旺	康	華	4
陽	和	範	華	彩	総	妙	紀	賢	恵	旺	博	5
賢	和	康	博	智	泰	佑	寛	玲	和	恵	法	6
玲	将	旺	法	洋	理	央	雅	紀	将	和	範	7
紀	陽	恵	範	英	彩	総	清	寛	陽	将	康	8
寛	賢	和	康	華	智	泰	妙	雅	賢	陽	旺	9
雅	玲	将	旺	博	洋	理	佑	清	玲	賢	恵	10
清	紀	陽	恵	法	洋	彩	央	妙	紀	玲	和	11
妙	寛	賢	和	範	英	智	総	佑	寛	紀	将	12
佑	雅	玲	将	康	明	洋	泰	央	雅	寛	陽	13
央	清	紀	陽	旺	華	英	理	央	清	雅	賢	14
総	妙	寛	賢	恵	博	明	彩	総	妙	雅	玲	15
泰	佑	雅	玲	和	法	華	智	泰	佑	清	紀	16
理	央	清	紀	将	範	博	洋	理	央	妙	寛	17
彩	総	妙	寛	陽	康	法	英	彩	総	佑	雅	18
智	泰	佑	雅	賢	旺	範	明	智	泰	央	清	19
洋	理	央	清	玲	恵	康	華	洋	理	総	妙	20
英	彩	総	妙	紀	和	旺	博	英	彩	泰	佑	21
明	智	泰	佑	寛	将	恵	法	明	智	理	央	22
華	洋	理	央	雅	陽	和	範	華	洋	彩	総	23
博	英	彩	総	清	賢	将	康	博	英	智	泰	24
法	明	智	泰	妙	玲	陽	旺	法	明	洋	理	25
範	華	洋	理	佑	紀	賢	恵	範	華	英	彩	26
康	博	英	彩	央	寛	玲	和	康	博	明	智	27
旺	法	明	智	総	雅	紀	将	旺	法	華	洋	28
恵	範	華	洋	泰	清	寛	陽	恵	範	博	英	29
和	康	博	英	理	妙	雅	賢	和	康		明	30
将		法		彩	佑		玲		旺		華	31

1975年（昭和50年）

12月	11月	10月	9月	8月	7月	6月	5月	4月	3月	2月	1月	
将	旺	博	英	泰	妙	雅	賢	将	旺	旺	博	1
陽	恵	法	明	理	佑	清	玲	陽	恵	恵	法	2
賢	和	範	華	彩	央	妙	紀	賢	和	和	範	3
玲	将	康	博	智	総	佑	寛	玲	将	将	康	4
紀	陽	旺	法	洋	泰	央	雅	紀	陽	陽	旺	5
寛	賢	恵	範	英	理	総	清	寛	賢	賢	恵	6
雅	玲	和	康	華	彩	泰	妙	雅	玲	玲	和	7
清	紀	将	旺	博	智	理	佑	清	紀	紀	将	8
妙	寛	陽	恵	法	洋	彩	央	妙	寛	寛	陽	9
佑	雅	賢	和	範	英	彩	総	佑	雅	雅	賢	10
央	清	玲	将	康	明	智	泰	央	清	雅	玲	11
総	妙	紀	陽	旺	華	洋	理	央	妙	清	紀	12
泰	佑	寛	賢	恵	博	英	彩	総	妙	妙	寛	13
理	央	雅	玲	和	法	明	智	泰	佑	佑	雅	14
彩	総	清	紀	将	範	華	洋	理	央	央	清	15
智	泰	妙	寛	陽	康	博	英	彩	総	総	妙	16
洋	理	佑	雅	賢	旺	法	明	智	泰	泰	佑	17
英	彩	央	清	玲	恵	範	華	洋	理	理	央	18
明	智	総	妙	紀	和	康	博	英	彩	彩	総	19
華	洋	泰	佑	寛	将	旺	法	明	智	智	泰	20
博	英	理	央	雅	陽	恵	範	華	洋	洋	理	21
法	明	彩	総	清	賢	和	康	博	英	英	彩	22
範	華	智	泰	妙	玲	将	旺	法	明	明	智	23
康	博	洋	理	佑	紀	陽	恵	範	華	華	洋	24
旺	法	英	彩	央	寛	賢	和	康	博	博	英	25
恵	範	明	智	総	雅	玲	将	旺	法	法	明	26
和	康	華	洋	泰	清	紀	陽	恵	範	範	華	27
将	旺	博	英	理	妙	寛	賢	和	康	康	博	28
陽	恵	法	明	彩	佑	雅	玲	将	旺		法	29
賢	和	範	華	智	央	清	紀	陽	恵		範	30
玲		康		洋	総		寛		和		康	31

1974年（昭和49年）

12月	11月	10月	9月	8月	7月	6月	5月	4月	3月	2月	1月	
洋	彩	央	雅	賢	恵	範	法	明	智	智	総	1
英	智	総	清	玲	和	康	範	華	洋	洋	泰	2
明	洋	泰	妙	紀	将	旺	康	博	英	英	理	3
華	英	理	佑	寛	陽	恵	旺	法	明	明	彩	4
博	明	彩	央	雅	賢	和	恵	範	華	華	智	5
法	華	智	総	清	玲	将	和	康	博	博	洋	6
範	博	洋	泰	妙	紀	陽	将	旺	法	法	英	7
康	法	英	理	佑	寛	賢	陽	恵	範	範	明	8
旺	範	明	彩	央	雅	玲	賢	和	康	康	華	9
恵	康	華	智	総	清	紀	玲	将	旺	旺	博	10
和	旺	博	洋	泰	妙	寛	紀	陽	恵	恵	法	11
将	恵	法	英	理	佑	雅	寛	賢	和	和	範	12
陽	和	範	明	彩	央	清	雅	玲	将	将	康	13
賢	和	康	華	智	総	妙	清	紀	陽	陽	旺	14
玲	将	旺	博	洋	泰	佑	妙	寛	賢	賢	恵	15
紀	陽	恵	範	英	理	央	佑	雅	玲	玲	和	16
寛	賢	和	康	明	彩	総	央	清	紀	紀	将	17
雅	玲	将	旺	華	智	泰	総	妙	寛	寛	陽	18
清	紀	陽	恵	博	洋	理	泰	佑	雅	雅	賢	19
妙	寛	賢	和	法	英	彩	理	央	清	清	玲	20
佑	雅	玲	将	範	明	智	彩	総	妙	妙	紀	21
央	清	紀	陽	康	華	洋	泰	泰	佑	妙	寛	22
総	妙	寛	賢	旺	博	英	理	理	央	佑	雅	23
泰	佑	雅	玲	恵	法	明	彩	彩	央	央	清	24
理	央	清	紀	和	範	華	智	智	総	総	妙	25
彩	総	妙	寛	将	康	博	洋	洋	泰	泰	佑	26
智	泰	佑	雅	陽	旺	法	英	英	理	理	央	27
洋	理	央	清	賢	恵	範	明	明	彩	彩	総	28
英	彩	総	妙	玲	和	康	華	華	智		泰	29
明	智	泰	佑	紀	将	旺	博	博	洋		理	30
華		理		寛	陽		法		英		彩	31

1977年（昭和52年）

12月	11月	10月	9月	8月	7月	6月	5月	4月	3月	2月	1月	
華	洋	理	佑	寛	陽	和	康	博	英	英	理	1
博	英	彩	央	雅	賢	将	旺	法	明	明	彩	2
法	明	智	総	清	玲	陽	恵	範	華	華	智	3
範	華	洋	泰	妙	紀	賢	和	康	博	博	洋	4
康	博	英	理	佑	寛	玲	将	旺	法	法	英	5
旺	法	明	彩	央	雅	紀	陽	恵	範	範	明	6
恵	範	華	智	総	清	寛	賢	和	康	康	華	7
和	康	博	洋	泰	妙	雅	玲	将	旺	旺	博	8
将	旺	法	英	理	佑	清	紀	陽	恵	恵	法	9
陽	恵	範	明	彩	央	妙	寛	賢	和	和	範	10
賢	和	康	華	智	総	佑	雅	玲	将	将	康	11
玲	将	旺	博	洋	泰	央	清	紀	陽	陽	旺	12
紀	陽	旺	範	英	理	総	妙	寛	賢	賢	恵	13
寛	賢	恵	康	明	彩	泰	佑	雅	玲	玲	和	14
雅	玲	和	旺	華	智	理	央	清	紀	紀	将	15
清	紀	将	恵	博	洋	彩	総	妙	寛	寛	陽	16
妙	寛	陽	和	法	英	彩	泰	佑	雅	雅	賢	17
佑	雅	賢	将	範	明	智	泰	央	清	雅	玲	18
央	清	玲	陽	康	華	洋	理	総	妙	清	紀	19
総	妙	紀	賢	旺	博	英	彩	泰	妙	妙	寛	20
泰	佑	寛	玲	恵	法	明	智	理	佑	佑	雅	21
理	央	雅	紀	和	範	華	洋	彩	央	央	清	22
彩	総	清	寛	将	康	博	英	智	総	総	妙	23
智	泰	妙	雅	陽	旺	法	明	洋	泰	泰	佑	24
洋	理	佑	清	賢	恵	範	華	英	理	理	央	25
英	彩	央	妙	玲	和	康	博	明	彩	彩	総	26
明	智	総	佑	紀	将	旺	法	華	智	智	泰	27
華	洋	泰	央	寛	陽	恵	範	博	洋	洋	理	28
博	英	理	総	雅	賢	和	康	法	英		彩	29
法	明	彩	泰	清	玲	将	旺	範	明		智	30
範		智		妙	紀		恵		華		洋	31

1976年（昭和51年）

12月	11月	10月	9月	8月	7月	6月	5月	4月	3月	2月	1月	
妙	雅	賢	賢	旺	博	英	彩	総	妙	清	紀	1
佑	清	玲	玲	恵	法	明	智	泰	佑	妙	寛	2
央	妙	紀	紀	和	範	華	洋	理	央	佑	雅	3
総	佑	寛	寛	将	康	博	英	彩	総	央	清	4
泰	央	雅	雅	陽	旺	法	明	智	泰	総	妙	5
理	総	清	清	賢	恵	範	華	洋	理	泰	佑	6
彩	泰	妙	妙	玲	和	康	博	英	彩	理	央	7
智	理	佑	佑	紀	将	旺	法	明	智	彩	総	8
洋	彩	央	央	寛	陽	恵	範	華	洋	智	泰	9
英	智	総	総	雅	賢	和	康	博	英	洋	理	10
明	洋	泰	泰	清	玲	将	旺	法	明	英	彩	11
華	英	理	理	妙	紀	陽	恵	範	華	明	智	12
博	明	彩	彩	佑	寛	賢	和	康	博	華	洋	13
法	華	智	智	央	雅	玲	将	旺	法	博	英	14
範	博	洋	洋	総	清	紀	陽	恵	範	法	明	15
康	法	英	英	泰	妙	寛	賢	和	康	範	華	16
旺	範	明	明	理	佑	雅	玲	将	旺	康	博	17
恵	康	華	華	彩	央	清	紀	陽	恵	旺	法	18
和	旺	博	博	智	総	妙	寛	賢	和	恵	範	19
将	恵	法	法	洋	泰	佑	雅	玲	将	和	康	20
賢	和	範	範	英	理	央	清	紀	陽	将	旺	21
玲	和	康	康	明	彩	総	妙	寛	賢	陽	恵	22
紀	将	旺	旺	華	智	泰	佑	雅	玲	賢	和	23
寛	陽	恵	範	博	洋	理	央	清	紀	玲	将	24
雅	賢	和	康	範	英	彩	総	妙	寛	紀	陽	25
清	玲	将	旺	康	明	智	泰	佑	雅	寛	賢	26
妙	紀	陽	恵	旺	華	洋	理	央	清	雅	玲	27
佑	寛	賢	和	恵	博	英	彩	総	妙	清	紀	28
央	雅	玲	将	和	法	明	彩	泰	佑	妙	寛	29
総	清	紀	陽	将	範	華	智	理	央		雅	30
泰		寛		陽	康		洋		央		雅	31

1979年（昭和54年）

12月	11月	10月	9月	8月	7月	6月	5月	4月	3月	2月	1月	
央	妙	寛	陽	旺	康	博	英	彩	央	央	雅	1
総	佑	雅	賢	恵	旺	法	明	智	総	総	清	2
泰	央	清	玲	和	恵	範	華	洋	泰	泰	妙	3
理	総	妙	紀	将	和	康	博	英	理	理	佑	4
彩	泰	佑	寛	陽	将	旺	法	明	彩	彩	央	5
智	理	央	雅	賢	陽	恵	範	華	智	智	総	6
洋	彩	総	清	玲	賢	和	康	博	洋	洋	泰	7
英	智	泰	妙	紀	玲	将	旺	法	英	英	理	8
明	洋	理	佑	寛	紀	陽	恵	範	明	明	彩	9
華	英	彩	央	雅	寛	賢	和	康	華	華	智	10
博	明	智	総	清	雅	玲	将	旺	博	博	洋	11
法	華	洋	泰	妙	清	紀	陽	恵	法	法	英	12
範	博	英	理	佑	妙	寛	賢	和	範	範	明	13
康	法	明	彩	央	佑	雅	玲	将	康	康	華	14
旺	範	華	智	総	央	清	紀	陽	旺	旺	博	15
恵	康	博	洋	泰	総	妙	寛	賢	恵	恵	法	16
和	旺	法	英	理	泰	佑	雅	玲	和	和	範	17
将	恵	範	明	彩	理	央	清	紀	将	将	康	18
賢	和	康	華	智	彩	総	妙	寛	陽	陽	旺	19
玲	和	旺	博	洋	智	泰	佑	雅	賢	賢	恵	20
紀	将	旺	範	英	洋	理	央	清	玲	玲	和	21
寛	陽	恵	康	明	英	彩	総	妙	紀	紀	将	22
雅	賢	和	旺	華	明	智	泰	佑	寛	寛	陽	23
清	玲	将	恵	博	洋	洋	理	央	雅	雅	賢	24
妙	紀	陽	和	法	英	英	彩	総	清	清	玲	25
佑	寛	賢	将	範	明	明	彩	泰	妙	妙	紀	26
央	雅	玲	陽	康	華	華	智	理	佑	妙	寛	27
総	清	紀	賢	旺	博	博	洋	彩	央	佑	雅	28
泰	妙	寛	玲	恵	法	法	英	智	総		清	29
理	佑	雅	紀	和	範	範	明	洋	泰		妙	30
彩		清		将	康		華		理		佑	31

1978年（昭和53年）

12月	11月	10月	9月	8月	7月	6月	5月	4月	3月	2月	1月	
玲	和	康	博	洋	泰	央	雅	紀	陽	将	康	1
紀	将	旺	法	英	理	総	清	寛	賢	陽	旺	2
寛	陽	恵	範	明	彩	泰	妙	雅	玲	賢	恵	3
雅	賢	和	康	華	智	理	佑	清	紀	玲	和	4
清	玲	将	旺	博	洋	彩	央	妙	寛	紀	将	5
妙	紀	陽	恵	法	英	彩	総	佑	雅	寛	陽	6
佑	寛	賢	和	範	明	智	泰	央	清	雅	賢	7
央	雅	玲	将	康	華	洋	理	央	妙	清	玲	8
総	清	紀	陽	旺	博	英	彩	総	妙	妙	紀	9
泰	妙	寛	賢	恵	法	明	智	泰	佑	佑	寛	10
理	佑	雅	玲	和	範	華	洋	理	央	央	雅	11
彩	央	清	紀	将	康	博	英	彩	総	総	清	12
智	総	妙	寛	陽	旺	法	明	智	泰	泰	妙	13
洋	泰	佑	雅	賢	恵	範	華	洋	理	理	佑	14
英	理	央	清	玲	和	康	博	英	彩	彩	央	15
明	彩	総	妙	紀	将	旺	法	明	智	智	総	16
華	智	泰	佑	寛	陽	恵	範	華	洋	洋	泰	17
博	洋	理	央	雅	賢	和	康	博	英	英	理	18
法	英	彩	総	清	玲	将	旺	法	明	明	彩	19
範	明	智	泰	妙	紀	陽	恵	範	華	華	智	20
康	華	洋	理	佑	寛	賢	和	康	博	博	洋	21
旺	博	英	彩	央	雅	玲	将	旺	法	法	英	22
恵	法	明	智	総	清	紀	陽	恵	範	範	明	23
和	範	華	洋	泰	妙	寛	賢	和	康	康	華	24
将	康	博	英	理	佑	雅	玲	将	旺	旺	博	25
陽	旺	法	明	彩	央	清	紀	陽	恵	恵	法	26
賢	恵	範	華	智	総	妙	寛	賢	和	和	範	27
玲	和	康	博	洋	泰	佑	雅	玲	将	将	康	28
紀	将	旺	法	英	理	央	清	紀	陽		旺	29
紀	陽	恵	範	明	彩	総	妙	寛	賢		恵	30
寛		和		華	智		佑		玲		和	31

1981年（昭和56年）

12月	11月	10月	9月	8月	7月	6月	5月	4月	3月	2月	1月	
清	玲	将	恵	博	洋	理	佑	清	玲	玲	将	1
妙	紀	陽	和	法	洋	彩	央	妙	紀	紀	陽	2
佑	寛	賢	将	範	英	智	総	佑	寛	寛	賢	3
央	雅	玲	陽	康	明	洋	泰	央	雅	雅	玲	4
総	清	紀	賢	旺	華	英	理	央	清	雅	紀	5
泰	妙	寛	玲	恵	博	明	彩	総	妙	清	紀	6
理	佑	雅	紀	和	法	華	智	泰	佑	妙	寛	7
彩	央	清	寛	将	範	博	洋	理	央	佑	雅	8
智	総	妙	雅	陽	康	法	英	彩	総	央	清	9
洋	泰	佑	清	賢	旺	範	明	智	泰	総	妙	10
英	理	央	妙	玲	恵	康	華	洋	理	泰	佑	11
明	彩	総	佑	紀	和	旺	博	英	彩	理	央	12
華	智	泰	央	寛	将	恵	法	明	智	彩	総	13
博	洋	理	総	雅	陽	和	範	華	洋	智	泰	14
法	英	彩	泰	清	賢	将	康	博	英	洋	理	15
範	明	智	理	妙	玲	陽	旺	法	明	英	彩	16
康	華	洋	彩	佑	紀	賢	恵	範	華	明	智	17
旺	博	英	智	央	寛	玲	和	康	博	華	洋	18
恵	法	明	洋	総	雅	紀	将	旺	法	博	英	19
和	範	華	英	泰	清	寛	陽	恵	範	法	明	20
将	康	博	明	理	妙	雅	賢	和	康	範	華	21
陽	旺	法	華	彩	佑	清	玲	将	旺	康	博	22
賢	恵	範	博	智	央	妙	紀	陽	恵	旺	法	23
玲	和	康	法	洋	総	佑	寛	賢	和	恵	範	24
紀	将	旺	範	英	泰	央	雅	玲	将	和	康	25
紀	賢	恵	康	明	理	総	清	紀	陽	将	旺	26
寛	玲	和	旺	華	彩	泰	妙	寛	賢	陽	恵	27
雅	紀	和	旺	博	智	理	佑	雅	玲	賢	和	28
清	寛	将	恵	範	洋	彩	央	清	紀		将	29
妙	雅	陽	和	康	英	智	総	妙	寛		陽	30
佑		賢		旺	華		泰		雅		賢	31

1980年（昭和55年）

12月	11月	10月	9月	8月	7月	6月	5月	4月	3月	2月	1月	
範	博	英	理	佑	寛	玲	和	康	博	明	智	1
康	法	明	彩	央	雅	紀	将	旺	法	華	洋	2
旺	範	華	智	総	清	寛	陽	恵	範	博	英	3
恵	康	博	洋	泰	妙	雅	賢	和	康	法	明	4
和	旺	法	英	理	佑	清	玲	将	旺	範	華	5
将	恵	範	明	彩	央	妙	紀	陽	恵	康	博	6
賢	和	康	華	智	総	佑	寛	賢	和	旺	法	7
玲	和	旺	博	洋	泰	央	雅	玲	将	恵	範	8
紀	将	旺	範	英	理	総	清	紀	陽	和	康	9
寛	陽	恵	康	明	彩	泰	妙	寛	賢	将	旺	10
雅	賢	和	旺	華	智	理	佑	雅	玲	陽	恵	11
清	玲	将	恵	博	洋	彩	央	清	紀	賢	和	12
妙	紀	陽	和	法	英	彩	総	妙	寛	玲	将	13
佑	寛	賢	将	範	明	智	泰	佑	雅	紀	陽	14
央	雅	玲	陽	康	華	洋	理	央	清	寛	賢	15
総	清	紀	賢	旺	博	英	彩	総	妙	雅	玲	16
泰	妙	寛	玲	恵	法	明	智	泰	妙	清	紀	17
理	佑	雅	紀	和	範	華	洋	理	佑	妙	紀	18
彩	央	清	寛	将	康	博	英	彩	央	佑	寛	19
智	総	妙	雅	陽	旺	法	明	智	総	央	雅	20
洋	泰	佑	清	賢	恵	範	華	洋	泰	総	清	21
英	理	央	妙	玲	和	康	博	英	理	泰	妙	22
明	彩	総	佑	紀	将	旺	法	明	彩	理	佑	23
華	智	泰	央	寛	陽	恵	範	華	智	彩	央	24
博	洋	理	総	雅	賢	和	康	博	洋	智	総	25
法	英	彩	泰	清	玲	将	旺	法	英	洋	泰	26
範	明	智	理	妙	紀	陽	恵	範	明	英	理	27
康	華	洋	彩	佑	寛	賢	和	康	華	明	彩	28
旺	博	英	智	央	雅	玲	将	旺	博	華	智	29
恵	法	明	洋	総	清	紀	陽	恵	法		洋	30
和		華		泰	妙		賢		範		英	31

1983年（昭和58年）

12月	11月	10月	9月	8月	7月	6月	5月	4月	3月	2月	1月	
恵	康	華	智	総	清	紀	陽	恵	範	範	華	1
和	旺	博	洋	泰	妙	寛	賢	和	康	康	博	2
将	恵	法	英	理	佑	雅	玲	将	旺	旺	法	3
賢	和	範	明	彩	央	清	紀	陽	恵	恵	範	4
玲	和	康	華	智	総	妙	寛	賢	和	和	康	5
紀	将	旺	博	洋	泰	佑	雅	玲	将	将	旺	6
寛	陽	恵	範	英	理	央	清	紀	陽	陽	恵	7
雅	賢	和	康	明	彩	総	妙	寛	賢	賢	和	8
清	玲	将	旺	華	智	泰	佑	雅	玲	玲	将	9
妙	紀	陽	恵	博	洋	理	央	清	紀	紀	陽	10
佑	寛	賢	和	法	英	彩	総	妙	寛	寛	賢	11
央	雅	玲	将	範	明	智	泰	佑	雅	雅	玲	12
総	清	紀	陽	康	華	洋	泰	央	清	雅	紀	13
泰	妙	寛	賢	旺	博	英	理	総	妙	清	紀	14
理	佑	雅	玲	恵	法	明	彩	泰	妙	妙	寛	15
彩	央	清	紀	和	範	華	智	理	佑	佑	雅	16
智	総	妙	寛	将	康	博	洋	彩	央	央	清	17
洋	泰	佑	雅	陽	旺	法	英	智	総	総	妙	18
英	理	央	清	賢	恵	範	明	洋	泰	泰	佑	19
明	彩	総	妙	玲	和	康	華	英	理	理	央	20
華	智	泰	佑	紀	将	旺	博	明	彩	彩	総	21
博	洋	理	央	寛	陽	恵	法	華	智	智	泰	22
法	英	彩	総	雅	賢	和	範	博	洋	洋	理	23
範	明	智	泰	清	玲	将	康	法	英	英	彩	24
康	華	洋	理	妙	紀	陽	旺	範	明	明	智	25
旺	博	英	彩	佑	寛	賢	恵	康	華	華	洋	26
恵	法	明	智	央	雅	玲	和	旺	博	博	英	27
和	範	華	洋	総	清	紀	将	恵	法	法	明	28
将	康	博	英	泰	妙	寛	陽	和	範		華	29
陽	旺	法	明	理	佑	雅	賢	将	康		博	30
賢		範		彩	央		玲		旺		法	31

1982年（昭和57年）

12月	11月	10月	9月	8月	7月	6月	5月	4月	3月	2月	1月	
彩	泰	佑	寛	将	旺	法	華	英	理	理	央	1
智	理	央	雅	陽	恵	範	博	明	彩	彩	総	2
洋	彩	総	清	賢	和	康	法	華	智	智	泰	3
英	智	泰	妙	玲	将	旺	範	博	洋	洋	理	4
明	洋	理	佑	紀	陽	恵	康	法	英	英	彩	5
華	英	彩	央	寛	賢	和	旺	範	明	明	智	6
博	明	智	総	雅	玲	将	恵	康	華	華	洋	7
法	華	洋	泰	清	紀	陽	和	旺	博	博	英	8
範	博	英	理	妙	寛	賢	将	恵	法	法	明	9
康	法	明	彩	佑	雅	玲	陽	和	範	範	華	10
旺	範	華	智	央	清	紀	賢	将	康	康	博	11
恵	康	博	洋	総	妙	寛	玲	陽	旺	旺	法	12
和	旺	法	英	泰	佑	雅	紀	賢	恵	恵	範	13
将	恵	範	明	理	央	清	寛	玲	和	和	康	14
賢	和	康	華	彩	総	妙	雅	紀	将	将	旺	15
玲	和	旺	博	智	泰	佑	清	寛	陽	陽	恵	16
紀	将	旺	範	洋	理	央	妙	雅	賢	賢	和	17
寛	陽	恵	康	英	彩	総	佑	清	玲	玲	将	18
雅	賢	和	旺	華	智	泰	央	妙	紀	紀	陽	19
清	玲	将	恵	博	洋	理	総	佑	寛	寛	賢	20
妙	紀	陽	和	法	洋	彩	泰	央	雅	雅	玲	21
佑	寛	賢	将	範	英	智	理	総	清	清	紀	22
央	雅	玲	陽	康	明	洋	泰	泰	妙	妙	寛	23
総	清	紀	賢	旺	華	英	理	泰	佑	妙	雅	24
泰	妙	寛	玲	恵	博	明	彩	理	央	佑	雅	25
理	佑	雅	紀	和	法	華	智	彩	総	央	清	26
彩	央	清	寛	将	範	博	洋	智	泰	総	妙	27
智	総	妙	雅	陽	康	法	英	洋	理	泰	佑	28
洋	泰	佑	清	賢	旺	範	明	英	彩		央	29
英	理	央	妙	玲	恵	康	華	明	智		総	30
明		総		紀	和		博		洋		泰	31

1985年（昭和60年）

12月	11月	10月	9月	8月	7月	6月	5月	4月	3月	2月	1月	
明	智	総	妙	玲	将	旺	法	華	智	智	泰	1
華	洋	泰	佑	紀	陽	恵	範	博	洋	洋	理	2
博	英	理	央	寛	賢	和	康	法	英	英	彩	3
法	明	彩	総	雅	玲	将	旺	範	明	明	智	4
範	華	智	泰	清	紀	陽	恵	康	華	華	洋	5
康	博	洋	理	妙	寛	賢	和	旺	博	博	英	6
旺	法	英	彩	佑	雅	玲	将	恵	法	法	明	7
恵	範	明	智	央	清	紀	陽	和	範	範	華	8
和	康	華	洋	総	妙	寛	賢	将	康	康	博	9
将	旺	博	英	泰	佑	雅	玲	陽	旺	旺	法	10
陽	恵	法	明	理	央	清	紀	賢	恵	恵	範	11
賢	和	範	華	彩	総	妙	寛	玲	和	和	康	12
玲	将	康	博	智	泰	佑	雅	紀	将	将	旺	13
紀	陽	旺	法	洋	理	央	清	寛	陽	陽	恵	14
寛	賢	恵	範	英	彩	総	妙	雅	賢	賢	和	15
雅	玲	和	康	華	智	泰	佑	清	玲	玲	将	16
清	紀	将	旺	博	洋	理	央	妙	紀	紀	陽	17
妙	寛	陽	恵	法	洋	彩	総	佑	寛	寛	賢	18
佑	雅	賢	和	範	英	智	泰	央	雅	雅	玲	19
央	清	玲	将	康	明	洋	泰	央	清	雅	紀	20
総	妙	紀	陽	旺	華	英	理	総	妙	清	紀	21
泰	佑	寛	賢	恵	博	明	彩	泰	佑	妙	寛	22
理	央	雅	玲	和	法	華	智	理	央	佑	雅	23
彩	総	清	紀	将	範	博	洋	彩	総	央	清	24
智	泰	妙	寛	陽	康	法	英	智	泰	総	妙	25
洋	理	佑	雅	賢	旺	範	明	洋	理	泰	佑	26
英	彩	央	清	玲	恵	康	華	英	彩	理	央	27
明	智	総	妙	紀	和	旺	博	明	智	彩	総	28
華	洋	泰	佑	寛	将	恵	法	華	洋		泰	29
博	英	理	央	雅	陽	和	範	博	英		理	30
法		彩		清	賢		康		明		彩	31

1984年（昭和59年）

12月	11月	10月	9月	8月	7月	6月	5月	4月	3月	2月	1月	
清	雅	玲	将	康	明	智	泰	央	清	雅	玲	1
妙	清	紀	陽	旺	華	洋	理	総	妙	雅	紀	2
佑	妙	寛	賢	恵	博	英	彩	泰	妙	清	紀	3
央	佑	雅	玲	和	法	明	智	理	佑	妙	寛	4
総	央	清	紀	将	範	華	洋	彩	央	佑	雅	5
泰	総	妙	寛	陽	康	博	英	智	総	央	清	6
理	泰	佑	雅	賢	旺	法	明	洋	泰	総	妙	7
彩	理	央	清	玲	恵	範	華	英	理	泰	佑	8
智	彩	総	妙	紀	和	康	博	明	彩	理	央	9
洋	智	泰	佑	寛	将	旺	法	華	智	彩	総	10
英	洋	理	央	雅	陽	恵	範	博	洋	智	泰	11
明	英	彩	総	清	賢	和	康	法	英	洋	理	12
華	明	智	泰	妙	玲	将	旺	範	明	英	彩	13
博	華	洋	理	佑	紀	陽	恵	康	華	明	智	14
法	博	英	彩	央	寛	賢	和	旺	博	華	洋	15
範	法	明	智	総	雅	玲	将	恵	法	博	英	16
康	範	華	洋	泰	清	紀	陽	和	範	法	明	17
旺	康	博	英	理	妙	寛	賢	将	康	範	華	18
恵	旺	法	明	彩	佑	雅	玲	陽	旺	康	博	19
和	恵	範	華	智	央	清	紀	賢	恵	旺	法	20
将	和	康	博	洋	総	妙	寛	玲	和	恵	範	21
賢	将	旺	法	英	泰	佑	雅	紀	将	和	康	22
玲	和	恵	範	明	理	央	清	寛	陽	将	旺	23
紀	将	和	康	華	彩	総	妙	雅	賢	陽	恵	24
寛	陽	和	旺	博	智	泰	佑	清	玲	賢	和	25
雅	賢	将	恵	法	洋	理	央	妙	紀	玲	将	26
清	玲	陽	和	範	英	彩	総	佑	寛	紀	陽	27
妙	紀	賢	将	康	華	智	泰	央	雅	寛	賢	28
佑	寛	玲	陽	旺	博	洋	理	総	清	雅	玲	29
央	雅	紀	賢	恵	法	英	彩	泰	妙		紀	30
総		寛		和	範		彩		佑		寛	31

1987年（昭和62年）

12月	11月	10月	9月	8月	7月	6月	5月	4月	3月	2月	1月	
佑	雅	玲	将	範	法	明	智	理	佑	妙	寛	1
央	清	紀	陽	康	範	華	洋	彩	央	佑	雅	2
総	妙	寛	賢	旺	康	博	英	智	総	央	清	3
泰	佑	雅	玲	恵	旺	法	明	洋	泰	総	妙	4
理	央	清	紀	和	恵	範	華	英	理	泰	佑	5
彩	総	妙	寛	将	和	康	博	明	彩	理	央	6
智	泰	佑	雅	陽	将	旺	法	華	智	彩	総	7
洋	理	央	清	賢	陽	恵	範	博	洋	智	泰	8
英	彩	総	妙	玲	賢	和	康	法	英	洋	理	9
明	智	泰	佑	紀	玲	将	旺	範	明	英	彩	10
華	洋	理	央	寛	紀	陽	恵	康	華	明	智	11
博	英	彩	総	雅	寛	賢	和	旺	博	華	洋	12
法	明	智	泰	清	雅	玲	将	恵	法	博	英	13
範	華	洋	理	妙	清	紀	陽	和	範	法	明	14
康	博	英	彩	佑	妙	寛	賢	将	康	範	華	15
旺	法	明	智	央	佑	雅	玲	陽	旺	康	博	16
恵	範	華	洋	総	央	清	紀	賢	恵	旺	法	17
和	康	博	英	泰	総	妙	寛	玲	和	恵	範	18
将	旺	法	明	理	泰	佑	雅	紀	将	和	康	19
陽	恵	範	華	彩	理	央	清	寛	陽	将	旺	20
賢	和	康	博	智	彩	総	妙	雅	賢	陽	恵	21
玲	将	旺	法	洋	智	泰	佑	清	玲	賢	和	22
紀	陽	旺	範	英	洋	理	央	妙	紀	玲	将	23
寛	賢	恵	康	華	英	彩	総	佑	寛	紀	陽	24
雅	玲	和	旺	博	明	智	泰	央	雅	寛	賢	25
清	紀	将	恵	法	洋	洋	理	総	清	雅	玲	26
妙	寛	陽	和	範	英	英	彩	泰	妙	清	紀	27
佑	雅	賢	将	康	明	明	彩	泰	佑	妙	寛	28
央	清	玲	陽	旺	華	華	智	理	央		雅	29
総	妙	紀	賢	恵	博	博	洋	彩	総		雅	30
泰		寛		和	法		英		泰		清	31

1986年（昭和61年）

12月	11月	10月	9月	8月	7月	6月	5月	4月	3月	2月	1月	
陽	恵	範	明	彩	総	妙	寛	玲	和	和	範	1
賢	和	康	華	智	泰	佑	雅	紀	将	将	康	2
玲	将	旺	博	洋	理	央	清	寛	陽	陽	旺	3
紀	陽	旺	範	英	彩	総	妙	雅	賢	賢	恵	4
寛	賢	恵	康	明	智	泰	佑	清	玲	玲	和	5
雅	玲	和	旺	華	洋	理	央	妙	紀	紀	将	6
清	紀	将	恵	博	洋	彩	総	佑	寛	寛	陽	7
妙	寛	陽	和	法	英	智	泰	央	雅	雅	賢	8
佑	雅	賢	将	範	明	洋	泰	央	清	雅	玲	9
央	清	玲	陽	康	華	英	理	総	妙	清	紀	10
総	妙	紀	賢	旺	博	明	彩	泰	佑	妙	寛	11
泰	佑	寛	玲	恵	法	華	智	理	央	佑	雅	12
理	央	雅	紀	和	範	博	洋	彩	総	央	清	13
彩	総	清	寛	将	康	法	英	智	泰	総	妙	14
智	泰	妙	雅	陽	旺	範	明	洋	理	泰	佑	15
洋	理	佑	清	賢	恵	康	華	英	彩	理	央	16
英	彩	央	妙	玲	和	旺	博	明	智	彩	総	17
明	智	総	佑	紀	将	恵	法	華	洋	智	泰	18
華	洋	泰	央	寛	陽	和	範	博	英	洋	理	19
博	英	理	総	雅	賢	将	康	法	明	英	彩	20
法	明	彩	泰	清	玲	陽	旺	範	華	明	智	21
範	華	智	理	妙	紀	賢	恵	康	博	華	洋	22
康	博	洋	彩	佑	寛	玲	和	旺	法	博	英	23
旺	法	英	智	央	雅	紀	将	恵	範	法	明	24
恵	範	明	洋	総	清	寛	陽	和	康	範	華	25
和	康	華	英	泰	妙	雅	賢	将	旺	康	博	26
将	旺	博	明	理	佑	清	玲	陽	恵	旺	法	27
陽	恵	法	華	彩	央	妙	紀	賢	和	恵	範	28
賢	和	範	博	智	総	佑	寛	玲	将		康	29
玲	将	康	法	洋	泰	央	雅	紀	陽		旺	30
紀		旺		英	理		清		賢		恵	31

1989年（平成元年）

12月	11月	10月	9月	8月	7月	6月	5月	4月	3月	2月	1月	
寛	陽	恵	康	明	彩	泰	妙	寛	賢	陽	恵	1
雅	賢	和	旺	華	智	理	佑	雅	玲	賢	和	2
清	玲	将	恵	博	洋	彩	央	清	紀	玲	将	3
妙	紀	陽	和	法	英	彩	総	妙	寛	紀	陽	4
佑	寛	賢	将	範	明	智	泰	佑	雅	寛	賢	5
央	雅	玲	陽	康	華	洋	理	央	清	雅	玲	6
総	清	紀	賢	旺	博	英	彩	総	妙	清	紀	7
泰	妙	寛	玲	恵	法	明	智	泰	妙	妙	紀	8
理	佑	雅	紀	和	範	華	洋	理	佑	佑	寛	9
彩	央	清	寛	将	康	博	英	彩	央	央	雅	10
智	総	妙	雅	陽	旺	法	明	智	総	総	清	11
洋	泰	佑	清	賢	恵	範	華	洋	泰	泰	妙	12
英	理	央	妙	玲	和	康	博	英	理	理	佑	13
明	彩	総	佑	紀	将	旺	法	明	彩	彩	央	14
華	智	泰	央	寛	陽	恵	範	華	智	智	総	15
博	洋	理	総	雅	賢	和	康	博	洋	洋	泰	16
法	英	彩	泰	清	玲	将	旺	法	英	英	理	17
範	明	智	理	妙	紀	陽	恵	範	明	明	彩	18
康	華	洋	彩	佑	寛	賢	和	康	華	華	智	19
旺	博	英	智	央	雅	玲	将	旺	博	博	洋	20
恵	法	明	洋	総	清	紀	陽	恵	法	法	英	21
和	範	華	英	泰	妙	寛	賢	和	範	範	明	22
将	康	博	明	理	佑	雅	玲	将	康	康	華	23
陽	旺	法	華	彩	央	清	紀	陽	旺	旺	博	24
賢	恵	範	博	智	総	妙	寛	賢	恵	恵	法	25
玲	和	康	法	洋	泰	佑	雅	玲	和	和	範	26
紀	将	旺	範	英	理	央	清	紀	将	将	康	27
紀	賢	恵	康	明	彩	総	妙	寛	陽	陽	旺	28
寛	玲	和	旺	華	智	泰	佑	雅	賢		恵	29
雅	紀	和	旺	博	洋	理	央	清	玲		和	30
清		将		範	英		総		紀		将	31

1988年（昭和63年）

12月	11月	10月	9月	8月	7月	6月	5月	4月	3月	2月	1月	
法	明	智	泰	清	紀	陽	恵	範	明	英	理	1
範	華	洋	理	妙	寛	賢	和	康	華	明	彩	2
康	博	英	彩	佑	雅	玲	将	旺	博	華	智	3
旺	法	明	智	央	清	紀	陽	恵	法	博	洋	4
恵	範	華	洋	総	妙	寛	賢	和	範	法	英	5
和	康	博	英	泰	佑	雅	玲	将	康	範	明	6
将	旺	法	明	理	央	清	紀	陽	旺	康	華	7
陽	恵	範	華	彩	総	妙	寛	賢	恵	旺	博	8
賢	和	康	博	智	泰	佑	雅	玲	和	恵	法	9
玲	将	旺	法	洋	理	央	清	紀	将	和	範	10
紀	陽	旺	範	英	彩	総	妙	寛	陽	将	康	11
寛	賢	恵	康	華	智	泰	佑	雅	賢	陽	旺	12
雅	玲	和	旺	博	洋	理	央	清	玲	賢	恵	13
清	紀	将	恵	法	洋	彩	総	妙	紀	玲	和	14
妙	寛	陽	和	範	英	智	泰	佑	寛	紀	将	15
佑	雅	賢	将	康	明	洋	泰	央	雅	寛	陽	16
央	清	玲	陽	旺	華	英	理	総	清	雅	賢	17
総	妙	紀	賢	恵	博	明	彩	泰	妙	雅	玲	18
泰	佑	寛	玲	和	法	華	智	理	佑	清	紀	19
理	央	雅	紀	将	範	博	洋	彩	央	妙	寛	20
彩	総	清	寛	陽	康	法	英	智	総	佑	雅	21
智	泰	妙	雅	賢	旺	範	明	洋	泰	央	清	22
洋	理	佑	清	玲	恵	康	華	英	理	総	妙	23
英	彩	央	妙	紀	和	旺	博	明	彩	泰	佑	24
明	智	総	佑	寛	将	恵	法	華	智	理	央	25
華	洋	泰	央	雅	陽	和	範	博	洋	彩	総	26
博	英	理	総	清	賢	将	康	法	英	智	泰	27
法	明	彩	泰	妙	玲	陽	旺	範	明	洋	理	28
範	華	智	理	佑	紀	賢	恵	康	華	英	彩	29
康	博	洋	彩	央	寛	玲	和	旺	博		智	30
旺		英		総	雅		将		法		洋	31

1991年（平成3年）

12月	11月	10月	9月	8月	7月	6月	5月	4月	3月	2月	1月	
康	法	明	彩	佑	雅	玲	和	旺	博	博	英	1
旺	範	華	智	央	清	紀	将	恵	法	法	明	2
恵	康	博	洋	総	妙	寛	陽	和	範	範	華	3
和	旺	法	英	泰	佑	雅	賢	将	康	康	博	4
将	恵	範	明	理	央	清	玲	陽	旺	旺	法	5
賢	和	康	華	彩	総	妙	紀	賢	恵	恵	範	6
玲	和	旺	博	智	泰	佑	寛	玲	和	和	康	7
紀	将	旺	範	洋	理	央	雅	紀	将	将	旺	8
寛	陽	恵	康	英	彩	総	清	寛	陽	陽	恵	9
雅	賢	和	旺	華	智	泰	妙	雅	賢	賢	和	10
清	玲	将	恵	博	洋	理	佑	清	玲	玲	将	11
妙	紀	陽	和	法	洋	彩	央	妙	紀	紀	陽	12
佑	寛	賢	将	範	英	智	総	佑	寛	寛	賢	13
央	雅	玲	陽	康	明	洋	泰	央	雅	雅	玲	14
総	清	紀	賢	旺	華	英	理	央	清	雅	紀	15
泰	妙	寛	玲	恵	博	明	彩	総	妙	清	紀	16
理	佑	雅	紀	和	法	華	智	泰	佑	妙	寛	17
彩	央	清	寛	将	範	博	洋	理	央	佑	雅	18
智	総	妙	雅	陽	康	法	英	彩	総	央	清	19
洋	泰	佑	清	賢	旺	範	明	智	泰	総	妙	20
英	理	央	妙	玲	恵	康	華	洋	理	泰	佑	21
明	彩	総	佑	紀	和	旺	博	英	彩	理	央	22
華	智	泰	央	寛	将	恵	法	明	智	彩	総	23
博	洋	理	総	雅	陽	和	範	華	洋	智	泰	24
法	英	彩	泰	清	賢	将	康	博	英	洋	理	25
範	明	智	理	妙	玲	陽	旺	法	明	英	彩	26
康	華	洋	彩	佑	紀	賢	恵	範	華	明	智	27
旺	博	英	智	央	寛	玲	和	康	博	華	洋	28
恵	法	明	洋	総	雅	紀	将	旺	法		英	29
和	範	華	英	泰	清	寛	陽	恵	範		明	30
将		博		理	妙		賢		康		華	31

1990年（平成2年）

12月	11月	10月	9月	8月	7月	6月	5月	4月	3月	2月	1月	
理	央	清	紀	和	範	範	明	智	泰	総	妙	1
彩	総	妙	寛	将	康	康	華	洋	理	泰	佑	2
智	泰	佑	雅	陽	旺	旺	博	英	彩	理	央	3
洋	理	央	清	賢	恵	恵	法	明	智	彩	総	4
英	彩	総	妙	玲	和	和	範	華	洋	智	泰	5
明	智	泰	佑	紀	将	将	康	博	英	洋	理	6
華	洋	理	央	寛	陽	陽	旺	法	明	英	彩	7
博	英	彩	総	雅	賢	賢	恵	範	華	明	智	8
法	明	智	泰	清	玲	玲	和	康	博	華	洋	9
範	華	洋	理	妙	紀	紀	将	旺	法	博	英	10
康	博	英	彩	佑	寛	寛	陽	恵	範	法	明	11
旺	法	明	智	央	雅	雅	賢	和	康	範	華	12
恵	範	華	洋	総	清	清	玲	将	旺	康	博	13
和	康	博	英	泰	妙	妙	紀	陽	恵	旺	法	14
将	旺	法	明	理	佑	佑	寛	賢	和	恵	範	15
陽	恵	範	華	彩	央	央	雅	玲	将	和	康	16
賢	和	康	博	智	総	総	清	紀	陽	将	旺	17
玲	将	旺	法	洋	泰	泰	妙	寛	賢	陽	恵	18
紀	陽	旺	範	英	理	理	佑	雅	玲	賢	和	19
寛	賢	恵	康	華	彩	彩	央	清	紀	玲	将	20
雅	玲	和	旺	博	智	智	総	妙	寛	紀	陽	21
清	紀	将	恵	法	洋	洋	泰	佑	雅	寛	賢	22
妙	寛	陽	和	範	英	彩	理	央	清	雅	玲	23
佑	雅	賢	将	康	明	智	彩	総	妙	清	紀	24
央	清	玲	陽	旺	華	洋	智	泰	佑	妙	寛	25
総	妙	紀	賢	恵	博	英	洋	理	央	佑	雅	26
泰	佑	寛	玲	和	法	明	英	彩	央	央	雅	27
理	央	雅	紀	将	範	華	明	智	総	総	清	28
彩	総	清	寛	陽	康	博	華	洋	泰		妙	29
智	泰	妙	雅	賢	旺	法	博	英	理		佑	30
洋		佑		玲	恵		法		彩		央	31

1993年（平成5年）

12月	11月	10月	9月	8月	7月	6月	5月	4月	3月	2月	1月	
洋	彩	央	雅	賢	恵	康	華	華	洋	智	泰	1
英	智	総	清	玲	和	旺	博	博	英	洋	理	2
明	洋	泰	妙	紀	将	恵	法	法	明	英	彩	3
華	英	理	佑	寛	陽	和	範	範	華	明	智	4
博	明	彩	央	雅	賢	将	康	康	博	華	洋	5
法	華	智	総	清	玲	陽	旺	旺	法	博	英	6
範	博	洋	泰	妙	紀	賢	恵	恵	範	法	明	7
康	法	英	理	佑	寛	玲	和	和	康	範	華	8
旺	範	明	彩	央	雅	紀	将	将	旺	康	博	9
恵	康	華	智	総	清	寛	陽	陽	恵	旺	法	10
和	旺	博	洋	泰	妙	雅	賢	賢	和	恵	範	11
将	恵	法	英	理	佑	清	玲	玲	将	和	康	12
賢	和	範	明	彩	央	妙	紀	紀	陽	将	旺	13
玲	和	康	華	智	総	佑	寛	寛	賢	陽	恵	14
紀	将	旺	博	洋	泰	央	雅	雅	玲	賢	和	15
寛	陽	恵	範	英	理	総	清	清	紀	玲	将	16
雅	賢	和	康	明	彩	泰	妙	妙	寛	紀	陽	17
清	玲	将	旺	華	智	理	佑	佑	雅	寛	賢	18
妙	紀	陽	恵	博	洋	彩	央	央	清	雅	玲	19
佑	寛	賢	和	法	英	彩	総	総	妙	清	紀	20
央	雅	玲	将	範	明	智	泰	泰	佑	妙	寛	21
総	清	紀	陽	康	華	洋	理	央	央	佑	雅	22
泰	妙	寛	賢	旺	博	英	彩	総	央	央	雅	23
理	佑	雅	玲	恵	法	明	智	泰	総	総	清	24
彩	央	清	紀	和	範	華	洋	理	泰	泰	妙	25
智	総	妙	寛	将	康	博	英	彩	理	理	佑	26
洋	泰	佑	雅	陽	旺	法	明	智	彩	彩	央	27
英	理	央	清	賢	恵	範	華	洋	智	智	総	28
明	彩	総	妙	玲	和	康	博	英	洋		泰	29
華	智	泰	佑	紀	将	旺	法	明	英		理	30
博		理		寛	陽		範		明		彩	31

1992年（平成4年）

12月	11月	10月	9月	8月	7月	6月	5月	4月	3月	2月	1月	
佑	寛	賢	和	法	英	彩	総	佑	寛	紀	陽	1
央	雅	玲	将	範	明	智	泰	央	雅	寛	賢	2
総	清	紀	陽	康	華	洋	泰	央	清	雅	玲	3
泰	妙	寛	賢	旺	博	英	理	総	妙	雅	紀	4
理	佑	雅	玲	恵	法	明	彩	泰	佑	清	紀	5
彩	央	清	紀	和	範	華	智	理	央	妙	寛	6
智	総	妙	寛	将	康	博	洋	彩	総	佑	雅	7
洋	泰	佑	雅	陽	旺	法	英	智	泰	央	清	8
英	理	央	清	賢	恵	範	明	洋	理	総	妙	9
明	彩	総	妙	玲	和	康	華	英	彩	泰	佑	10
華	智	泰	佑	紀	将	旺	博	明	智	理	央	11
博	洋	理	央	寛	陽	恵	法	華	洋	彩	総	12
法	英	彩	総	雅	賢	和	範	博	英	智	泰	13
範	明	智	泰	清	玲	将	康	法	明	洋	理	14
康	華	洋	理	妙	紀	陽	旺	範	華	英	彩	15
旺	博	英	彩	佑	寛	賢	恵	康	博	明	智	16
恵	法	明	智	央	雅	玲	和	旺	法	華	洋	17
和	範	華	洋	総	清	紀	将	恵	範	博	英	18
将	康	博	英	泰	妙	寛	陽	和	康	法	明	19
陽	旺	法	明	理	佑	雅	賢	将	旺	範	華	20
賢	恵	範	華	彩	央	清	玲	陽	恵	康	博	21
玲	和	康	博	智	総	妙	紀	賢	和	旺	法	22
紀	将	旺	法	洋	泰	佑	寛	玲	将	恵	範	23
紀	賢	恵	範	英	理	央	雅	紀	陽	和	康	24
寛	玲	和	康	明	彩	総	清	寛	賢	将	旺	25
雅	紀	和	旺	華	智	泰	妙	雅	玲	陽	恵	26
清	寛	将	恵	博	洋	理	佑	清	紀	賢	和	27
妙	雅	陽	和	範	英	彩	央	妙	寛	玲	将	28
佑	清	賢	将	康	明	智	総	佑	雅	紀	陽	29
央	妙	玲	陽	旺	華	洋	泰	央	清		賢	30
総		紀		恵	博		理		妙		玲	31

1995年（平成7年）

12月	11月	10月	9月	8月	7月	6月	5月	4月	3月	2月	1月	
清	寛	陽	陽	康	華	英	理	総	妙	清	紀	1
妙	雅	賢	賢	旺	博	明	彩	泰	佑	妙	寛	2
佑	清	玲	玲	恵	法	華	智	理	央	佑	雅	3
央	妙	紀	紀	和	範	博	洋	彩	総	央	清	4
総	佑	寛	寛	将	康	法	英	智	泰	総	妙	5
泰	央	雅	雅	陽	旺	範	明	洋	理	泰	佑	6
理	総	清	清	賢	恵	康	華	英	彩	理	央	7
彩	泰	妙	妙	玲	和	旺	博	明	智	彩	総	8
智	理	佑	佑	紀	将	恵	法	華	洋	智	泰	9
洋	彩	央	央	寛	陽	和	範	博	英	洋	理	10
英	智	総	総	雅	賢	将	康	法	明	英	彩	11
明	洋	泰	泰	清	玲	陽	旺	範	華	明	智	12
華	英	理	理	妙	紀	賢	恵	康	博	華	洋	13
博	明	彩	彩	佑	寛	玲	和	旺	法	博	英	14
法	華	智	智	央	雅	紀	将	恵	範	法	明	15
範	博	洋	洋	総	清	寛	陽	和	康	範	華	16
康	法	英	英	泰	妙	雅	賢	将	旺	康	博	17
旺	範	明	明	理	佑	清	玲	陽	恵	旺	法	18
恵	康	華	華	彩	央	妙	紀	賢	和	恵	範	19
和	旺	博	博	智	総	佑	寛	玲	将	和	康	20
将	恵	法	法	洋	泰	央	雅	紀	陽	将	旺	21
賢	和	範	範	英	理	総	清	寛	賢	陽	恵	22
玲	和	康	康	明	彩	泰	妙	雅	玲	賢	和	23
紀	将	旺	旺	博	智	理	佑	清	紀	玲	将	24
寛	陽	恵	範	法	洋	彩	央	妙	寛	紀	陽	25
雅	賢	和	康	範	英	智	総	佑	雅	寛	賢	26
清	玲	将	旺	康	明	洋	泰	央	清	雅	玲	27
妙	紀	陽	恵	旺	華	洋	理	総	妙	清	紀	28
佑	寛	賢	和	恵	博	英	彩	泰	佑		寛	29
央	雅	玲	将	和	法	明	智	泰	央		雅	30
総		紀		将	範		洋		央		雅	31

1994年（平成6年）

12月	11月	10月	9月	8月	7月	6月	5月	4月	3月	2月	1月	
将	旺	博	英	泰	佑	雅	玲	陽	恵	旺	法	1
陽	恵	法	明	理	央	清	紀	賢	和	恵	範	2
賢	和	範	華	彩	総	妙	寛	玲	将	和	康	3
玲	将	康	博	智	泰	佑	雅	紀	陽	将	旺	4
紀	陽	旺	法	洋	理	央	清	寛	賢	陽	恵	5
寛	賢	恵	範	英	彩	総	妙	雅	玲	賢	和	6
雅	玲	和	康	華	智	泰	佑	清	紀	玲	将	7
清	紀	将	旺	博	洋	理	央	妙	寛	紀	陽	8
妙	寛	陽	恵	法	洋	彩	総	佑	雅	寛	賢	9
佑	雅	賢	和	範	英	智	泰	央	清	雅	玲	10
央	清	玲	将	康	明	洋	泰	央	妙	清	紀	11
総	妙	紀	陽	旺	華	英	理	総	妙	妙	紀	12
泰	佑	寛	賢	恵	博	明	彩	泰	佑	佑	寛	13
理	央	雅	玲	和	法	華	智	理	央	央	雅	14
彩	総	清	紀	将	範	博	洋	彩	総	総	清	15
智	泰	妙	寛	陽	康	法	英	智	泰	泰	妙	16
洋	理	佑	雅	賢	旺	範	明	洋	理	理	佑	17
英	彩	央	清	玲	恵	康	華	英	彩	彩	央	18
明	智	総	妙	紀	和	旺	博	明	智	智	総	19
華	洋	泰	佑	寛	将	恵	法	華	洋	洋	泰	20
博	英	理	央	雅	陽	和	範	博	英	英	理	21
法	明	彩	総	清	賢	将	康	法	明	明	彩	22
範	華	智	泰	妙	玲	陽	旺	範	華	華	智	23
康	博	洋	理	佑	紀	賢	恵	康	博	博	洋	24
旺	法	英	彩	央	寛	玲	和	旺	法	法	英	25
恵	範	明	智	総	雅	紀	将	恵	範	範	明	26
和	康	華	洋	泰	清	寛	陽	和	康	康	華	27
将	旺	博	英	理	妙	雅	賢	将	旺	旺	博	28
陽	恵	法	明	彩	佑	清	玲	陽	恵		法	29
賢	和	範	華	智	央	妙	紀	賢	和		範	30
玲		康		洋	総		寛		将		康	31

1997年（平成9年）

12月	11月	10月	9月	8月	7月	6月	5月	4月	3月	2月	1月	
玲	将	旺	法	洋	理	央	清	紀	将	将	康	1
紀	陽	旺	範	英	彩	総	妙	寛	陽	陽	旺	2
寛	賢	恵	康	華	智	泰	佑	雅	賢	賢	恵	3
雅	玲	和	旺	博	洋	理	央	清	玲	玲	和	4
清	紀	将	恵	法	洋	彩	総	妙	紀	紀	将	5
妙	寛	陽	和	範	英	智	泰	佑	寛	寛	陽	6
佑	雅	賢	将	康	明	洋	泰	央	雅	雅	賢	7
央	清	玲	陽	旺	華	英	理	総	清	雅	玲	8
総	妙	紀	賢	恵	博	明	彩	泰	妙	清	紀	9
泰	佑	寛	玲	和	法	華	智	理	佑	妙	寛	10
理	央	雅	紀	将	範	博	洋	彩	央	佑	雅	11
彩	総	清	寛	陽	康	法	英	智	総	央	清	12
智	泰	妙	雅	賢	旺	範	明	洋	泰	総	妙	13
洋	理	佑	清	玲	恵	康	華	英	理	泰	佑	14
英	彩	央	妙	紀	和	旺	博	明	彩	理	央	15
明	智	総	佑	寛	将	恵	法	華	智	彩	総	16
華	洋	泰	央	雅	陽	和	範	博	洋	智	泰	17
博	英	理	総	清	賢	将	康	法	英	洋	理	18
法	明	彩	泰	妙	玲	陽	旺	範	明	英	彩	19
範	華	智	理	佑	紀	賢	恵	康	華	明	智	20
康	博	洋	彩	央	寛	玲	和	旺	博	華	洋	21
旺	法	英	智	総	雅	紀	将	恵	法	博	英	22
恵	範	明	洋	泰	清	寛	陽	和	範	法	明	23
和	康	華	英	理	妙	雅	賢	将	康	範	華	24
将	旺	博	明	彩	佑	清	玲	陽	旺	康	博	25
陽	恵	法	華	智	央	妙	紀	賢	恵	旺	法	26
賢	和	範	博	洋	総	佑	寛	玲	和	恵	範	27
玲	将	康	法	英	泰	央	雅	紀	将	和	康	28
紀	陽	旺	範	明	理	総	清	寛	陽		旺	29
紀	賢	恵	康	華	彩	泰	妙	雅	賢		恵	30
寛		和		博	智		佑		玲		和	31

1996年（平成8年）

12月	11月	10月	9月	8月	7月	6月	5月	4月	3月	2月	1月	
華	英	理	央	寛	賢	将	康	法	英	洋	泰	1
博	明	彩	総	雅	玲	陽	旺	範	明	英	理	2
法	華	智	泰	清	紀	賢	恵	康	華	明	彩	3
範	博	洋	理	妙	寛	玲	和	旺	博	華	智	4
康	法	英	彩	佑	雅	紀	将	恵	法	博	洋	5
旺	範	明	智	央	清	寛	陽	和	範	法	英	6
恵	康	華	洋	総	妙	雅	賢	将	康	範	明	7
和	旺	博	英	泰	佑	清	玲	陽	旺	康	華	8
将	恵	法	明	理	央	妙	紀	賢	恵	旺	博	9
陽	和	範	華	彩	総	佑	寛	玲	和	恵	法	10
賢	和	康	博	智	泰	央	雅	紀	将	和	範	11
玲	将	旺	法	洋	理	総	清	寛	陽	将	康	12
紀	陽	恵	範	英	彩	泰	妙	雅	賢	陽	旺	13
寛	賢	和	康	華	智	理	佑	清	玲	賢	恵	14
雅	玲	将	旺	博	洋	彩	央	妙	紀	玲	和	15
清	紀	陽	恵	法	洋	彩	総	佑	寛	紀	将	16
妙	寛	賢	和	範	英	智	泰	央	雅	寛	陽	17
佑	雅	玲	将	康	明	洋	理	央	清	雅	賢	18
央	清	紀	陽	旺	華	英	彩	総	妙	雅	玲	19
総	妙	寛	賢	恵	博	明	智	泰	佑	清	紀	20
泰	佑	雅	玲	和	法	華	洋	理	央	妙	寛	21
理	央	清	紀	将	範	博	英	彩	総	佑	雅	22
彩	総	妙	寛	陽	康	法	明	智	泰	央	清	23
智	泰	佑	雅	賢	旺	範	華	洋	理	総	妙	24
洋	理	央	清	玲	恵	康	博	英	彩	泰	佑	25
英	彩	総	妙	紀	和	旺	法	明	智	理	央	26
明	智	泰	佑	寛	将	恵	範	華	洋	彩	総	27
華	洋	理	央	雅	陽	和	康	博	英	智	泰	28
博	英	彩	総	清	賢	将	旺	法	明	洋	理	29
法	明	智	泰	妙	玲	陽	恵	範	華		彩	30
範		洋		佑	紀		和		博		智	31

1999年（平成11年）

12月	11月	10月	9月	8月	7月	6月	5月	4月	3月	2月	1月	
範	華	洋	理	妙	紀	賢	恵	範	華	明	智	1
康	博	英	彩	佑	寛	玲	和	康	博	華	洋	2
旺	法	明	智	央	雅	紀	将	旺	法	博	英	3
恵	範	華	洋	総	清	寛	陽	恵	範	法	明	4
和	康	博	英	泰	妙	雅	賢	和	康	範	華	5
将	旺	法	明	理	佑	清	玲	将	旺	康	博	6
陽	恵	範	華	彩	央	妙	紀	陽	恵	旺	法	7
賢	和	康	博	智	総	佑	寛	賢	和	恵	範	8
玲	将	旺	法	洋	泰	央	雅	玲	将	和	康	9
紀	陽	旺	範	英	理	総	清	紀	陽	将	旺	10
寛	賢	恵	康	華	彩	泰	妙	寛	賢	陽	恵	11
雅	玲	和	旺	博	智	理	佑	雅	玲	賢	和	12
清	紀	将	恵	法	洋	彩	央	清	紀	玲	将	13
妙	寛	陽	和	範	英	彩	総	妙	寛	紀	陽	14
佑	雅	賢	将	康	明	智	泰	佑	雅	寛	賢	15
央	清	玲	陽	旺	華	洋	理	央	清	雅	玲	16
総	妙	紀	賢	恵	博	英	彩	総	妙	清	紀	17
泰	佑	寛	玲	和	法	明	智	泰	妙	妙	紀	18
理	央	雅	紀	将	範	華	洋	理	佑	佑	寛	19
彩	総	清	寛	陽	康	博	英	彩	央	央	雅	20
智	泰	妙	雅	賢	旺	法	明	智	総	総	清	21
洋	理	佑	清	玲	恵	範	華	洋	泰	泰	妙	22
英	彩	央	妙	紀	和	康	博	英	理	理	佑	23
明	智	総	佑	寛	将	旺	法	明	彩	彩	央	24
華	洋	泰	央	雅	陽	恵	範	華	智	智	総	25
博	英	理	総	清	賢	和	康	博	洋	洋	泰	26
法	明	彩	泰	妙	玲	将	旺	法	英	英	理	27
範	華	智	理	佑	紀	陽	恵	範	明	明	彩	28
康	博	洋	彩	央	寛	賢	和	康	華		智	29
旺	法	英	智	総	雅	玲	将	旺	博		洋	30
恵		明		泰	清		陽		法		英	31

1998年（平成10年）

12月	11月	10月	9月	8月	7月	6月	5月	4月	3月	2月	1月	
総	佑	寛	賢	恵	法	博	英	彩	央	央	雅	1
泰	央	雅	玲	和	範	法	明	智	総	総	清	2
理	総	清	紀	将	康	範	華	洋	泰	泰	妙	3
彩	泰	妙	寛	陽	旺	康	博	英	理	理	佑	4
智	理	佑	雅	賢	恵	旺	法	明	彩	彩	央	5
洋	彩	央	清	玲	和	恵	範	華	智	智	総	6
英	智	総	妙	紀	将	和	康	博	洋	洋	泰	7
明	洋	泰	佑	寛	陽	将	旺	法	英	英	理	8
華	英	理	央	雅	賢	陽	恵	範	明	明	彩	9
博	明	彩	総	清	玲	賢	和	康	華	華	智	10
法	華	智	泰	妙	紀	玲	将	旺	博	博	洋	11
範	博	洋	理	佑	寛	紀	陽	恵	法	法	英	12
康	法	英	彩	央	雅	寛	賢	和	範	範	明	13
旺	範	明	智	総	清	雅	玲	将	康	康	華	14
恵	康	華	洋	泰	妙	清	紀	陽	旺	旺	博	15
和	旺	博	英	理	佑	妙	寛	賢	恵	恵	法	16
将	恵	法	明	彩	央	佑	雅	玲	和	和	範	17
陽	和	範	華	智	総	央	清	紀	将	将	康	18
賢	和	康	博	洋	泰	総	妙	寛	陽	陽	旺	19
玲	将	旺	法	英	理	泰	佑	雅	賢	賢	恵	20
紀	陽	恵	範	明	彩	理	央	清	玲	玲	和	21
寛	賢	和	康	華	智	彩	総	妙	紀	紀	将	22
雅	玲	将	旺	博	洋	智	泰	佑	寛	寛	陽	23
清	紀	陽	恵	法	英	彩	理	央	雅	雅	賢	24
妙	寛	賢	和	範	明	智	彩	総	清	清	玲	25
佑	雅	玲	将	康	華	洋	彩	泰	妙	妙	紀	26
央	清	紀	陽	旺	博	英	智	理	佑	妙	寛	27
総	妙	寛	賢	恵	法	明	洋	彩	央	佑	雅	28
泰	佑	雅	玲	和	範	華	英	智	総		清	29
理	央	清	紀	将	康	博	明	洋	泰		妙	30
彩		妙		陽	旺		華		理		佑	31

2001年（平成13年）

12月	11月	10月	9月	8月	7月	6月	5月	4月	3月	2月	1月	
智	泰	佑	寛	将	旺	法	華	英	彩	彩	央	1
洋	理	央	雅	陽	恵	範	博	明	智	智	総	2
英	彩	総	清	賢	和	康	法	華	洋	洋	泰	3
明	智	泰	妙	玲	将	旺	範	博	英	英	理	4
華	洋	理	佑	紀	陽	恵	康	法	明	明	彩	5
博	英	彩	央	寛	賢	和	旺	範	華	華	智	6
法	明	智	総	雅	玲	将	恵	康	博	博	洋	7
範	華	洋	泰	清	紀	陽	和	旺	法	法	英	8
康	博	英	理	妙	寛	賢	将	恵	範	範	明	9
旺	法	明	彩	佑	雅	玲	陽	和	康	康	華	10
恵	範	華	智	央	清	紀	賢	将	旺	旺	博	11
和	康	博	洋	総	妙	寛	玲	陽	恵	恵	法	12
将	旺	法	英	泰	佑	雅	紀	賢	和	和	範	13
陽	恵	範	明	理	央	清	寛	玲	将	将	康	14
賢	和	康	華	彩	総	妙	雅	紀	陽	陽	旺	15
玲	将	旺	博	智	泰	佑	清	寛	賢	賢	恵	16
紀	陽	旺	範	洋	理	央	妙	雅	玲	玲	和	17
寛	賢	恵	康	英	彩	総	佑	清	紀	紀	将	18
雅	玲	和	旺	華	智	泰	央	妙	寛	寛	陽	19
清	紀	将	恵	博	洋	理	総	佑	雅	雅	賢	20
妙	寛	陽	和	法	洋	彩	泰	央	清	清	玲	21
佑	雅	賢	将	範	英	智	理	総	妙	妙	紀	22
央	清	玲	陽	康	明	洋	泰	泰	佑	妙	寛	23
総	妙	紀	賢	旺	華	英	理	泰	央	佑	雅	24
泰	佑	寛	玲	恵	博	明	彩	理	央	央	清	25
理	央	雅	紀	和	法	華	智	彩	総	総	妙	26
彩	総	清	寛	将	範	博	洋	智	泰	泰	佑	27
智	泰	妙	雅	陽	康	法	英	洋	理	理	央	28
洋	理	佑	清	賢	旺	範	明	英	彩		総	29
英	彩	央	妙	玲	恵	康	華	明	智		泰	30
明		総		紀	和		博		洋		理	31

2000年（平成12年）

12月	11月	10月	9月	8月	7月	6月	5月	4月	3月	2月	1月	
清	紀	将	恵	博	洋	理	佑	清	紀	賢	和	1
妙	寛	陽	和	法	洋	彩	央	妙	寛	玲	将	2
佑	雅	賢	将	範	英	智	総	佑	雅	紀	陽	3
央	清	玲	陽	康	明	洋	泰	央	清	寛	賢	4
総	妙	紀	賢	旺	華	英	理	央	妙	雅	玲	5
泰	佑	寛	玲	恵	博	明	彩	総	妙	清	紀	6
理	央	雅	紀	和	法	華	智	泰	佑	妙	紀	7
彩	総	清	寛	将	範	博	洋	理	央	佑	寛	8
智	泰	妙	雅	陽	康	法	英	彩	総	央	雅	9
洋	理	佑	清	賢	旺	範	明	智	泰	総	清	10
英	彩	央	妙	玲	恵	康	華	洋	理	泰	妙	11
明	智	総	佑	紀	和	旺	博	英	彩	理	佑	12
華	洋	泰	央	寛	将	恵	法	明	智	彩	央	13
博	英	理	総	雅	陽	和	範	華	洋	智	総	14
法	明	彩	泰	清	賢	将	康	博	英	洋	泰	15
範	華	智	理	妙	玲	陽	旺	法	明	英	理	16
康	博	洋	彩	佑	紀	賢	恵	範	華	明	彩	17
旺	法	英	智	央	寛	玲	和	康	博	華	智	18
恵	範	明	洋	総	雅	紀	将	旺	法	博	洋	19
和	康	華	英	泰	清	寛	陽	恵	範	法	英	20
将	旺	博	明	理	妙	雅	賢	和	康	範	明	21
陽	恵	法	華	彩	佑	清	玲	将	旺	康	華	22
賢	和	範	博	智	央	妙	紀	陽	恵	旺	博	23
玲	将	康	法	洋	総	佑	寛	賢	和	恵	法	24
紀	陽	旺	範	英	泰	央	雅	玲	将	和	範	25
紀	賢	恵	康	明	理	総	清	紀	陽	将	康	26
寛	玲	和	旺	華	彩	泰	妙	寛	賢	陽	旺	27
雅	紀	将	旺	博	智	理	佑	雅	玲	賢	恵	28
清	寛	陽	恵	範	洋	彩	央	清	紀	玲	和	29
妙	雅	賢	和	康	英	智	総	妙	寛		将	30
佑		玲		旺	華		泰		雅		陽	31

2003年（平成15年）

12月	11月	10月	9月	8月	7月	6月	5月	4月	3月	2月	1月	
佑	雅	賢	和	範	英	智	泰	央	清	雅	玲	1
央	清	玲	将	康	明	洋	理	央	妙	清	紀	2
総	妙	紀	陽	旺	華	英	彩	総	妙	妙	紀	3
泰	佑	寛	賢	恵	博	明	智	泰	佑	佑	寛	4
理	央	雅	玲	和	法	華	洋	理	央	央	雅	5
彩	総	清	紀	将	範	博	英	彩	総	総	清	6
智	泰	妙	寛	陽	康	法	明	智	泰	泰	妙	7
洋	理	佑	雅	賢	旺	範	華	洋	理	理	佑	8
英	彩	央	清	玲	恵	康	博	英	彩	彩	央	9
明	智	総	妙	紀	和	旺	法	明	智	智	総	10
華	洋	泰	佑	寛	将	恵	範	華	洋	洋	泰	11
博	英	理	央	雅	陽	和	康	博	英	英	理	12
法	明	彩	総	清	賢	将	旺	法	明	明	彩	13
範	華	智	泰	妙	玲	陽	恵	範	華	華	智	14
康	博	洋	理	佑	紀	賢	和	康	博	博	洋	15
旺	法	英	彩	央	寛	玲	将	旺	法	法	英	16
恵	範	明	智	総	雅	紀	陽	恵	範	範	明	17
和	康	華	洋	泰	清	寛	賢	和	康	康	華	18
将	旺	博	英	理	妙	雅	玲	将	旺	旺	博	19
陽	恵	法	明	彩	佑	清	紀	陽	恵	恵	法	20
賢	和	範	華	智	央	妙	寛	賢	和	和	範	21
玲	将	康	博	洋	総	佑	雅	玲	将	将	康	22
紀	陽	旺	法	英	泰	央	清	紀	陽	陽	旺	23
寛	賢	恵	範	明	理	総	妙	寛	賢	賢	恵	24
雅	玲	和	康	華	彩	泰	佑	雅	玲	玲	和	25
清	紀	将	旺	博	智	理	央	清	紀	紀	将	26
妙	寛	陽	恵	法	洋	彩	総	妙	寛	寛	陽	27
佑	雅	賢	和	範	英	智	泰	佑	雅	雅	賢	28
央	清	玲	将	康	華	洋	理	央	清		玲	29
総	妙	紀	陽	旺	博	洋	彩	総	妙		紀	30
泰		寛		恵	法		彩		佑		寛	31

2002年（平成14年）

12月	11月	10月	9月	8月	7月	6月	5月	4月	3月	2月	1月	
恵	康	華	智	総	清	寛	陽	和	康	康	華	1
和	旺	博	洋	泰	妙	雅	賢	将	旺	旺	博	2
恵	恵	法	英	理	佑	清	玲	陽	恵	恵	法	3
賢	和	範	明	彩	央	妙	紀	賢	和	和	範	4
玲	和	康	華	智	総	佑	寛	玲	将	将	康	5
紀	将	旺	博	洋	泰	央	雅	紀	陽	陽	旺	6
寛	陽	恵	範	英	理	総	清	寛	賢	賢	恵	7
雅	賢	和	康	明	彩	泰	妙	雅	玲	玲	和	8
清	玲	将	旺	華	智	理	佑	清	紀	紀	将	9
妙	紀	陽	恵	博	洋	彩	央	妙	寛	寛	陽	10
佑	寛	賢	和	法	英	彩	総	佑	雅	雅	賢	11
央	雅	玲	将	範	明	智	泰	央	清	雅	玲	12
総	清	紀	陽	康	華	洋	理	央	妙	清	紀	13
泰	妙	寛	賢	旺	博	英	彩	総	妙	妙	寛	14
理	佑	雅	玲	恵	法	明	智	泰	佑	佑	雅	15
彩	央	清	紀	和	範	華	洋	理	央	央	清	16
智	総	妙	寛	将	康	博	英	彩	総	総	妙	17
洋	泰	佑	雅	陽	旺	法	明	智	泰	泰	佑	18
英	理	央	清	賢	恵	範	華	洋	理	理	央	19
明	彩	総	妙	玲	和	康	博	英	彩	彩	総	20
華	智	泰	佑	紀	将	旺	法	明	智	智	泰	21
博	洋	理	央	寛	陽	恵	範	華	洋	洋	理	22
法	英	彩	総	雅	賢	和	康	博	英	英	彩	23
範	明	智	泰	清	玲	将	旺	法	明	明	智	24
康	華	洋	理	妙	紀	陽	恵	範	華	華	洋	25
旺	博	英	彩	佑	寛	賢	和	康	博	博	英	26
恵	法	明	智	央	雅	玲	将	旺	法	法	明	27
和	範	華	洋	総	清	紀	陽	恵	範	範	華	28
将	康	博	英	泰	妙	寛	賢	和	康		博	29
陽	旺	法	明	理	佑	雅	玲	将	旺		法	30
賢		範		彩	央		紀		恵		範	31

2005年（平成17年）

12月	11月	10月	9月	8月	7月	6月	5月	4月	3月	2月	1月	
陽	和	範	華	智	総	佑	寛	玲	和	和	範	1
賢	和	康	博	洋	泰	央	雅	紀	将	将	康	2
玲	将	旺	法	英	理	総	清	寛	陽	陽	旺	3
紀	陽	恵	範	明	彩	泰	妙	雅	賢	賢	恵	4
寛	賢	和	康	華	智	理	佑	清	玲	玲	和	5
雅	玲	将	旺	博	洋	彩	央	妙	紀	紀	将	6
清	紀	陽	恵	法	英	彩	総	佑	寛	寛	陽	7
妙	寛	賢	和	範	明	智	泰	央	雅	雅	賢	8
佑	雅	玲	将	康	華	洋	理	央	清	雅	玲	9
央	清	紀	陽	旺	博	英	彩	総	妙	清	紀	10
総	妙	寛	賢	恵	法	明	智	泰	佑	妙	寛	11
泰	佑	雅	玲	和	範	華	洋	理	央	佑	雅	12
理	央	清	紀	将	康	博	英	彩	総	央	清	13
彩	総	妙	寛	陽	旺	法	明	智	泰	総	妙	14
智	泰	佑	雅	賢	恵	範	華	洋	理	泰	佑	15
洋	理	央	清	玲	和	康	博	英	彩	理	央	16
英	彩	総	妙	紀	将	旺	法	明	智	彩	総	17
明	智	泰	佑	寛	陽	恵	範	華	洋	智	泰	18
華	洋	理	央	雅	賢	和	康	博	英	洋	理	19
博	英	彩	総	清	玲	将	旺	法	明	英	彩	20
法	明	智	泰	妙	紀	陽	恵	範	華	明	智	21
範	華	洋	理	佑	寛	賢	和	康	博	華	洋	22
康	博	英	彩	央	雅	玲	将	旺	法	博	英	23
旺	法	明	智	総	清	紀	陽	恵	範	法	明	24
恵	範	華	洋	泰	妙	寛	賢	和	康	範	華	25
和	康	博	英	理	佑	雅	玲	将	旺	康	博	26
将	旺	法	明	彩	央	清	紀	陽	恵	旺	法	27
陽	恵	範	華	智	総	妙	寛	賢	和	恵	範	28
賢	和	康	博	洋	泰	佑	雅	玲	将		康	29
玲	将	旺	法	英	理	央	清	紀	陽		旺	30
紀		恵		明	彩		妙		賢		恵	31

2004年（平成16年）

12月	11月	10月	9月	8月	7月	6月	5月	4月	3月	2月	1月	
明	智	泰	妙	紀	将	恵	範	華	明	洋	理	1
華	洋	理	佑	寛	陽	和	康	博	華	英	彩	2
博	英	彩	央	雅	賢	将	旺	法	博	明	智	3
法	明	智	総	清	玲	陽	恵	範	法	華	洋	4
範	華	洋	泰	妙	紀	賢	和	康	範	博	英	5
康	博	英	理	佑	寛	玲	将	旺	康	法	明	6
旺	法	明	彩	央	雅	紀	陽	恵	旺	範	華	7
恵	範	華	智	総	清	寛	賢	和	恵	康	博	8
和	康	博	洋	泰	妙	雅	玲	将	和	旺	法	9
将	旺	法	英	理	佑	清	紀	陽	将	恵	範	10
陽	恵	範	明	彩	央	妙	寛	賢	陽	和	康	11
賢	和	康	華	智	総	佑	雅	玲	賢	将	旺	12
玲	将	旺	博	洋	泰	央	清	紀	玲	陽	恵	13
紀	陽	旺	範	英	理	総	妙	寛	紀	賢	和	14
寛	賢	恵	康	明	彩	泰	佑	雅	寛	玲	将	15
雅	玲	和	旺	華	智	理	央	清	雅	紀	陽	16
清	紀	将	恵	博	洋	彩	総	妙	清	寛	賢	17
妙	寛	陽	和	法	英	彩	泰	佑	妙	雅	玲	18
佑	雅	賢	将	範	明	智	泰	央	佑	清	紀	19
央	清	玲	陽	康	華	洋	理	総	央	妙	寛	20
総	妙	紀	賢	旺	博	英	彩	泰	妙	佑	雅	21
泰	佑	寛	玲	恵	法	明	智	理	佑	央	雅	22
理	央	雅	紀	和	範	華	洋	彩	央	総	清	23
彩	総	清	寛	将	康	博	英	智	総	泰	妙	24
智	泰	妙	雅	陽	旺	法	明	洋	泰	理	佑	25
洋	理	佑	清	賢	恵	範	華	英	理	彩	央	26
英	彩	央	妙	玲	和	康	博	明	彩	智	総	27
明	智	総	佑	紀	将	旺	法	華	智	洋	泰	28
華	洋	泰	央	寛	陽	恵	範	博	洋	英	理	29
博	英	理	総	雅	賢	和	康	法	英		彩	30
法		彩		清	玲		旺		明		智	31

2007年（平成19年）

12月	11月	10月	9月	8月	7月	6月	5月	4月	3月	2月	1月	
博	明	智	総	清	玲	将	旺	法	英	英	彩	1
法	華	洋	泰	妙	紀	陽	恵	範	明	明	智	2
範	博	英	理	佑	寛	賢	和	康	華	華	洋	3
康	法	明	彩	央	雅	玲	将	旺	博	博	英	4
旺	範	華	智	総	清	紀	陽	恵	法	法	明	5
恵	康	博	洋	泰	妙	寛	賢	和	範	範	華	6
和	旺	法	英	理	佑	雅	玲	将	康	康	博	7
将	恵	範	明	彩	央	清	紀	陽	旺	旺	法	8
陽	和	康	華	智	総	妙	寛	賢	恵	恵	範	9
賢	和	旺	博	洋	泰	佑	雅	玲	和	和	康	10
玲	将	旺	範	英	理	央	清	紀	将	将	旺	11
紀	陽	恵	康	明	彩	総	妙	寛	陽	陽	恵	12
寛	賢	和	旺	華	智	泰	佑	雅	賢	賢	和	13
雅	玲	将	恵	博	洋	理	央	清	玲	玲	将	14
清	紀	陽	和	法	英	彩	総	妙	紀	紀	陽	15
妙	寛	賢	将	範	明	智	泰	佑	寛	寛	賢	16
佑	雅	玲	陽	康	華	洋	泰	央	雅	雅	玲	17
央	清	紀	賢	旺	博	英	理	総	清	雅	紀	18
総	妙	寛	玲	恵	法	明	彩	泰	妙	清	紀	19
泰	佑	雅	紀	和	範	華	智	理	佑	妙	寛	20
理	央	清	寛	将	康	博	洋	彩	央	佑	雅	21
彩	総	妙	雅	陽	旺	法	英	智	総	央	清	22
智	泰	佑	清	賢	恵	範	明	洋	泰	総	妙	23
洋	理	央	妙	玲	和	康	華	英	理	泰	佑	24
英	彩	総	佑	紀	将	旺	博	明	彩	理	央	25
明	智	泰	央	寛	陽	恵	法	華	智	彩	総	26
華	洋	理	総	雅	賢	和	範	博	洋	智	泰	27
博	英	彩	泰	清	玲	将	康	法	英	洋	理	28
法	明	智	理	妙	紀	陽	旺	範	明		彩	29
範	華	洋	彩	佑	寛	賢	恵	康	華		智	30
康		英		央	雅		和		博		洋	31

2006年（平成18年）

12月	11月	10月	9月	8月	7月	6月	5月	4月	3月	2月	1月	
佑	清	紀	将	和	法	華	智	理	佑	佑	寛	1
央	妙	寛	陽	将	範	博	洋	彩	央	央	雅	2
総	佑	雅	賢	陽	康	法	英	智	総	総	清	3
泰	央	清	玲	賢	旺	範	明	洋	泰	泰	妙	4
理	総	妙	紀	玲	恵	康	華	英	理	理	佑	5
彩	泰	佑	寛	紀	和	旺	博	明	彩	彩	央	6
智	理	央	雅	寛	将	恵	法	華	智	智	総	7
洋	彩	総	清	雅	陽	和	範	博	洋	洋	泰	8
英	智	泰	妙	清	賢	将	康	法	英	英	理	9
明	洋	理	佑	妙	玲	陽	旺	範	明	明	彩	10
華	英	彩	央	佑	紀	賢	恵	康	華	華	智	11
博	明	智	総	央	寛	玲	和	旺	博	博	洋	12
法	華	洋	泰	総	雅	紀	将	恵	法	法	英	13
範	博	英	理	泰	清	寛	陽	和	範	範	明	14
康	法	明	彩	理	妙	雅	賢	将	康	康	華	15
旺	範	華	智	彩	佑	清	玲	陽	旺	旺	博	16
恵	康	博	洋	智	央	妙	紀	賢	恵	恵	法	17
和	旺	法	英	洋	総	佑	寛	玲	和	和	範	18
将	恵	範	明	英	泰	央	雅	紀	将	将	康	19
賢	和	康	華	明	理	総	清	寛	陽	陽	旺	20
玲	和	旺	博	華	彩	泰	妙	雅	賢	賢	恵	21
紀	将	旺	範	博	智	理	佑	清	玲	玲	和	22
寛	陽	恵	康	法	洋	彩	央	妙	紀	紀	将	23
雅	賢	和	旺	華	英	智	総	佑	寛	寛	陽	24
清	玲	将	恵	博	華	洋	泰	央	雅	雅	賢	25
妙	紀	陽	和	法	博	洋	理	総	清	清	玲	26
佑	寛	賢	将	範	法	英	彩	泰	妙	妙	紀	27
央	雅	玲	陽	康	範	明	智	泰	佑	妙	寛	28
総	清	紀	賢	旺	康	華	洋	理	央		雅	29
泰	妙	寛	玲	恵	旺	博	英	彩	総		清	30
理		雅		和	恵		明		泰		妙	31

2008年（平成20年）

12月	11月	10月	9月	8月	7月	6月	5月	4月	3月	2月	1月	
寛	賢	和	康	華	彩	泰	妙	寛	賢	陽	旺	1
雅	玲	将	旺	博	智	理	佑	雅	玲	賢	恵	2
清	紀	陽	恵	法	洋	彩	央	清	紀	玲	和	3
妙	寛	賢	和	範	英	彩	総	妙	寛	紀	将	4
佑	雅	玲	将	康	明	智	泰	佑	雅	寛	陽	5
央	清	紀	陽	旺	華	洋	理	央	清	雅	賢	6
総	妙	寛	賢	恵	博	英	彩	総	妙	雅	玲	7
泰	佑	雅	玲	和	法	明	智	泰	妙	清	紀	8
理	央	清	紀	将	範	華	洋	理	佑	妙	寛	9
彩	総	妙	寛	陽	康	博	英	彩	央	佑	雅	10
智	泰	佑	雅	賢	旺	法	明	智	総	央	清	11
洋	理	央	清	玲	恵	範	華	洋	泰	総	妙	12
英	彩	総	妙	紀	和	康	博	英	理	泰	佑	13
明	智	泰	佑	寛	将	旺	法	明	彩	理	央	14
華	洋	理	央	雅	陽	恵	範	華	智	彩	総	15
博	英	彩	総	清	賢	和	康	博	洋	智	泰	16
法	明	智	泰	妙	玲	将	旺	法	英	洋	理	17
範	華	洋	理	佑	紀	陽	恵	範	明	英	彩	18
康	博	英	彩	央	寛	賢	和	康	華	明	智	19
旺	法	明	智	総	雅	玲	将	旺	博	華	洋	20
恵	範	華	洋	泰	清	紀	陽	恵	法	博	英	21
和	康	博	英	理	妙	寛	賢	和	範	法	明	22
将	旺	法	明	彩	佑	雅	玲	将	康	範	華	23
陽	恵	範	華	智	央	清	紀	陽	旺	康	博	24
賢	和	康	博	洋	総	妙	寛	賢	恵	旺	法	25
玲	将	旺	法	英	泰	佑	雅	玲	和	恵	範	26
紀	陽	恵	範	明	理	央	清	紀	将	和	康	27
寛	賢	和	康	華	彩	総	妙	寛	陽	将	旺	28
雅	玲	和	旺	博	智	泰	佑	雅	賢	陽	恵	29
清	紀	将	恵	法	洋	理	央	清	玲		和	30
妙		陽		範	英		総		紀		将	31

2009年（平成21年）

12月	11月	10月	9月	8月	7月	6月	5月	4月	3月	2月	1月	
理	総	清	紀	和	範	範	明	智	泰	泰	佑	1
彩	泰	妙	寛	将	康	康	華	洋	理	理	央	2
智	理	佑	雅	陽	旺	旺	博	英	彩	彩	総	3
洋	彩	央	清	賢	恵	恵	法	明	智	智	泰	4
英	智	総	妙	玲	和	和	範	華	洋	洋	理	5
明	洋	泰	佑	紀	将	将	康	博	英	英	彩	6
華	英	理	央	寛	陽	陽	旺	法	明	明	智	7
博	明	彩	総	雅	賢	賢	恵	範	華	華	洋	8
法	華	智	泰	清	玲	玲	和	康	博	博	英	9
範	博	洋	理	妙	紀	紀	将	旺	法	法	明	10
康	法	英	彩	佑	寛	寛	陽	恵	範	範	華	11
旺	範	明	智	央	雅	雅	賢	和	康	康	博	12
恵	康	華	洋	総	清	清	玲	将	旺	旺	法	13
和	旺	博	英	泰	妙	妙	紀	陽	恵	恵	範	14
将	恵	法	明	理	佑	佑	寛	賢	和	和	康	15
賢	和	範	華	彩	央	央	雅	玲	将	将	旺	16
玲	和	康	博	智	総	総	清	紀	陽	陽	恵	17
紀	将	旺	法	洋	泰	泰	妙	寛	賢	賢	和	18
寛	陽	恵	範	英	理	理	佑	雅	玲	玲	将	19
雅	賢	和	康	華	彩	彩	央	清	紀	紀	陽	20
清	玲	将	旺	博	智	智	総	妙	寛	寛	賢	21
妙	紀	陽	恵	法	洋	洋	泰	佑	雅	雅	玲	22
佑	寛	賢	和	範	英	彩	理	央	清	清	紀	23
央	雅	玲	将	康	明	智	彩	総	妙	妙	寛	24
総	清	紀	陽	旺	華	洋	智	泰	佑	妙	雅	25
泰	妙	寛	賢	恵	博	英	洋	理	央	佑	雅	26
理	佑	雅	玲	和	法	明	英	彩	央	央	清	27
彩	央	清	紀	将	範	華	明	智	総	総	妙	28
智	総	妙	寛	陽	康	博	華	洋	泰		佑	29
洋	泰	佑	雅	賢	旺	法	博	英	理		央	30
英		央		玲	恵		法		彩		総	31

2011年（平成23年）

12月	11月	10月	9月	8月	7月	6月	5月	4月	3月	2月	1月	
妙	紀	陽	恵	博	洋	彩	総	妙	寛	寛	陽	1
佑	寛	賢	和	法	英	彩	泰	佑	雅	雅	賢	2
央	雅	玲	将	範	明	智	泰	央	清	雅	玲	3
総	清	紀	陽	康	華	洋	理	総	妙	清	紀	4
泰	妙	寛	賢	旺	博	英	彩	泰	妙	妙	寛	5
理	佑	雅	玲	恵	法	明	智	理	佑	佑	雅	6
彩	央	清	紀	和	範	華	洋	彩	央	央	清	7
智	総	妙	寛	将	康	博	英	智	総	総	妙	8
洋	泰	佑	雅	陽	旺	法	明	洋	泰	泰	佑	9
英	理	央	清	賢	恵	範	華	英	理	理	央	10
明	彩	総	妙	玲	和	康	博	明	彩	彩	総	11
華	智	泰	佑	紀	将	旺	法	華	智	智	泰	12
博	洋	理	央	寛	陽	恵	範	博	洋	洋	理	13
法	英	彩	総	雅	賢	和	康	法	英	英	彩	14
範	明	智	泰	清	玲	将	旺	範	明	明	智	15
康	華	洋	理	妙	紀	陽	恵	康	華	華	洋	16
旺	博	英	彩	佑	寛	賢	和	旺	博	博	英	17
恵	法	明	智	央	雅	玲	将	恵	法	法	明	18
和	範	華	洋	総	清	紀	陽	和	範	範	華	19
将	康	博	英	泰	妙	寛	賢	将	康	康	博	20
陽	旺	法	明	理	佑	雅	玲	陽	旺	旺	法	21
賢	恵	範	華	彩	央	清	紀	賢	恵	恵	範	22
玲	和	康	博	智	総	妙	寛	玲	和	和	康	23
紀	将	旺	法	洋	泰	佑	雅	紀	将	将	旺	24
紀	賢	恵	範	英	理	央	清	寛	陽	陽	恵	25
寛	玲	和	康	明	彩	総	妙	雅	賢	賢	和	26
雅	紀	和	旺	華	智	泰	佑	清	玲	玲	将	27
清	寛	将	恵	博	洋	理	央	妙	紀	紀	陽	28
妙	雅	陽	和	範	英	彩	総	佑	寛		賢	29
佑	清	賢	将	康	明	智	泰	央	雅		玲	30
央		玲		旺	華		理		清		紀	31

2010年（平成22年）

12月	11月	10月	9月	8月	7月	6月	5月	4月	3月	2月	1月	
旺	法	明	彩	佑	雅	玲	将	旺	法	法	明	1
恵	範	華	智	央	清	紀	陽	恵	範	範	華	2
和	康	博	洋	総	妙	寛	賢	和	康	康	博	3
将	旺	法	英	泰	佑	雅	玲	将	旺	旺	法	4
陽	恵	範	明	理	央	清	紀	陽	恵	恵	範	5
賢	和	康	華	彩	総	妙	寛	賢	和	和	康	6
玲	将	旺	博	智	泰	佑	雅	玲	将	将	旺	7
紀	陽	旺	範	洋	理	央	清	紀	陽	陽	恵	8
寛	賢	恵	康	英	彩	総	妙	寛	賢	賢	和	9
雅	玲	和	旺	華	智	泰	佑	雅	玲	玲	将	10
清	紀	将	恵	博	洋	理	央	清	紀	紀	陽	11
妙	寛	陽	和	法	洋	彩	総	妙	寛	寛	賢	12
佑	雅	賢	将	範	英	智	泰	佑	雅	雅	玲	13
央	清	玲	陽	康	明	洋	泰	央	清	雅	紀	14
総	妙	紀	賢	旺	華	英	理	総	妙	清	紀	15
泰	佑	寛	玲	恵	博	明	彩	泰	妙	妙	寛	16
理	央	雅	紀	和	法	華	智	理	佑	佑	雅	17
彩	総	清	寛	将	範	博	洋	彩	央	央	清	18
智	泰	妙	雅	陽	康	法	英	智	総	総	妙	19
洋	理	佑	清	賢	旺	範	明	洋	泰	泰	佑	20
英	彩	央	妙	玲	恵	康	華	英	理	理	央	21
明	智	総	佑	紀	和	旺	博	明	彩	彩	総	22
華	洋	泰	央	寛	将	恵	法	華	智	智	泰	23
博	英	理	総	雅	陽	和	範	博	洋	洋	理	24
法	明	彩	泰	清	賢	将	康	法	英	英	彩	25
範	華	智	理	妙	玲	陽	旺	範	明	明	智	26
康	博	洋	彩	佑	紀	賢	恵	康	華	華	洋	27
旺	法	英	智	央	寛	玲	和	旺	博	博	英	28
恵	範	明	洋	総	雅	紀	将	恵	法		明	29
和	康	華	英	泰	清	寛	陽	和	範		華	30
将		博		理	妙		賢		康		博	31

2013年（平成25年）

12月	11月	10月	9月	8月	7月	6月	5月	4月	3月	2月	1月	
将	旺	法	英	理	佑	清	紀	陽	恵	旺	法	1
陽	恵	範	明	彩	央	妙	寛	賢	和	恵	範	2
賢	和	康	華	智	総	佑	雅	玲	将	和	康	3
玲	将	旺	博	洋	泰	央	清	紀	陽	将	旺	4
紀	陽	旺	範	英	理	総	妙	寛	賢	陽	恵	5
寛	賢	恵	康	明	彩	泰	佑	雅	玲	賢	和	6
雅	玲	和	旺	華	智	理	央	清	紀	玲	将	7
清	紀	将	恵	博	洋	彩	総	妙	寛	紀	陽	8
妙	寛	陽	和	法	英	彩	泰	佑	雅	寛	賢	9
佑	雅	賢	将	範	明	智	泰	央	清	雅	玲	10
央	清	玲	陽	康	華	洋	理	総	妙	清	紀	11
総	妙	紀	賢	旺	博	英	彩	泰	妙	妙	紀	12
泰	佑	寛	玲	恵	法	明	智	理	佑	佑	寛	13
理	央	雅	紀	和	範	華	洋	彩	央	央	雅	14
彩	総	清	寛	将	康	博	英	智	総	総	清	15
智	泰	妙	雅	陽	旺	法	明	洋	泰	泰	妙	16
洋	理	佑	清	賢	恵	範	華	英	理	理	佑	17
英	彩	央	妙	玲	和	康	博	明	彩	彩	央	18
明	智	総	佑	紀	将	旺	法	華	智	智	総	19
華	洋	泰	央	寛	陽	恵	範	博	洋	洋	泰	20
博	英	理	総	雅	賢	和	康	法	英	英	理	21
法	明	彩	泰	清	玲	将	旺	範	明	明	彩	22
範	華	智	理	妙	紀	陽	恵	康	華	華	智	23
康	博	洋	彩	佑	寛	賢	和	旺	博	博	洋	24
旺	法	英	智	央	雅	玲	将	恵	法	法	英	25
恵	範	明	洋	総	清	紀	陽	和	範	範	明	26
和	康	華	英	泰	妙	寛	賢	将	康	康	華	27
将	旺	博	明	理	佑	雅	玲	陽	旺	旺	博	28
陽	恵	法	華	彩	央	清	紀	賢	恵		法	29
賢	和	範	博	智	総	妙	寛	玲	和		範	30
玲		康		洋	泰		雅		将		康	31

2012年（平成24年）

12月	11月	10月	9月	8月	7月	6月	5月	4月	3月	2月	1月	
洋	彩	央	雅	賢	恵	康	博	博	洋	智	総	1
英	智	総	清	玲	和	旺	法	法	英	洋	泰	2
明	洋	泰	妙	紀	将	恵	範	範	明	英	理	3
華	英	理	佑	寛	陽	和	康	康	華	明	彩	4
博	明	彩	央	雅	賢	将	旺	旺	博	華	智	5
法	華	智	総	清	玲	陽	恵	恵	法	博	洋	6
範	博	洋	泰	妙	紀	賢	和	和	範	法	英	7
康	法	英	理	佑	寛	玲	将	将	康	範	明	8
旺	範	明	彩	央	雅	紀	陽	陽	旺	康	華	9
恵	康	華	智	総	清	寛	賢	賢	恵	旺	博	10
和	旺	博	洋	泰	妙	雅	玲	玲	和	恵	法	11
将	恵	法	英	理	佑	清	紀	紀	将	和	範	12
賢	和	範	明	彩	央	妙	寛	寛	陽	将	康	13
玲	和	康	華	智	総	佑	雅	雅	賢	陽	旺	14
紀	将	旺	博	洋	泰	央	清	清	玲	賢	恵	15
寛	陽	恵	範	英	理	総	妙	妙	紀	玲	和	16
雅	賢	和	康	明	彩	泰	佑	佑	寛	紀	将	17
清	玲	将	旺	華	智	理	央	央	雅	寛	陽	18
妙	紀	陽	恵	博	洋	彩	総	総	清	雅	賢	19
佑	寛	賢	和	法	英	彩	泰	泰	妙	清	玲	20
央	雅	玲	将	範	明	智	泰	央	佑	妙	紀	21
総	清	紀	陽	康	華	洋	理	総	央	妙	寛	22
泰	妙	寛	賢	旺	博	英	彩	泰	総	佑	雅	23
理	佑	雅	玲	恵	法	明	智	理	泰	央	清	24
彩	央	清	紀	和	範	華	洋	彩	理	総	妙	25
智	総	妙	寛	将	康	博	英	智	彩	泰	佑	26
洋	泰	佑	雅	陽	旺	法	明	洋	智	理	央	27
英	理	央	清	賢	恵	範	華	英	洋	彩	総	28
明	彩	総	妙	玲	和	康	博	明	英	智	泰	29
華	智	泰	佑	紀	将	旺	法	華	明		理	30
博		理		寛	陽		範		華		彩	31

2015年（平成27年）

12月	11月	10月	9月	8月	7月	6月	5月	4月	3月	2月	1月	
明	洋	理	央	寛	賢	和	範	博	洋	洋	泰	1
華	英	彩	総	雅	玲	将	康	法	英	英	理	2
博	明	智	泰	清	紀	陽	旺	範	明	明	彩	3
法	華	洋	理	妙	寛	賢	恵	康	華	華	智	4
範	博	英	彩	佑	雅	玲	和	旺	博	博	洋	5
康	法	明	智	央	清	紀	将	恵	法	法	英	6
旺	範	華	洋	総	妙	寛	陽	和	範	範	明	7
恵	康	博	英	泰	佑	雅	賢	将	康	康	華	8
和	旺	法	明	理	央	清	玲	陽	旺	旺	博	9
将	恵	範	華	彩	総	妙	紀	賢	恵	恵	法	10
賢	和	康	博	智	泰	佑	寛	玲	和	和	範	11
玲	和	旺	法	洋	理	央	雅	紀	将	将	康	12
紀	将	旺	範	英	彩	総	清	寛	陽	陽	旺	13
寛	陽	恵	康	華	智	泰	妙	雅	賢	賢	恵	14
雅	賢	和	旺	博	洋	理	佑	清	玲	玲	和	15
清	玲	将	恵	法	洋	彩	央	妙	紀	紀	将	16
妙	紀	陽	和	範	英	智	総	佑	寛	寛	陽	17
佑	寛	賢	将	康	明	洋	泰	央	雅	雅	賢	18
央	雅	玲	陽	旺	華	英	理	央	清	雅	玲	19
総	清	紀	賢	恵	博	明	彩	総	妙	清	紀	20
泰	妙	寛	玲	和	法	華	智	泰	佑	妙	寛	21
理	佑	雅	紀	将	範	博	洋	理	央	佑	雅	22
彩	央	清	寛	陽	康	法	英	彩	総	央	清	23
智	総	妙	雅	賢	旺	範	明	智	泰	総	妙	24
洋	泰	佑	清	玲	恵	康	華	洋	理	泰	佑	25
英	理	央	妙	紀	和	旺	博	英	彩	理	央	26
明	彩	総	佑	寛	将	恵	法	明	智	彩	総	27
華	智	泰	央	雅	陽	和	範	華	洋	智	泰	28
博	洋	理	総	清	賢	将	康	博	英		理	29
法	英	彩	泰	妙	玲	陽	旺	法	明		彩	30
範		智		佑	紀		恵		華		智	31

2014年（平成26年）

12月	11月	10月	9月	8月	7月	6月	5月	4月	3月	2月	1月	
妙	寛	紀	賢	旺	博	英	彩	総	妙	清	紀	1
佑	雅	寛	玲	恵	法	明	智	泰	佑	妙	寛	2
央	清	雅	紀	和	範	華	洋	理	央	佑	雅	3
総	妙	清	寛	将	康	博	英	彩	総	央	清	4
泰	佑	妙	雅	陽	旺	法	明	智	泰	総	妙	5
理	央	佑	清	賢	恵	範	華	洋	理	泰	佑	6
彩	総	央	妙	玲	和	康	博	英	彩	理	央	7
智	泰	総	佑	紀	将	旺	法	明	智	彩	総	8
洋	理	泰	央	寛	陽	恵	範	華	洋	智	泰	9
英	彩	理	総	雅	賢	和	康	博	英	洋	理	10
明	智	彩	泰	清	玲	将	旺	法	明	英	彩	11
華	洋	智	理	妙	紀	陽	恵	範	華	明	智	12
博	英	洋	彩	佑	寛	賢	和	康	博	華	洋	13
法	明	英	智	央	雅	玲	将	旺	法	博	英	14
範	華	明	洋	総	清	紀	陽	恵	範	法	明	15
康	博	華	英	泰	妙	寛	賢	和	康	範	華	16
旺	法	博	明	理	佑	雅	玲	将	旺	康	博	17
恵	範	法	華	彩	央	清	紀	陽	恵	旺	法	18
和	康	範	博	智	総	妙	寛	賢	和	恵	範	19
将	旺	康	法	洋	泰	佑	雅	玲	将	和	康	20
陽	恵	旺	範	英	理	央	清	紀	陽	将	旺	21
賢	和	恵	康	明	彩	総	妙	寛	賢	陽	恵	22
玲	将	和	旺	華	智	泰	佑	雅	玲	賢	和	23
紀	陽	旺	旺	博	洋	理	央	清	紀	玲	将	24
寛	賢	恵	恵	範	英	彩	総	妙	寛	紀	陽	25
雅	玲	和	和	康	明	智	泰	佑	雅	寛	賢	26
清	紀	将	将	旺	華	洋	理	央	清	雅	玲	27
妙	寛	陽	陽	恵	博	英	彩	総	妙	清	紀	28
佑	雅	賢	賢	和	法	明	彩	泰	佑		寛	29
央	清	玲	玲	将	範	華	智	理	央		雅	30
総		紀		陽	康		洋		央		雅	31

2016年（平成28年）

12月	11月	10月	9月	8月	7月	6月	5月	4月	3月	2月	1月	
紀	将	旺	範	英	理	央	清	紀	陽	和	康	1
寛	陽	恵	康	明	彩	総	妙	寛	賢	将	旺	2
雅	賢	和	旺	華	智	泰	佑	雅	玲	陽	恵	3
清	玲	将	恵	博	洋	理	央	清	紀	賢	和	4
妙	紀	陽	和	法	英	彩	総	妙	寛	玲	将	5
佑	寛	賢	将	範	明	智	泰	佑	雅	紀	陽	6
央	雅	玲	陽	康	華	洋	泰	央	清	寛	賢	7
総	清	紀	賢	旺	博	英	理	総	妙	雅	玲	8
泰	妙	寛	玲	恵	法	明	彩	泰	妙	清	紀	9
理	佑	雅	紀	和	範	華	智	理	佑	妙	紀	10
彩	央	清	寛	将	康	博	洋	彩	央	佑	寛	11
智	総	妙	雅	陽	旺	法	英	智	総	央	雅	12
洋	泰	佑	清	賢	恵	範	明	洋	泰	総	清	13
英	理	央	妙	玲	和	康	華	英	理	泰	妙	14
明	彩	総	佑	紀	将	旺	博	明	彩	理	佑	15
華	智	泰	央	寛	陽	恵	法	華	智	彩	央	16
博	洋	理	総	雅	賢	和	範	博	洋	智	総	17
法	英	彩	泰	清	玲	将	康	法	英	洋	泰	18
範	明	智	理	妙	紀	陽	旺	範	明	英	理	19
康	華	洋	彩	佑	寛	賢	恵	康	華	明	彩	20
旺	博	英	智	央	雅	玲	和	旺	博	華	智	21
恵	法	明	洋	総	清	紀	将	恵	法	博	洋	22
和	範	華	英	泰	妙	寛	陽	和	範	法	英	23
将	康	博	明	理	佑	雅	賢	将	康	範	明	24
陽	旺	法	華	彩	央	清	玲	陽	旺	康	華	25
賢	恵	範	博	智	総	妙	紀	賢	恵	旺	博	26
玲	和	康	法	洋	泰	佑	寛	玲	和	恵	法	27
紀	将	旺	範	英	理	央	雅	紀	将	和	範	28
紀	賢	恵	康	明	彩	総	清	寛	陽	将	康	29
寛	玲	和	旺	華	智	泰	妙	雅	賢		旺	30
雅		和		博	洋		佑		玲		恵	31

2017年（平成29年）

12月	11月	10月	9月	8月	7月	6月	5月	4月	3月	2月	1月	
泰	佑	雅	賢	恵	法	博	英	彩	総	央	清	1
理	央	清	玲	和	範	法	明	智	泰	総	妙	2
彩	総	妙	紀	将	康	範	華	洋	理	泰	佑	3
智	泰	佑	寛	陽	旺	康	博	英	彩	理	央	4
洋	理	央	雅	賢	恵	旺	法	明	智	彩	総	5
英	彩	総	清	玲	和	恵	範	華	洋	智	泰	6
明	智	泰	妙	紀	将	和	康	博	英	洋	理	7
華	洋	理	佑	寛	陽	将	旺	法	明	英	彩	8
博	英	彩	央	雅	賢	陽	恵	範	華	明	智	9
法	明	智	総	清	玲	賢	和	康	博	華	洋	10
範	華	洋	泰	妙	紀	玲	将	旺	法	博	英	11
康	博	英	理	佑	寛	紀	陽	恵	範	法	明	12
旺	法	明	彩	央	雅	寛	賢	和	康	範	華	13
恵	範	華	智	総	清	雅	玲	将	旺	康	博	14
和	康	博	洋	泰	妙	清	紀	陽	恵	旺	法	15
将	旺	法	英	理	佑	妙	寛	賢	和	恵	範	16
陽	恵	範	明	彩	央	佑	雅	玲	将	和	康	17
賢	和	康	華	智	総	央	清	紀	陽	将	旺	18
玲	将	旺	博	洋	泰	総	妙	寛	賢	陽	恵	19
紀	陽	旺	範	英	理	泰	佑	雅	玲	賢	和	20
寛	賢	恵	康	明	彩	理	央	清	紀	玲	将	21
雅	玲	和	旺	華	智	彩	総	妙	寛	紀	陽	22
清	紀	将	恵	博	洋	智	泰	佑	雅	寛	賢	23
妙	寛	陽	和	法	英	彩	理	央	清	雅	玲	24
佑	雅	賢	将	範	明	智	彩	総	妙	清	紀	25
央	清	玲	陽	康	華	洋	彩	泰	佑	妙	寛	26
総	妙	紀	賢	旺	博	英	智	理	央	佑	雅	27
泰	佑	寛	玲	恵	法	明	洋	彩	央	央	雅	28
理	央	雅	紀	和	範	華	英	智	総		清	29
彩	総	清	寛	将	康	博	明	洋	泰		妙	30
智		妙		陽	旺		華		理		佑	31

2019年（平成31年・令和1年）

12月	11月	10月	9月	8月	7月	6月	5月	4月	3月	2月	1月	
雅	玲	和	旺	華	智	泰	佑	雅	玲	玲	将	1
清	紀	将	恵	博	洋	理	央	清	紀	紀	陽	2
妙	寛	陽	和	法	洋	彩	総	妙	寛	寛	賢	3
佑	雅	賢	将	範	英	智	泰	佑	雅	雅	玲	4
央	清	玲	陽	康	明	洋	泰	央	清	雅	紀	5
総	妙	紀	賢	旺	華	英	理	総	妙	清	紀	6
泰	佑	寛	玲	恵	博	明	彩	泰	妙	妙	寛	7
理	央	雅	紀	和	法	華	智	理	佑	佑	雅	8
彩	総	清	寛	将	範	博	洋	彩	央	央	清	9
智	泰	妙	雅	陽	康	法	英	智	総	総	妙	10
洋	理	佑	清	賢	旺	範	明	洋	泰	泰	佑	11
英	彩	央	妙	玲	恵	康	華	英	理	理	央	12
明	智	総	佑	紀	和	旺	博	明	彩	彩	総	13
華	洋	泰	央	寛	将	恵	法	華	智	智	泰	14
博	英	理	総	雅	陽	和	範	博	洋	洋	理	15
法	明	彩	泰	清	賢	将	康	法	英	英	彩	16
範	華	智	理	妙	玲	陽	旺	範	明	明	智	17
康	博	洋	彩	佑	紀	賢	恵	康	華	華	洋	18
旺	法	英	智	央	寛	玲	和	旺	博	博	英	19
恵	範	明	洋	総	雅	紀	将	恵	法	法	明	20
和	康	華	英	泰	清	寛	陽	和	範	範	華	21
将	旺	博	明	理	妙	雅	賢	将	康	康	博	22
陽	恵	法	華	彩	佑	清	玲	陽	旺	旺	法	23
賢	和	範	博	智	央	妙	紀	賢	恵	恵	範	24
玲	将	康	法	洋	総	佑	寛	玲	和	和	康	25
紀	陽	旺	範	英	泰	央	雅	紀	将	将	旺	26
寛	賢	恵	康	明	理	総	清	寛	陽	陽	恵	27
雅	玲	和	旺	華	彩	泰	妙	雅	賢	賢	和	28
清	紀	将	旺	博	智	理	佑	清	玲		将	29
妙	寛	陽	恵	範	洋	彩	央	妙	紀		陽	30
佑		賢		康	英		総		寛		賢	31

2018年（平成30年）

12月	11月	10月	9月	8月	7月	6月	5月	4月	3月	2月	1月	
範	博	洋	理	妙	紀	賢	恵	康	華	華	洋	1
康	法	英	彩	佑	寛	玲	和	旺	博	博	英	2
旺	範	明	智	央	雅	紀	将	恵	法	法	明	3
恵	康	華	洋	総	清	寛	陽	和	範	範	華	4
和	旺	博	英	泰	妙	雅	賢	将	康	康	博	5
将	恵	法	明	理	佑	清	玲	陽	旺	旺	法	6
賢	和	範	華	彩	央	妙	紀	賢	恵	恵	範	7
玲	和	康	博	智	総	佑	寛	玲	和	和	康	8
紀	将	旺	法	洋	泰	央	雅	紀	将	将	旺	9
寛	陽	恵	範	英	理	総	清	寛	陽	陽	恵	10
雅	賢	和	康	華	彩	泰	妙	雅	賢	賢	和	11
清	玲	将	旺	博	智	理	佑	清	玲	玲	将	12
妙	紀	陽	恵	法	洋	彩	央	妙	紀	紀	陽	13
佑	寛	賢	和	範	英	彩	総	佑	寛	寛	賢	14
央	雅	玲	将	康	明	智	泰	央	雅	雅	玲	15
総	清	紀	陽	旺	華	洋	理	央	清	雅	紀	16
泰	妙	寛	賢	恵	博	英	彩	総	妙	清	紀	17
理	佑	雅	玲	和	法	明	智	泰	佑	妙	寛	18
彩	央	清	紀	将	範	華	洋	理	央	佑	雅	19
智	総	妙	寛	陽	康	博	英	彩	総	央	清	20
洋	泰	佑	雅	賢	旺	法	明	智	泰	総	妙	21
英	理	央	清	玲	恵	範	華	洋	理	泰	佑	22
明	彩	総	妙	紀	和	康	博	英	彩	理	央	23
華	智	泰	佑	寛	将	旺	法	明	智	彩	総	24
博	洋	理	央	雅	陽	恵	範	華	洋	智	泰	25
法	英	彩	総	清	賢	和	康	博	英	洋	理	26
範	明	智	泰	妙	玲	将	旺	法	明	英	彩	27
康	華	洋	理	佑	紀	陽	恵	範	華	明	智	28
旺	博	英	彩	央	寛	賢	和	康	博		洋	29
恵	法	明	智	総	雅	玲	将	旺	法		英	30
和		華		泰	清		陽		範		明	31

2021年（令和3年）

12月	11月	10月	9月	8月	7月	6月	5月	4月	3月	2月	1月	
恵	康	華	洋	総	妙	寛	賢	将	康	康	華	1
和	旺	博	英	泰	佑	雅	玲	陽	旺	旺	博	2
将	恵	法	明	理	央	清	紀	賢	恵	恵	法	3
賢	和	範	華	彩	総	妙	寛	玲	和	和	範	4
玲	和	康	博	智	泰	佑	雅	紀	将	将	康	5
紀	将	旺	法	洋	理	央	清	寛	陽	陽	旺	6
寛	陽	恵	範	英	彩	総	妙	雅	賢	賢	恵	7
雅	賢	和	康	華	智	泰	佑	清	玲	玲	和	8
清	玲	将	旺	博	洋	理	央	妙	紀	紀	将	9
妙	紀	陽	恵	法	洋	彩	総	佑	寛	寛	陽	10
佑	寛	賢	和	範	英	智	泰	央	雅	雅	賢	11
央	雅	玲	将	康	明	洋	泰	央	清	雅	玲	12
総	清	紀	陽	旺	華	英	理	総	妙	清	紀	13
泰	妙	寛	賢	恵	博	明	彩	泰	佑	妙	寛	14
理	佑	雅	玲	和	法	華	智	理	央	佑	雅	15
彩	央	清	紀	将	範	博	洋	彩	総	央	清	16
智	総	妙	寛	陽	康	法	英	智	泰	総	妙	17
洋	泰	佑	雅	賢	旺	範	明	洋	理	泰	佑	18
英	理	央	清	玲	恵	康	華	英	彩	理	央	19
明	彩	総	妙	紀	和	旺	博	明	智	彩	総	20
華	智	泰	佑	寛	将	恵	法	華	洋	智	泰	21
博	洋	理	央	雅	陽	和	範	博	英	洋	理	22
法	英	彩	総	清	賢	将	康	法	明	英	彩	23
範	明	智	泰	妙	玲	陽	旺	範	華	明	智	24
康	華	洋	理	佑	紀	賢	恵	康	博	華	洋	25
旺	博	英	彩	央	寛	玲	和	旺	法	博	英	26
恵	法	明	智	総	雅	紀	将	恵	範	法	明	27
和	範	華	洋	泰	清	寛	陽	和	康	範	華	28
将	康	博	英	理	妙	雅	賢	将	旺		博	29
陽	旺	法	明	彩	佑	清	玲	陽	恵		法	30
賢		範		智	央		紀		和		範	31

2020年（令和2年）

12月	11月	10月	9月	8月	7月	6月	5月	4月	3月	2月	1月	
智	泰	佑	寛	将	旺	法	博	明	彩	理	央	1
洋	理	央	雅	陽	恵	範	法	華	智	彩	総	2
英	彩	総	清	賢	和	康	範	博	洋	智	泰	3
明	智	泰	妙	玲	将	旺	康	法	英	洋	理	4
華	洋	理	佑	紀	陽	恵	旺	範	明	英	彩	5
博	英	彩	央	寛	賢	和	恵	康	華	明	智	6
法	明	智	総	雅	玲	将	和	旺	博	華	洋	7
範	華	洋	泰	清	紀	陽	将	恵	法	博	英	8
康	博	英	理	妙	寛	賢	陽	和	範	法	明	9
旺	法	明	彩	佑	雅	玲	賢	将	康	範	華	10
恵	範	華	智	央	清	紀	玲	陽	旺	康	博	11
和	康	博	洋	総	妙	寛	紀	賢	恵	旺	法	12
将	旺	法	英	泰	佑	雅	寛	玲	和	恵	範	13
陽	恵	範	明	理	央	清	雅	紀	将	和	康	14
賢	和	康	華	彩	総	妙	清	寛	陽	将	旺	15
玲	将	旺	博	智	泰	佑	妙	雅	賢	陽	恵	16
紀	陽	旺	範	洋	理	央	佑	清	玲	賢	和	17
寛	賢	恵	康	英	彩	総	央	妙	紀	玲	将	18
雅	玲	和	旺	華	智	泰	総	佑	寛	紀	陽	19
清	紀	将	恵	博	洋	理	泰	央	雅	寛	賢	20
妙	寛	陽	和	法	洋	彩	理	総	清	雅	玲	21
佑	雅	賢	将	範	英	智	彩	泰	妙	清	紀	22
央	清	玲	陽	康	明	洋	泰	泰	佑	妙	寛	23
総	妙	紀	賢	旺	華	英	理	理	央	妙	雅	24
泰	佑	寛	玲	恵	博	明	彩	彩	総	佑	雅	25
理	央	雅	紀	和	法	華	智	智	泰	央	清	26
彩	総	清	寛	将	範	博	洋	洋	理	総	妙	27
智	泰	妙	雅	陽	康	法	英	英	彩	泰	佑	28
洋	理	佑	清	賢	旺	範	明	明	智	理	央	29
英	彩	央	妙	玲	恵	康	華	華	洋		総	30
明		総		紀	和		博		英		泰	31

2023年（令和5年）

12月	11月	10月	9月	8月	7月	6月	5月	4月	3月	2月	1月	
英	彩	総	妙	玲	将	旺	法	明	英	洋	理	1
明	智	泰	佑	紀	陽	恵	範	華	明	英	彩	2
華	洋	理	央	寛	賢	和	康	博	華	明	智	3
博	英	彩	総	雅	玲	将	旺	法	博	華	洋	4
法	明	智	泰	清	紀	陽	恵	範	法	博	英	5
範	華	洋	理	妙	寛	賢	和	康	範	法	明	6
康	博	英	彩	佑	雅	玲	将	旺	康	範	華	7
旺	法	明	智	央	清	紀	陽	恵	旺	康	博	8
恵	範	華	洋	総	妙	寛	賢	和	恵	旺	法	9
和	康	博	英	泰	佑	雅	玲	将	和	恵	範	10
将	旺	法	明	理	央	清	紀	陽	将	和	康	11
陽	恵	範	華	彩	総	妙	寛	賢	陽	将	旺	12
賢	和	康	博	智	泰	佑	雅	玲	賢	陽	恵	13
玲	将	旺	法	洋	理	央	清	紀	玲	賢	和	14
紀	陽	旺	範	英	彩	総	妙	寛	紀	玲	将	15
寛	賢	恵	康	華	智	泰	佑	雅	寛	紀	陽	16
雅	玲	和	旺	博	洋	理	央	清	雅	寛	賢	17
清	紀	将	恵	法	洋	彩	総	妙	清	雅	玲	18
妙	寛	陽	和	範	英	智	泰	佑	妙	清	紀	19
佑	雅	賢	将	康	明	洋	泰	央	佑	妙	寛	20
央	清	玲	陽	旺	華	英	理	総	央	佑	雅	21
総	妙	紀	賢	恵	博	明	彩	泰	妙	央	雅	22
泰	佑	寛	玲	和	法	華	智	理	佑	総	清	23
理	央	雅	紀	将	範	博	洋	彩	央	泰	妙	24
彩	総	清	寛	陽	康	法	英	智	総	理	佑	25
智	泰	妙	雅	賢	旺	範	明	洋	泰	彩	央	26
洋	理	佑	清	玲	恵	康	華	英	理	智	総	27
英	彩	央	妙	紀	和	旺	博	明	彩	洋	泰	28
明	智	総	佑	寛	将	恵	法	華	智		理	29
華	洋	泰	央	雅	陽	和	範	博	洋		彩	30
博		理		清	賢		康		英		智	31

2022年（令和4年）

12月	11月	10月	9月	8月	7月	6月	5月	4月	3月	2月	1月	
佑	雅	賢	将	範	明	洋	泰	央	清	雅	玲	1
央	清	玲	陽	康	華	英	理	総	妙	清	紀	2
総	妙	紀	賢	旺	博	明	彩	泰	妙	妙	紀	3
泰	佑	寛	玲	恵	法	華	智	理	佑	佑	寛	4
理	央	雅	紀	和	範	博	洋	彩	央	央	雅	5
彩	総	清	寛	将	康	法	英	智	総	総	清	6
智	泰	妙	雅	陽	旺	範	明	洋	泰	泰	妙	7
洋	理	佑	清	賢	恵	康	華	英	理	理	佑	8
英	彩	央	妙	玲	和	旺	博	明	彩	彩	央	9
明	智	総	佑	紀	将	恵	法	華	智	智	総	10
華	洋	泰	央	寛	陽	和	範	博	洋	洋	泰	11
博	英	理	総	雅	賢	将	康	法	英	英	理	12
法	明	彩	泰	清	玲	陽	旺	範	明	明	彩	13
範	華	智	理	妙	紀	賢	恵	康	華	華	智	14
康	博	洋	彩	佑	寛	玲	和	旺	博	博	洋	15
旺	法	英	智	央	雅	紀	将	恵	法	法	英	16
恵	範	明	洋	総	清	寛	陽	和	範	範	明	17
和	康	華	英	泰	妙	雅	賢	将	康	康	華	18
将	旺	博	明	理	佑	清	玲	陽	旺	旺	博	19
陽	恵	法	華	彩	央	妙	紀	賢	恵	恵	法	20
賢	和	範	博	智	総	佑	寛	玲	和	和	範	21
玲	将	康	法	洋	泰	央	雅	紀	将	将	康	22
紀	陽	旺	範	英	理	総	清	寛	陽	陽	旺	23
寛	賢	恵	康	明	彩	泰	妙	雅	賢	賢	恵	24
雅	玲	和	旺	華	智	理	佑	清	玲	玲	和	25
清	紀	将	旺	博	洋	彩	央	妙	紀	紀	将	26
妙	寛	陽	恵	範	英	智	総	佑	寛	寛	陽	27
佑	雅	賢	和	康	明	洋	泰	央	雅	雅	賢	28
央	清	玲	将	旺	華	洋	理	総	清		玲	29
総	妙	紀	陽	恵	博	英	彩	泰	妙		紀	30
泰		寛		和	法		智		佑		寛	31

2025年（令和7年）

12月	11月	10月	9月	8月	7月	6月	5月	4月	3月	2月	1月	
央	妙	紀	陽	康	範	華	智	理	佑	佑	寛	1
総	佑	寛	賢	旺	康	博	洋	彩	央	央	雅	2
泰	央	雅	玲	恵	旺	法	英	智	総	総	清	3
理	総	清	紀	和	恵	範	明	洋	泰	泰	妙	4
彩	泰	妙	寛	将	和	康	華	英	理	理	佑	5
智	理	佑	雅	陽	将	旺	博	明	彩	彩	央	6
洋	彩	央	清	賢	陽	恵	法	華	智	智	総	7
英	智	総	妙	玲	賢	和	範	博	洋	洋	泰	8
明	洋	泰	佑	紀	玲	将	康	法	英	英	理	9
華	英	理	央	寛	紀	陽	旺	範	明	明	彩	10
博	明	彩	総	雅	寛	賢	恵	康	華	華	智	11
法	華	智	泰	清	雅	玲	和	旺	博	博	洋	12
範	博	洋	理	妙	清	紀	将	恵	法	法	英	13
康	法	英	彩	佑	妙	寛	陽	和	範	範	明	14
旺	範	明	智	央	佑	雅	賢	将	康	康	華	15
恵	康	華	洋	総	央	清	玲	陽	旺	旺	博	16
和	旺	博	英	泰	総	妙	紀	賢	恵	恵	法	17
将	恵	法	明	理	泰	佑	寛	玲	和	和	範	18
陽	和	範	華	彩	理	央	雅	紀	将	将	康	19
賢	和	康	博	智	彩	総	清	寛	陽	陽	旺	20
玲	将	旺	法	洋	智	泰	妙	雅	賢	賢	恵	21
紀	陽	恵	範	英	洋	理	佑	清	玲	玲	和	22
寛	賢	和	康	華	英	彩	央	妙	紀	紀	将	23
雅	玲	将	旺	博	明	智	総	佑	寛	寛	陽	24
清	紀	陽	恵	法	洋	洋	泰	央	雅	雅	賢	25
妙	寛	賢	和	範	英	英	理	総	清	清	玲	26
佑	雅	玲	将	康	明	明	彩	泰	妙	妙	紀	27
央	清	紀	陽	旺	華	華	智	泰	佑	妙	寛	28
総	妙	寛	賢	恵	博	博	洋	理	央		雅	29
泰	佑	雅	玲	和	法	法	英	彩	総		清	30
理		清		将	範		明		泰		妙	31

2024年（令和6年）

12月	11月	10月	9月	8月	7月	6月	5月	4月	3月	2月	1月	
賢	和	康	博	智	泰	佑	寛	玲	和	恵	法	1
玲	将	旺	法	洋	理	央	雅	紀	将	和	範	2
紀	陽	旺	範	英	彩	総	清	寛	陽	将	康	3
寛	賢	恵	康	華	智	泰	妙	雅	賢	陽	旺	4
雅	玲	和	旺	博	洋	理	佑	清	玲	賢	恵	5
清	紀	将	恵	法	洋	彩	央	妙	紀	玲	和	6
妙	寛	陽	和	範	英	智	総	佑	寛	紀	将	7
佑	雅	賢	将	康	明	洋	泰	央	雅	寛	陽	8
央	清	玲	陽	旺	華	英	理	央	清	雅	賢	9
総	妙	紀	賢	恵	博	明	彩	総	妙	雅	玲	10
泰	佑	寛	玲	和	法	華	智	泰	佑	清	紀	11
理	央	雅	紀	将	範	博	洋	理	央	妙	寛	12
彩	総	清	寛	陽	康	法	英	彩	総	佑	雅	13
智	泰	妙	雅	賢	旺	範	明	智	泰	央	清	14
洋	理	佑	清	玲	恵	康	華	洋	理	総	妙	15
英	彩	央	妙	紀	和	旺	博	英	彩	泰	佑	16
明	智	総	佑	寛	将	恵	法	明	智	理	央	17
華	洋	泰	央	雅	陽	和	範	華	洋	彩	総	18
博	英	理	総	清	賢	将	康	博	英	智	泰	19
法	明	彩	泰	妙	玲	陽	旺	法	明	洋	理	20
範	華	智	理	佑	紀	賢	恵	範	華	英	彩	21
康	博	洋	彩	央	寛	玲	和	康	博	明	智	22
旺	法	英	智	総	雅	紀	将	旺	法	華	洋	23
恵	範	明	洋	泰	清	寛	陽	恵	範	博	英	24
和	康	華	英	理	妙	雅	賢	和	康	法	明	25
将	旺	博	明	彩	佑	清	玲	将	旺	範	華	26
陽	恵	法	華	智	央	妙	紀	陽	恵	康	博	27
賢	和	範	博	洋	総	佑	寛	賢	和	旺	法	28
玲	将	康	法	英	泰	央	雅	玲	将	恵	範	29
紀	陽	旺	範	明	理	総	清	紀	陽		康	30
紀		恵		華	彩		妙		賢		旺	31

2026年（令和8年）

12月	11月	10月	9月	8月	7月	6月	5月	4月	3月	2月	1月	
法	明	智	総	清	玲	将	旺	法	明	英	彩	1
範	華	洋	泰	妙	紀	陽	恵	範	華	明	智	2
康	博	英	理	佑	寛	賢	和	康	博	華	洋	3
旺	法	明	彩	央	雅	玲	将	旺	法	博	英	4
恵	範	華	智	総	清	紀	陽	恵	範	法	明	5
和	康	博	洋	泰	妙	寛	賢	和	康	範	華	6
将	旺	法	英	理	佑	雅	玲	将	旺	康	博	7
陽	恵	範	明	彩	央	清	紀	陽	恵	旺	法	8
賢	和	康	華	智	総	妙	寛	賢	和	恵	範	9
玲	将	旺	博	洋	泰	佑	雅	玲	将	和	康	10
紀	陽	旺	範	英	理	央	清	紀	陽	将	旺	11
寛	賢	恵	康	明	彩	総	妙	寛	賢	陽	恵	12
雅	玲	和	旺	華	智	泰	佑	雅	玲	賢	和	13
清	紀	将	恵	博	洋	理	央	清	紀	玲	将	14
妙	寛	陽	和	法	英	彩	総	妙	寛	紀	陽	15
佑	雅	賢	将	範	明	智	泰	佑	雅	寛	賢	16
央	清	玲	陽	康	華	洋	泰	央	清	雅	玲	17
総	妙	紀	賢	旺	博	英	理	総	妙	清	紀	18
泰	佑	寛	玲	恵	法	明	彩	泰	妙	妙	紀	19
理	央	雅	紀	和	範	華	智	理	佑	佑	寛	20
彩	総	清	寛	将	康	博	洋	彩	央	央	雅	21
智	泰	妙	雅	陽	旺	法	英	智	総	総	清	22
洋	理	佑	清	賢	恵	範	明	洋	泰	泰	妙	23
英	彩	央	妙	玲	和	康	華	英	理	理	佑	24
明	智	総	佑	紀	将	旺	博	明	彩	彩	央	25
華	洋	泰	央	寛	陽	恵	法	華	智	智	総	26
博	英	理	総	雅	賢	和	範	博	洋	洋	泰	27
法	明	彩	泰	清	玲	将	康	法	英	英	理	28
範	華	智	理	妙	紀	陽	旺	範	明		彩	29
康	博	洋	彩	佑	寛	賢	恵	康	華		智	30
旺		英		央	雅		和		博		洋	31

2027年（令和9年）

12月	11月	10月	9月	8月	7月	6月	5月	4月	3月	2月	1月	
寛	賢	恵	範	英	理	総	清	寛	陽	陽	恵	1
雅	玲	和	康	華	彩	泰	妙	雅	賢	賢	和	2
清	紀	将	旺	博	智	理	佑	清	玲	玲	将	3
妙	寛	陽	恵	法	洋	彩	央	妙	紀	紀	陽	4
佑	雅	賢	和	範	英	彩	総	佑	寛	寛	賢	5
央	清	玲	将	康	明	智	泰	央	雅	雅	玲	6
総	妙	紀	陽	旺	華	洋	理	央	清	雅	紀	7
泰	佑	寛	賢	恵	博	英	彩	総	妙	清	紀	8
理	央	雅	玲	和	法	明	智	泰	佑	妙	寛	9
彩	総	清	紀	将	範	華	洋	理	央	佑	雅	10
智	泰	妙	寛	陽	康	博	英	彩	総	央	清	11
洋	理	佑	雅	賢	旺	法	明	智	泰	総	妙	12
英	彩	央	清	玲	恵	範	華	洋	理	泰	佑	13
明	智	総	妙	紀	和	康	博	英	彩	理	央	14
華	洋	泰	佑	寛	将	旺	法	明	智	彩	総	15
博	英	理	央	雅	陽	恵	範	華	洋	智	泰	16
法	明	彩	総	清	賢	和	康	博	英	洋	理	17
範	華	智	泰	妙	玲	将	旺	法	明	英	彩	18
康	博	洋	理	佑	紀	陽	恵	範	華	明	智	19
旺	法	英	彩	央	寛	賢	和	康	博	華	洋	20
恵	範	明	智	総	雅	玲	将	旺	法	博	英	21
和	康	華	洋	泰	清	紀	陽	恵	範	法	明	22
将	旺	博	英	理	妙	寛	賢	和	康	範	華	23
陽	恵	法	明	彩	佑	雅	玲	将	旺	康	博	24
賢	和	範	華	智	央	清	紀	陽	恵	旺	法	25
玲	将	康	博	洋	総	妙	寛	賢	和	恵	範	26
紀	陽	旺	法	英	泰	佑	雅	玲	将	和	康	27
紀	賢	恵	範	明	理	央	清	紀	陽	将	旺	28
寛	玲	和	康	華	彩	総	妙	寛	賢		恵	29
雅	紀	将	旺	博	智	泰	佑	雅	玲		和	30
清		陽		法	洋		央		紀		将	31

2028年（令和10年）

12月	11月	10月	9月	8月	7月	6月	5月	4月	3月	2月	1月	
彩	総	清	紀	和	範	範	明	洋	理	総	妙	1
智	泰	妙	寛	将	康	康	華	洋	彩	泰	佑	2
洋	理	佑	雅	陽	旺	旺	博	英	智	理	央	3
英	彩	央	清	賢	恵	恵	法	明	洋	彩	総	4
明	智	総	妙	玲	和	和	範	華	英	智	泰	5
華	洋	泰	佑	紀	将	将	康	博	明	洋	理	6
博	英	理	央	寛	陽	陽	旺	法	華	英	彩	7
法	明	彩	総	雅	賢	賢	恵	範	博	明	智	8
範	華	智	泰	清	玲	玲	和	康	法	華	洋	9
康	博	洋	理	妙	紀	紀	将	旺	範	博	英	10
旺	法	英	彩	佑	寛	寛	陽	恵	康	法	明	11
恵	範	明	智	央	雅	雅	賢	和	旺	範	華	12
和	康	華	洋	総	清	清	玲	将	恵	康	博	13
将	旺	博	英	泰	妙	妙	紀	陽	和	旺	法	14
陽	恵	法	明	理	佑	佑	寛	賢	将	恵	範	15
賢	和	範	華	彩	央	央	雅	玲	陽	和	康	16
玲	将	康	博	智	総	総	清	紀	賢	将	旺	17
紀	陽	旺	法	洋	泰	泰	妙	寛	玲	陽	恵	18
寛	賢	恵	範	英	理	理	佑	雅	紀	賢	和	19
雅	玲	和	康	華	彩	彩	央	清	寛	玲	将	20
清	紀	将	旺	博	智	智	総	妙	雅	紀	陽	21
妙	寛	陽	恵	法	洋	洋	泰	佑	清	寛	賢	22
佑	雅	賢	和	範	英	彩	理	央	妙	雅	玲	23
央	清	玲	将	康	明	智	彩	総	佑	清	紀	24
総	妙	紀	陽	旺	華	洋	智	泰	央	妙	寛	25
泰	佑	寛	賢	恵	博	英	洋	理	央	佑	雅	26
理	央	雅	玲	和	法	明	英	彩	総	央	雅	27
彩	総	清	紀	将	範	華	明	智	泰	総	清	28
智	泰	妙	寛	陽	康	博	華	洋	理	泰	妙	29
洋	理	佑	雅	賢	旺	法	博	英	彩		佑	30
英		央		玲	恵		法		智		央	31

2029年（令和11年）

12月	11月	10月	9月	8月	7月	6月	5月	4月	3月	2月	1月	
旺	法	明	彩	佑	雅	紀	将	恵	範	法	明	1
恵	範	華	智	央	清	寛	陽	和	康	範	華	2
和	康	博	洋	総	妙	雅	賢	将	旺	康	博	3
将	旺	法	英	泰	佑	清	玲	陽	恵	旺	法	4
賢	恵	範	明	理	央	妙	紀	賢	和	恵	範	5
玲	和	康	華	彩	総	佑	寛	玲	将	和	康	6
紀	将	旺	博	智	泰	央	雅	紀	陽	将	旺	7
寛	陽	旺	範	洋	理	総	清	寛	賢	陽	恵	8
雅	賢	恵	康	英	彩	泰	妙	雅	玲	賢	和	9
清	玲	和	旺	華	智	理	佑	清	紀	玲	将	10
妙	紀	将	恵	博	洋	彩	央	妙	寛	紀	陽	11
佑	寛	陽	和	法	洋	彩	総	佑	雅	寛	賢	12
央	雅	賢	将	範	英	智	泰	央	清	雅	玲	13
総	清	玲	陽	康	明	洋	理	央	妙	清	紀	14
泰	妙	紀	賢	旺	華	英	彩	総	妙	妙	紀	15
理	佑	寛	玲	恵	博	明	智	泰	佑	佑	寛	16
彩	央	雅	紀	和	法	華	洋	理	央	央	雅	17
智	総	清	寛	将	範	博	英	彩	総	総	清	18
洋	泰	妙	雅	陽	康	法	明	智	泰	泰	妙	19
英	理	佑	清	賢	旺	範	華	洋	理	理	佑	20
明	彩	央	妙	玲	恵	康	博	英	彩	彩	央	21
華	智	総	佑	紀	和	旺	法	明	智	智	総	22
博	洋	泰	央	寛	将	恵	範	華	洋	洋	泰	23
法	英	理	総	雅	陽	和	康	博	英	英	理	24
範	明	彩	泰	清	賢	将	旺	法	明	明	彩	25
康	華	智	理	妙	玲	陽	恵	範	華	華	智	26
旺	博	洋	彩	佑	紀	賢	和	康	博	博	洋	27
恵	法	英	智	央	寛	玲	将	旺	法	法	英	28
和	範	明	洋	総	雅	紀	陽	恵	範		明	29
将	康	華	英	泰	清	寛	賢	和	康		華	30
陽		博		理	妙		玲		旺		博	31

2030年（令和12年）

12月	11月	10月	9月	8月	7月	6月	5月	4月	3月	2月	1月	
妙	紀	陽	恵	法	洋	彩	総	佑	寛	寛	賢	1
佑	寛	賢	和	範	英	智	泰	央	雅	雅	玲	2
央	雅	玲	将	康	明	洋	理	央	清	雅	紀	3
総	清	紀	陽	旺	華	英	彩	総	妙	清	紀	4
泰	妙	寛	賢	恵	博	明	智	泰	佑	妙	寛	5
理	佑	雅	玲	和	法	華	洋	理	央	佑	雅	6
彩	央	清	紀	将	範	博	英	彩	総	央	清	7
智	総	妙	寛	陽	康	法	明	智	泰	総	妙	8
洋	泰	佑	雅	賢	旺	範	華	洋	理	泰	佑	9
英	理	央	清	玲	恵	康	博	英	彩	理	央	10
明	彩	総	妙	紀	和	旺	法	明	智	彩	総	11
華	智	泰	佑	寛	将	恵	範	華	洋	智	泰	12
博	洋	理	央	雅	陽	和	康	博	英	洋	理	13
法	英	彩	総	清	賢	将	旺	法	明	英	彩	14
範	明	智	泰	妙	玲	陽	恵	範	華	明	智	15
康	華	洋	理	佑	紀	賢	和	康	博	華	洋	16
旺	博	英	彩	央	寛	玲	将	旺	法	博	英	17
恵	法	明	智	総	雅	紀	陽	恵	範	法	明	18
和	範	華	洋	泰	清	寛	賢	和	康	範	華	19
将	康	博	英	理	妙	雅	玲	将	旺	康	博	20
陽	旺	法	明	彩	佑	清	紀	陽	恵	旺	法	21
賢	恵	範	華	智	央	妙	寛	賢	和	恵	範	22
玲	和	康	博	洋	総	佑	雅	玲	将	和	康	23
紀	将	旺	法	英	泰	央	清	紀	陽	将	旺	24
紀	賢	恵	範	明	理	総	妙	寛	賢	陽	恵	25
寛	玲	和	康	華	彩	泰	佑	雅	玲	賢	和	26
雅	紀	和	旺	博	智	理	央	清	紀	玲	将	27
清	寛	将	恵	法	洋	彩	総	妙	寛	紀	陽	28
妙	雅	陽	和	範	英	智	泰	佑	雅		賢	29
佑	清	賢	将	康	華	洋	理	央	清		玲	30
央		玲		旺	博		彩		妙		紀	31

2031年（令和13年）

12月	11月	10月	9月	8月	7月	6月	5月	4月	3月	2月	1月	
智	理	佑	雅	賢	恵	康	華	華	智	智	総	1
洋	彩	央	清	玲	和	旺	博	博	洋	洋	泰	2
英	智	総	妙	紀	将	恵	法	法	英	英	理	3
明	洋	泰	佑	寛	陽	和	範	範	明	明	彩	4
華	英	理	央	雅	賢	将	康	康	華	華	智	5
博	明	彩	総	清	玲	陽	旺	旺	博	博	洋	6
法	華	智	泰	妙	紀	賢	恵	恵	法	法	英	7
範	博	洋	理	佑	寛	玲	和	和	範	範	明	8
康	法	英	彩	央	雅	紀	将	将	康	康	華	9
旺	範	明	智	総	清	寛	陽	陽	旺	旺	博	10
恵	康	華	洋	泰	妙	雅	賢	賢	恵	恵	法	11
和	旺	博	英	理	佑	清	玲	玲	和	和	範	12
将	恵	法	明	彩	央	妙	紀	紀	将	将	康	13
賢	和	範	華	智	総	佑	寛	寛	陽	陽	旺	14
玲	和	康	博	洋	泰	央	雅	雅	賢	賢	恵	15
紀	将	旺	法	英	理	総	清	清	玲	玲	和	16
寛	陽	恵	範	明	彩	泰	妙	妙	紀	紀	将	17
雅	賢	和	康	華	智	理	佑	佑	寛	寛	陽	18
清	玲	将	旺	博	洋	彩	央	央	雅	雅	賢	19
妙	紀	陽	恵	法	英	彩	総	総	清	清	玲	20
佑	寛	賢	和	範	明	智	泰	泰	妙	妙	紀	21
央	雅	玲	将	康	華	洋	理	央	佑	妙	寛	22
総	清	紀	陽	旺	博	英	彩	総	央	佑	雅	23
泰	妙	寛	賢	恵	法	明	智	泰	総	央	清	24
理	佑	雅	玲	和	範	華	洋	理	泰	総	妙	25
彩	央	清	紀	将	康	博	英	彩	理	泰	佑	26
智	総	妙	寛	陽	旺	法	明	智	彩	理	央	27
洋	泰	佑	雅	賢	恵	範	華	洋	智	彩	総	28
英	理	央	清	玲	和	康	博	英	洋		泰	29
明	彩	総	妙	紀	将	旺	法	明	英		理	30
華		泰		寛	陽		範		明		彩	31

2033年（令和15年）

12月	11月	10月	9月	8月	7月	6月	5月	4月	3月	2月	1月	
妙	雅	玲	和	恵	博	明	彩	総	妙	清	紀	1
佑	清	紀	将	和	法	華	智	泰	佑	妙	寛	2
央	妙	寛	陽	将	範	博	洋	理	央	佑	雅	3
総	佑	雅	賢	陽	康	法	英	彩	総	央	清	4
泰	央	清	玲	賢	旺	範	明	智	泰	総	妙	5
理	総	妙	紀	玲	恵	康	華	洋	理	泰	佑	6
彩	泰	佑	寛	紀	和	旺	博	英	彩	理	央	7
智	理	央	雅	寛	将	恵	法	明	智	彩	総	8
洋	彩	総	清	雅	陽	和	範	華	洋	智	泰	9
英	智	泰	妙	清	賢	将	康	博	英	洋	理	10
明	洋	理	佑	妙	玲	陽	旺	法	明	英	彩	11
華	英	彩	央	佑	紀	賢	恵	範	華	明	智	12
博	明	智	総	央	寛	玲	和	康	博	華	洋	13
法	華	洋	泰	総	雅	紀	将	旺	法	博	英	14
範	博	英	理	泰	清	寛	陽	恵	範	法	明	15
康	法	明	彩	理	妙	雅	賢	和	康	範	華	16
旺	範	華	智	彩	佑	清	玲	将	旺	康	博	17
恵	康	博	洋	智	央	妙	紀	陽	恵	旺	法	18
和	旺	法	英	洋	総	佑	寛	賢	和	恵	範	19
将	恵	範	明	英	泰	央	雅	玲	将	和	康	20
陽	和	康	華	明	理	総	清	紀	陽	将	旺	21
賢	和	旺	博	華	彩	泰	妙	寛	賢	陽	恵	22
玲	将	旺	範	博	智	理	佑	雅	玲	賢	和	23
紀	陽	恵	康	法	洋	彩	央	清	紀	玲	将	24
寛	賢	和	旺	華	英	智	総	妙	寛	紀	陽	25
雅	玲	将	恵	博	華	洋	泰	佑	雅	寛	賢	26
清	紀	陽	和	法	博	洋	理	央	清	雅	玲	27
妙	寛	賢	将	範	法	英	彩	総	妙	清	紀	28
佑	雅	玲	陽	康	範	明	智	泰	佑		寛	29
央	清	紀	賢	旺	康	華	洋	理	央		雅	30
総		寛		恵	旺		英		央		雅	31

2032年（令和14年）

12月	11月	10月	9月	8月	7月	6月	5月	4月	3月	2月	1月	
将	恵	法	明	彩	央	妙	紀	陽	恵	康	博	1
陽	和	範	華	智	総	佑	寛	賢	和	旺	法	2
賢	和	康	博	洋	泰	央	雅	玲	将	恵	範	3
玲	将	旺	法	英	理	総	清	紀	陽	和	康	4
紀	陽	恵	範	明	彩	泰	妙	寛	賢	将	旺	5
寛	賢	和	康	華	智	理	佑	雅	玲	陽	恵	6
雅	玲	将	旺	博	洋	彩	央	清	紀	賢	和	7
清	紀	陽	恵	法	英	彩	総	妙	寛	玲	将	8
妙	寛	賢	和	範	明	智	泰	佑	雅	紀	陽	9
佑	雅	玲	将	康	華	洋	理	央	清	寛	賢	10
央	清	紀	陽	旺	博	英	彩	総	妙	雅	玲	11
総	妙	寛	賢	恵	法	明	智	泰	妙	清	紀	12
泰	佑	雅	玲	和	範	華	洋	理	佑	妙	紀	13
理	央	清	紀	将	康	博	英	彩	央	佑	寛	14
彩	総	妙	寛	陽	旺	法	明	智	総	央	雅	15
智	泰	佑	雅	賢	恵	範	華	洋	泰	総	清	16
洋	理	央	清	玲	和	康	博	英	理	泰	妙	17
英	彩	総	妙	紀	将	旺	法	明	彩	理	佑	18
明	智	泰	佑	寛	陽	恵	範	華	智	彩	央	19
華	洋	理	央	雅	賢	和	康	博	洋	智	総	20
博	英	彩	総	清	玲	将	旺	法	英	洋	泰	21
法	明	智	泰	妙	紀	陽	恵	範	明	英	理	22
範	華	洋	理	佑	寛	賢	和	康	華	明	彩	23
康	博	英	彩	央	雅	玲	将	旺	博	華	智	24
旺	法	明	智	総	清	紀	陽	恵	法	博	洋	25
恵	範	華	洋	泰	妙	寛	賢	和	範	法	英	26
和	康	博	英	理	佑	雅	玲	将	康	範	明	27
将	旺	法	明	彩	央	清	紀	陽	旺	康	華	28
陽	恵	範	華	智	総	妙	寛	賢	恵	旺	博	29
賢	和	康	博	洋	泰	佑	雅	玲	和		法	30
玲		旺		英	理		清		将		範	31

2034年（令和16年）

12月	11月	10月	9月	8月	7月	6月	5月	4月	3月	2月	1月	
華	英	理	央	寛	賢	和	範	博	洋	洋	泰	1
博	明	彩	総	雅	玲	将	康	法	英	英	理	2
法	華	智	泰	清	紀	陽	旺	範	明	明	彩	3
範	博	洋	理	妙	寛	賢	恵	康	華	華	智	4
康	法	英	彩	佑	雅	玲	和	旺	博	博	洋	5
旺	範	明	智	央	清	紀	将	恵	法	法	英	6
恵	康	華	洋	総	妙	寛	陽	和	範	範	明	7
和	旺	博	英	泰	佑	雅	賢	将	康	康	華	8
将	恵	法	明	理	央	清	玲	陽	旺	旺	博	9
陽	和	範	華	彩	総	妙	紀	賢	恵	恵	法	10
賢	和	康	博	智	泰	佑	寛	玲	和	和	範	11
玲	将	旺	法	洋	理	央	雅	紀	将	将	康	12
紀	陽	恵	範	英	彩	総	清	寛	陽	陽	旺	13
寛	賢	和	康	華	智	泰	妙	雅	賢	賢	恵	14
雅	玲	将	旺	博	洋	理	佑	清	玲	玲	和	15
清	紀	陽	恵	法	洋	彩	央	妙	紀	紀	将	16
妙	寛	賢	和	範	英	智	総	佑	寛	寛	陽	17
佑	雅	玲	将	康	明	洋	泰	央	雅	雅	賢	18
央	清	紀	陽	旺	華	英	理	央	清	雅	玲	19
総	妙	寛	賢	恵	博	明	彩	総	妙	清	紀	20
泰	佑	雅	玲	和	法	華	智	泰	佑	妙	寛	21
理	央	清	紀	将	範	博	洋	理	央	佑	雅	22
彩	総	妙	寛	陽	康	法	英	彩	総	央	清	23
智	泰	佑	雅	賢	旺	範	明	智	泰	総	妙	24
洋	理	央	清	玲	恵	康	華	洋	理	泰	佑	25
英	彩	総	妙	紀	和	旺	博	英	彩	理	央	26
明	智	泰	佑	寛	将	恵	法	明	智	彩	総	27
華	洋	理	央	雅	陽	和	範	華	洋	智	泰	28
博	英	彩	総	清	賢	将	康	博	英		理	29
法	明	智	泰	妙	玲	陽	旺	法	明		彩	30
範		洋		佑	紀		恵		華		智	31

2035年（令和17年）

12月	11月	10月	9月	8月	7月	6月	5月	4月	3月	2月	1月	
玲	将	旺	博	洋	泰	佑	雅	玲	将	和	康	1
紀	陽	恵	範	英	理	央	清	紀	陽	将	旺	2
寛	賢	和	康	明	彩	総	妙	寛	賢	陽	恵	3
雅	玲	将	旺	華	智	泰	佑	雅	玲	賢	和	4
清	紀	陽	恵	博	洋	理	央	清	紀	玲	将	5
妙	寛	賢	和	法	英	彩	総	妙	寛	紀	陽	6
佑	雅	玲	将	範	明	智	泰	佑	雅	寛	賢	7
央	清	紀	陽	康	華	洋	泰	央	清	雅	玲	8
総	妙	寛	賢	旺	博	英	理	総	妙	清	紀	9
泰	佑	雅	玲	恵	法	明	彩	泰	妙	妙	紀	10
理	央	清	紀	和	範	華	智	理	佑	佑	寛	11
彩	総	妙	寛	将	康	博	洋	彩	央	央	雅	12
智	泰	佑	雅	陽	旺	法	英	智	総	総	清	13
洋	理	央	清	賢	恵	範	明	洋	泰	泰	妙	14
英	彩	総	妙	玲	和	康	華	英	理	理	佑	15
明	智	泰	佑	紀	将	旺	博	明	彩	彩	央	16
華	洋	理	央	寛	陽	恵	法	華	智	智	総	17
博	英	彩	総	雅	賢	和	範	博	洋	洋	泰	18
法	明	智	泰	清	玲	将	康	法	英	英	理	19
範	華	洋	理	妙	紀	陽	旺	範	明	明	彩	20
康	博	英	彩	佑	寛	賢	恵	康	華	華	智	21
旺	法	明	智	央	雅	玲	和	旺	博	博	洋	22
恵	範	華	洋	総	清	紀	将	恵	法	法	英	23
和	康	博	英	泰	妙	寛	陽	和	範	範	明	24
将	旺	法	明	理	佑	雅	賢	将	康	康	華	25
陽	恵	範	華	彩	央	清	玲	陽	旺	旺	博	26
賢	和	康	博	智	総	妙	紀	賢	恵	恵	法	27
玲	将	旺	法	洋	泰	佑	寛	玲	和	和	範	28
紀	陽	恵	範	英	理	央	雅	紀	将		康	29
寛	賢	和	康	明	彩	総	清	寛	陽		旺	30
雅		和		華	智		妙		賢		恵	31

変換表　宿曜占術⇄アキ♡ハラダの北斗占星術

奎宿 妙星《みょうせい》	斗宿 賢星《けんせい》	亢宿 康星《こうせい》	柳宿 英星《えいせい》	昴宿 聡星《そうせい》
婁宿 佑星《ゆうせい》	女宿 玲星《れいせい》	氐宿 旺星《おうせい》	星宿 明星《めいせい》	畢宿 泰星《たいせい》
胃宿 央星《おうせい》	虚宿 紀星《きせい》	房宿 恵星《けいせい》	張宿 華星《かせい》	觜宿 理星《りせい》
	危宿 寛星《かんせい》	心宿 和星《わせい》	翼宿 博星《はくせい》	参宿 彩星《さいせい》
	室宿 雅星《がせい》	尾宿 将星《しょうせい》	軫宿 法星《ほうせい》	井宿 智星《ちせい》
	壁宿 清星《せいせい》	箕宿 陽星《ようせい》	角宿 範星《はんせい》	鬼宿 洋星《ようせい》

「宿曜」の宿星は現代では好まれない文字が多いので「アキ♡ハラダの北斗占星術」と名称を変えました。人々の人生の指針となるよう世の中に広く普及することを、目的としています。

参考文献・WEB

伊豆の龍神・源頼朝と北条時政（福島裕鳳著）新人物往来社
密教占星法　上下巻（森田龍僊著）臨川書店
密教占星法と源氏物語（大久保健治）河出書房新社
https://www.jstage.jst.go.jp/article/oyama/34/0/34_203/_pdf/-char/ja
円仁の入唐求法について　―　天台山へ行けなかった理由
http://mitsumonkai.na.coocan.jp/prefaces/preface201412.html
恵果阿闍梨について（織田隆深）
http://mitsumonkai.na.coocan.jp/site/archives/547
仏が人間になる道（織田隆深）

あとがき

今回の歴史編では源平盛衰記をテーマとして、人間世界の栄華盛衰のドラマを皆さんにご覧いただきました。

私たちはふだん、夢や希望を抱いて生きていく中で、欲望や争いに事に巻き込まれながら、複雑な感情の入り混じった世界で喜怒哀楽の人生を歩んでいます。

神様は人の魂の旅路を輪廻転生、因果応報の天の理をもって、善と悪のはざまで魂の学びが得られるように、人間世界をお創りになっています。ただ無秩序にお創りになったのではなく、そこには運命の法則に従って人々が生きていくように創られているのです。その法則の一つが、密教占星法が示すところの運命の法則なのです。

その法則は惑星と星座の配置により、宇宙と一体となって人の運命に作用しています。そうであるならばこの天の法則を、我が人生の法と捉えて魂の旅路に向き合った方が、天の理に適っているというものではないでしょうか。

どんなにたくさんの人々が絡む人生模様があろうとも、そこには一つの矛盾もなく相性運が成立しています。壇ノ浦に於ける平家の滅亡をご覧になったように、神の采配とはそういうものなのです。

源平盛衰記のドラマも始めから終わりまで矛盾なく、相性運通りに歴史が刻まれていました。神のシナリオを感じずにはいられないのです。

本書を手に取られて理解された運命の法則を、少しでも活用されて、皆様の豊かな人生の糧となるように、お役立ていただけたら本望でございます。

現在、起業家・実業家として活躍している方々、そしてこれから、起業家・実業家を目指す方々、是非、是非、アキ♡ハラダの北斗占星術で、億万長者になってください。

今回の出版にあたり、師匠である齋藤廣一先生、編者の恩藏良治様、いつも私を身近でサポートしてくださる応援者の方々、本書を手に取ってご縁をいただいた皆様に深く感謝を申し上げるとともに、ここに皆様の益々のご健勝とご発展を祈念いたします。

二〇二四年一月十六日

アキ・ハラダ

アキ・ハラダ (AKI HARADA)

十代の頃、日本マクドナルド創業者、故藤田田の薫陶を受け師事、ビジネス哲学を学ぶ。1970 年 ハワイアンウェディングを企画し渡米。1975 年ハワイ州にアキブライダルを設立、ウェディングビジネスに一大ブームを巻き起こす。2001 年 突然の手の障害により代替医療を学ぶ。ミラクルナノパワーエネルギー照射器「ラブリ ン」を製作、啓蒙活動が認められ東久邇宮文化賞を受賞、以降乳癌検診グローブ「Lovelin Touch」を開発、乳癌撲滅運動を推進。2015 年 密教占星術の研究・啓蒙活動。

ハワイアンウェディング創始者、ウェディングドレステザイナー、エステシャン、メークアップアーティスト、経営コンサルタント、タックスリターン申告書作成士、ラジオパーソナリティー、国際免許を複数取得。

現在、北斗占星術家として活躍中。

著書に『ケッパレ実生ちゃん』(壮神社／ 2014 年) などがある。

アキ♡ハラダの北斗占星術　歴史編

2024 年 2 月 11 日　初版第 1 刷印刷
2024 年 2 月 14 日　初版第 1 刷発行

著者　アキ・ハラダ
監修　齋藤　廣一
発行　壮 神 社
　　　東京都葛飾区水元 5-1-23
　　　Direct : 080-4350-1952

印刷・製本　エーヴィスシステムズ

ISBN 978-4-86530-070-3 C0076